TESOROS
DEL ARTE ESPAÑOL

Pabellón de España   Expo'92 Sevilla

TESOROS DEL ARTE ESPAÑOL

Textos de

Joan Ainaud de Lasarte
Antonio Bonet Correa
Antonio Domínguez Ortiz
Julián Gállego
Felipe Garín Llombart
Alfonso Emilio Pérez Sánchez
José Manuel Pita Andrade

Electa

1992 © Pabellón de España S.A.
1992 © Electa España
Elemond Editori Associati
diseño y maquetación
ISBN 84-88045-13-1

Tesoros del arte español

Pabellón de España
Exposición Universal de Sevilla 1992
20 Abril-12 Octubre

Bajo el alto patrocinio de S.M. el Rey

Exposición

Comisarios científicos

Felipe Garín Llombart
Director del Museo Nacional del Prado

Joan Ainaud de Lasarte
Vicepresidente de la Junta de Museos de Cataluña

Antonio Bonet Correa
*Catedrático de Historia del Arte y Miembro
de la Real Academia de Bellas Artes de San Fernando*

Julián Gállego Serrano
*Catedrático de Historia del Arte y Miembro
de la Real Academia de Bellas Artes de San Fernando*

Alfonso Emilio Pérez Sánchez
*Catedrático de Historia del Arte. Ex-Director
del Museo Nacional del Prado*

José Manuel Pita Andrade
*Catedrático de Historia del Arte. Vicepresidente
del Real Patronato del Museo Nacional del Prado*

Comisario técnico

Javier Aiguabella

El Pabellón de España
agradece la generosidad de los siguientes
museos e instituciones que, con el préstamo
de sus fondos, han hecho posible la realización
de esta extraordinaria exposición:

BANCO DE SANTANDER, Santander
CATEDRAL NUEVA, Salamanca
CATEDRAL PRIMADA, Toledo
COFRADÍA DE NTRO. PADRE JESÚS
NAZARENO, Museo Salzillo, Murcia
COLECCIÓN FERNÁN NÚÑEZ, Madrid
COLECCIÓN SALAS, Madrid
COMUNIDAD FRANCISCANA, REAL
MONASTERIO, Guadalupe, Cáceres
EXCMA. DIPUTACIÓN PROVINCIAL, Museo
Gargallo, Ayto., Zaragoza
FUNDACIÓN CASA DE ALBA, Palacio de
Liria, Madrid
FUNDACIÓN CASA DUCAL DE
MEDINACELI, Palacio de Tavera, Toledo
FUNDACIÓN GALA–SALVADOR DALÍ,
Teatro-Museo Dalí, Figueras
IGLESIA PARROQUIAL DE SANTA MARÍA
DE LA OLIVA, Lebrija, Sevilla
IGLESIA PARROQUIAL DE SANTIAGO,
Valladolid
IGLESIA PARROQUIAL DE SANTIAGO,
Puente la Reina, Navarra
IVAM, CENTRO JULIO GONZÁLEZ,
Valencia
KUNSTHISTORISCHES MUSEUM,
Gemäldegalerie, Viena
MUSEO ARQUEOLÓGICO NACIONAL,
Madrid
MUSEO CATEDRALICIO, Segorbe
MUSEO EPISCOPAL, Vich
MUSEO NACIONAL DE ESCULTURA,
Valladolid
MUSEO NACIONAL DEL PRADO, Madrid
MUSEO NACIONAL REINA SOFÍA, Madrid
MUSEO PARROQUIAL, IGLESIA DE SANTA
EULALIA, Paredes de Nava, Palencia
MUSEO SOROLLA, Madrid
MUSEU D'ART DE CATALUNYA, Barcelona

MUZEUL DE ARTA, Bucarest
NATIONAL GALLERY OF ART, Washington
ÖFFENTLICHE KUNSTSAMMLUNG BASEL,
KUNSTMUSEUM, Basilea
PATRIMONIO NACIONAL, Palacio de la
Zarzuela, Madrid
REAL ACADEMIA DE BELLAS ARTES DE
SAN CARLOS, Museo San Pío V, Valencia
REAL ACADEMIA DE BELLAS ARTES DE
SAN FERNANDO, Madrid
THE METROPOLITAN MUSEUM OF ART,
Nueva York
THE MUSEUM OF MODERN ART, Nueva
York

así como a aquellas colecciones que han
preferido conservar el anonimato.

Gestación y proceso de la exposición. Agradecimientos

Las obras presentes en esta muestra, tablas, lienzos y esculturas, bien merecen el calificativo de *Tesoros*, pues casi sin excepción son, en un doble sentido de esencia y referencia, joyas y piezas únicas del arte español. En esencia, porque se trata de obras maestras de los más grandes artistas; y por referencia, porque hay obras altamente significativas de un estilo o un período. Y en la mayoría de los casos, se dan además plenamente ambos caracteres.

Nuestra andadura para llegar a tal resultado no ha sido fácil. Poder reunir un conjunto de obras tan excepcionales, aunque el motivo y las circunstancias también lo fueran, ha requerido un esfuerzo considerable, el concurso de muchas voluntades y la cooperación de no pocas personas. Y aquí se impone referirnos a dos factores fundamentales que han incidido especialmente en la idea y desarrollo del proyecto.

Primero, y como era de esperar, que la oferta artística y cultural nunca fue tan abundante en nuestro país como en estos meses de febril actividad y de continuas y variadas manifestaciones, concentradas principalmente aquí en Sevilla (Expo'92), Madrid (Capitalidad Cultural Europea), Barcelona (Olimpiadas) y después a todo lo largo y ancho de nuestra geografía, sin olvidar tampoco las importantes embajadas de cultura española al exterior. Ello ha restringido en parte la disponibilidad de algunas piezas que hubiéramos querido para *Tesoros*; afortunadamente, sólo en un escaso número hemos tenido que renunciar a obras originalmente incluidas en la selección. La contrapartida a esta limitación ha sido la respuesta mayoritariamente generosa de los museos y colecciones a quienes nos hemos dirigido.

En segundo lugar, el propio espacio de exposición. El imponente y a la vez refinado y sereno diseño del Cubo y de su entorno no recogía en sus orígenes la posibilidad de albergar una selección de obras de arte como la que ahora ofrecemos a los que entran en él; no ya por el concepto arquitectónico al que se supedita, sino por los muchos requisitos museológicos y expositivos indispensables para una muestra de esta entidad. Por ello, la necesaria adecuación del interior a esa función fue, tomada ya la firme iniciativa de realizar esta exposición, un objetivo fundamental para el que ningún medio se ha escatimado. Cumplido escrupulosamente este requerimiento, continente y contenido no se excluyen ni rivalizan para quien quiera apreciar independientemente la calidad de uno y otro.

Superados felizmente estos antecedentes y salvada la premura de tiempo para programar el desarrollo de todas las fases de la muestra y del ámbito que había de acogerla, debemos mencionar aquí a cuantos han hecho posible su realización.

A los Comisarios Científicos, Sres. Ainaud de Lasarte, Bonet Correa, Gállego, Garín Llombart, Pérez Sánchez y Pita Andrade, parece innecesario decir que esta soberbia exposición les debe su existencia; y el Pabellón de España en concreto, la satisfacción y orgullo de ofrecerla a sus visitantes como superior atractivo de todos sus contenidos. Ha sido muy grato poder absorber, aunque sea a distancia, algo de su erudición y aprender siempre más de su experiencia; porque han soportado el apremio y hasta el acoso con que les urgíamos para concretar temas y porque han sobrellevado la tensión y presión de otras muchas obligaciones y tareas ajenas, aunque paralelas en el tiempo, a esta exposición, les estaremos siempre agradecidos. Nos han distinguido con su colaboración y nos sentimos honrados de haber trabajado con ellos en esta especial ocasión.

Del Comisario Técnico, Javier Aiguabella, tenemos que elogiar su rigor y profesionalidad, que han permitido el fluido desarrollo de todo el largo y laborioso proceso de organización; su concurso entusiasta además en la sugerencia y gestión directa de algunas piezas de la selección, así como de otros muchos temas puntuales, nos han permitido superar contratiempos y dificultades.

La compleja tarea de diseñar la instalación y dirigir el montaje ha sido diestramente realizada por el arquitecto Roberto Luna; pese a fuertes condicionantes estéticos y prácticos, su competencia y talento han concebido el espacio y la presentación de las piezas de la forma más idónea.

De los numerosos apoyos recibidos es obligado citar el del Ministerio de Cultura y de su titular, Jordi Solé Tura, quien, consciente de la prioridad de esta manifestación sobre otras magníficas exposiciones realizadas este año por su departamento, ha facilitado la labor de los organizadores en los problemas concretos con su directa intervención. La Dirección General de Bellas Artes, y dentro de ella, la Dirección de Museos Estatales y el Centro Nacional de Exposiciones, han continuado así la pauta de ofrecernos su consejo y colaboración.

Entre los museos contactados, es sin duda el Prado quien más generosamente ha contribuido al éxito de esta muestra; nuestro primer Museo Nacional apenas ha vacilado a la hora de cedernos nueve magníficas obras de sus fondos, entre ellas *La Maja desnuda* de Goya como pieza capital de la exposición. Todo el resto pertenece a lo más escogido de sus colecciones. Por esta razón y por su buena disposición en las diferentes etapas del proyecto, hemos encontrado en su Director, en el Patronato y en su personal científico y técnico los mejores colaboradores. Sería prolijo relacionar una a una las instituciones españolas y extranjeras que han contribuido a formar la selección, pues además se relacionan a todos los efectos de nuestro reconocimiento en el cuadro adjunto. No obstante, sí desearíamos hacer mención de tres museos del exterior cuyas piezas han enriquecido sensiblemente el conjunto: el Museo Nacional de Arte de Bucarest, el Kunsthistorisches Museum de Viena y el Museum of Modern Art de Nueva York. Con su espléndida participación se han hecho acreedores a nuestro más sincero agradecimiento, que queremos enfocar especialmente a sus respectivos directores y responsables: Theodor Enescu; Director; Wilfried Seipel, Generaldirektor, y Karl Schütz; Direktor der Gemaldegalerie; y Richard Oldenburg, Director, y Kirk Varnedoe, Director, Painting and Sculpture Department.

Un especial reconocimiento debemos también a la Consejería de Cultura de Castilla y León y a los responsables de su Pabellón en la Expo'92, por la cesión generosa de una obra originalmente incluida en su programa expositivo: los tres paneles de Alonso Berruguete de la Iglesia de Santiago en Valladolid.

Hemos encontrado una valiosa colaboración en nuestra representación diplomática en Viena, por lo que tanto al Embajador, Miguel A. Ochoa Brun, como al Agregado Cultural, Javier Sellés, les expresamos desde aquí nuestro agradecimiento por su gestión.

Otros muchos colegas y amigos han contribuido a nuestro esfuerzo; de entre ellos tenemos el placer de citar a Ana Beristain, conservadora, Museo Nacional Reina Sofía, por su eficaz intervención en varios temas, y a Robert Descharnes; a Román Ledesma, subdirector de Bienes Muebles del Patrimonio Nacional; a Pedro Cátedra de la Universidad de Salamanca; a Manuela Mena, subdirectora del Museo del Prado. Una particular mención es debida a Plácido Arango y Silvia Moroder de Coca; su siempre generosa y entusiasta colaboración ha permitido el buen resultado de importantes gestiones, que se han reflejado en la calidad y espectacularidad de la muestra. A Paloma Esteban, Conservadora también del Reina Sofía; Florencio de Santa Ana, director del Museo Sorolla; Eloisa Watenberg, Pablo Rico, Beatriz Martínez, Valeriu Rusu, Marta Elorriaga, Claudia Neugebauer, Jesús M.ª Omeñaca, José Saldaña Suances, Santiago Alcolea, Santiago Saavedra, en fin, por su apoyo eficaz. Y a Fernando Schwartz por su gestión en momentos difíciles.

Capítulo importante en esta exposición son las restauraciones hechas expresamente en varias piezas para su presentación en las mejores condiciones. Así, *La Coronación de la Virgen*, tabla del altar románico de Llusá, de la colección del Museo Episcopal de Vich (Barcelona); para poder exhibirla aquí, el Pabellón de España ha costeado un tratamiento del altar completo, que ha sido realizado por el taller Asturiol, de Barcelona.

Igualmente, el Pabellón ha financiado la restauración y limpieza del *San Juan* de Salzillo, propiedad de la Cofradía de N.º Padre Jesús Nazareno de Murcia y expuesto habitualmente en el Museo Salzillo de dicha ciudad; mencionemos el trabajo de la restauradora M.ª Paz Barbero en esta bellísima imagen.

La tabla de Luis de Morales, *Virgen con el Niño y S. Juanito*, perteneciente a la Catedral de Salamanca, una de las obras maestras de su autor y del manierismo español, ha sido intervenida por Antonio Perales, del Instituto de Conservación y Restauración de Bienes Culturales (ICRBC), organismo dependiente del Ministerio de Cultura; y aprovechamos para agradecer en estas líneas la valiosa colaboración de su Director General, Dionisio Hernández Gil, y del Subdirector General de Bienes Muebles, José M.ª Losada, no sólo en temas propios de su departamento, sino en otros aspectos importantes para la exposición.

Otras piezas sometidas a limpieza con ocasión de la muestra han sido *El Tribunal de la Alhambra* de Fortuny, de la Fundación Gala-Salvador Dalí, por la restauradora Georgina Berini, y la *Reina M.ª Cristina de Borbón* de Vicente López, perteneciente al Museo del Prado (Casón). Ambas y especialmente la última, realizada por Eva Perales, del taller del Prado, han recuperado así espléndidas calidades hasta ahora olvidadas por efecto del tiempo y sus agentes.

Finalmente, el *Bodegón de caza, hortalizas y frutas* de Sánchez Cotán, ha sido pacientemente intervenido por Rafael Alonso, del taller del Prado, museo que en fechas aún recientes ha incorporado esta obra a sus colecciones, tras adquirirlo a sus anteriores propietarios.

José Antonio Buces, restaurador del ICRBC, ha controlado el estado de conservación de varias piezas antes de su traslado al Pabellón; sobre su probada competencia descansa además la gran responsabilidad de la supervisión continua y puntual de todas las obras presentes en la muestra.

A Antonio Domínguez Ortiz, agradecerle su texto de introducción histórica. En un catálogo de estas características parecía imprescindible poder contar con el casamiento de amenidad y rigor que definen siempre sus textos.

A todo nuestro personal técnico y administrativo, que se ha empleado a fondo estos meses para tener la exposición a punto en las condiciones y plazos previstos, tanto en las oficinas como en el propio recinto del Pabellón; a los museos y colecciones, organismos públicos y privados, colaboradores y amigos que de una manera u otra han puesto a nuestra disposición su competencia y esfuerzo, queremos muy de verdad congratularnos de su participación y expresarles nuestras gracias más duraderas y entusiastas.

El Pabellón de España

Con frecuencia se ha señalado que es en la plástica donde la cultura española ha alcanzado cotas de calidad y universalidad más destacadas. Y sin duda, más allá de la aportación peninsular al románico, los nombres de Velázquez, Goya y Picasso, por no citar más que tres, parecen confirmar ese aserto. Una afirmación que figuras como los Berruguete, el Greco, Zurbarán, Murillo, Ribera, Sorolla, Dalí o Miró no hacen sino corroborar.

El Pabellón de España sólo pretende ser una representación viva y actual de lo que ha sido y es España. Una tarea al tiempo fácil y extremadamente delicada. No es de extrañar pues que, desde el primer momento, consideráramos que la pintura debería contar con una especial consideración, tanto en su vertiente histórica como en su vertiente más actual. Pues en la pintura se expresa y manifiesta de un modo sencillo de entender —pero difícil de construir— la sensibilidad y los tipos humanos, la luz o el gesto, la vida cotidiana y las grandes gestas históricas, el bufón y el caballero, los vestidos, las costumbres, todo, en fin, lo que constituye la memoria histórica de un pueblo. Y no hay quizás mejor modo de penetrar en ese entramado de personas, ideas, paisajes y sensibilidades que forman la personalidad o el carácter de una nación que a través de su expresión plástica.

Tesoros es una exposición singular para un marco singular y en un espacio singular. Ni la majestuosidad de la torre del Pabellón, ni el contexto de la Isla de la Cartuja —centro del mundo por seis meses— volverán a repetirse como marcos sociales y arquitectónicos de una muestra pictórica. Por ello los Comisarios de la exposición —cuya magnífica y eficacísima labor quiero agradecer— eligieron presentar una breve selección de lo mejor de la historia de la pintura española. No interesa la precisión del recorrido histórico (en todo caso respetada con rigor) y menos aún la cantidad, sino la calidad de las piezas y el discurso que en cada sala se establece entre ellas. Una calidad que habría sido imposible conseguir sin la generosa colaboración de numerosas personas e instituciones.

Ver Tesoros es —así al menos lo hemos intentado— moverse en la cima de una poderosa tradición singular de creadores que continúa viva y pujante. Difícilmente podría ofrecer España algo de mayor calidad a los millones de visitantes, extranjeros o españoles, de la EXPO'92.

Ángel Luis Gonzalo Pérez
Presidente y Consejero-Delegado
del Pabellón de España

Sumario

Introducción histórica

Antonio Domínguez Ortiz

Trazar las líneas generales de la historia de España a través de los grandes rasgos de su evolución política es perfectamente factible, y así se ha hecho en muchas ocasiones. También se puede hacer partiendo de hechos económicos, militares, y ¡cómo no! de su arte. Pero no abordaremos aquí tal empresa porque la muestra que se ofrece a la consideración del público en este Pabellón de España es limitada, y a través de ella no es posible dar una idea global de la infinita variedad cultural del pueblo español, de su potencia creativa y de los avatares de su milenaria historia. Por razones obvias está ausente la arquitectura y el arte mobiliar, con muy pocas excepciones, se confina en la pintura, desde la baja Edad Media hasta nuestros días. Aun con estas limitaciones, la contemplación de esta muestra resulta rica en enseñanzas para quien se interesa por el pasado de nuestro pueblo, para todo aquel que se aplique a descubrir nexos entre la realidad profunda y sus manifestaciones artísticas. El propósito de estas líneas es indicar algunas de esas conexiones.

Hasta fines del siglo XI (podemos escoger como hito adecuado la conquista de Toledo, en el año 1085) la superioridad de la España musulmana sobre la España cristiana fue evidente, tanto si se compara la extensión territorial de ambas como el nivel científico y literario. En el siglo XII la balanza comenzó a igualarse primero, y después a inclinarse del lado cristiano, aunque aún seguían acudiendo estudiosos de Europa a las escuelas de Toledo, Cataluña y el valle del Ebro. A partir de las grandes conquistas de Fernando III de Castilla y Jaime I de Aragón el panorama cambió completamente; el ámbito territorial de Al-Andalus quedó reducido al reino de Granada; hasta su desaparición en 1492 su única finalidad fue la mera supervivencia. Cada vez más aislado de sus raíces culturales, mal sostenido por un Magreb decadente, aún tuvo fuerzas, sin embargo, para crear las maravillas de la Alhambra: aún produjo historiadores, poetas, jurisconsultos; pero la sentencia de los hados era inapelable: España sería cristiana, y como proa de una Europa en plena expansión, España tendría un papel dominante, agresivo, en esa frontera que después del retroceso del Islam acabaría por desaparecer.

Otra cultura, la hebraica, estaba también presente en el ámbito peninsular; cultura sin base territorial, sin Estado, que se alimentaba de las otras dos. Hasta el siglo XIII se nutrió, sobre todo, de la savia islámica; después operó una paulatina reconversión hacia los saberes de Occidente sin abandonar sus valores propios. Gracias a esa capacidad de adaptación la cultura hebrea sobrevivió y brilló en medio de las más desfavorables circunstancias. La convivencia (que más bien fue una difícil coexistencia) entre tres culturas que tenían muchas raíces comunes se saldó, pues, con el triunfo de la modalidad cristiana occidental. Que en ella quedaran incluidos no pocos elementos de las otras dos, que se enriqueciera con aportaciones y matices orientales, no desvirtúa esta afirmación, corroborada en el caso de las artes plásticas como en el de las demás ramas de la cultura. El arte español, desde la baja Edad Media, es, en lo sustancial, un capítulo del arte europeo, y sigue las grandes líneas de su evolución.

El fraccionamiento político no era obstáculo para esta fundamental unidad. Castilla había sido la gran beneficiaria de la Reconquista, y aunque la palabra se aplicara sobre todo a la España interior, a la Meseta, en sentido amplio los reinos de Castilla abarcaban desde el Cantábrico hasta el Estrecho. En el este, la confederación catalanoaragonesa incluía Cataluña, Aragón, Valencia y Baleares, con una proyección muy marcada hacia el espacio mediterráneo, en especial hacia la Italia meridional e insular. Constreñido en estrechos límites por sus poderosos vecinos, el pequeño reino de Navarra basculaba entre Francia y Castilla; tenía una dinastía de origen francés, y parte de su territorio se encontraba al norte de los Pirineos, pero eran mucho mayores las afinidades de su población con las tierras y gentes de Castilla, y con las provincias vascas que reconocían como señores a los monarcas castellanos. Esta variada constelación política estaba llamada a sufrir el proceso de simplificación y concentración dominante en toda la Europa occidental. Coadyuvaban a este proceso hondas afinidades culturales y humanas, lazos de dependencia económica, siglos de lucha común contra el Islam, el uso del latín por las élites y la fuerza expansiva del castellano que, sin presión estatal, salvaba fronteras, incluso la frontera con Portugal, un país con fuerte personalidad en el que, sin embargo, numerosos escritores empleaban el castellano.

Así pues, la tarea de unificación política realizada por los Reyes Católicos solo tuvo que vencer una enconada resistencia en el reino granadino. La unión de Castilla y Aragón se vio facilitada por los ya preexistentes factores de unidad, y aunque respetó la plena autonomía de los reinos originarios no se limitó a una mera unidad personal; hubo muy graves decisiones que afectaron a todo el conjunto, como el saneamiento monetario o la expulsión de los judíos; hubo una diplomacia, una acción común más allá de nuestras fronteras, de la que fue pieza esencial al valenciano Alejandro VI, último papa español. Y hubo, como era lógico, una básica coincidencia en los rasgos culturales, incluidas las artes plásticas, sin perjuicio de modalidades nacidas de tradiciones preexistentes o de influencias exteriores. Que los aires renacentistas soplaran en los reinos orientales desde Italia era lógico, teniendo en cuenta la ya mencionada vinculación, y por las mismas razones no sorprende que en Castilla irrumpiera de forma arrolladora el Renacimiento en su versión nórdica, siguiendo las vías comerciales que relacionaban Castilla y Flandes; pero ni dejó Castilla de recibir copiosos influjos italianos ni el intenso foco de cultura septentrional dejó de manifestarse en un trasiego de hombres y de ideas en Levante como lo muestra la trayectoria vital de Luis Vives.

Pocas veces ha estado España tan abierta al mundo exterior como en aquellos años que lo mismo podemos mirar, siguiendo a Huizinga, como la madurez de la cultura bajomedieval, que como el pórtico de los tiempos modernos. Obedeciendo a la llamada de monarcas, aristócratas y príncipes de la Iglesia, artistas y humanistas de todo el Occidente fecundaron nuestro suelo con su presencia. Y como a pesar de persecuciones y exilios persistía la huella islámica y hebraica, su hibridación con el gótico final y con la semilla renacentista dio lugar a productos complejos de gran originalidad, más visibles en monumentos arquitectónicos y en las artes menores que en lienzos y esculturas por la conocida pobreza de la tradición semítica en estas ramas. Deberá tenerse presente que una muestra pictórica no recoje cierto aspectos integrantes de la singularidad artística española.

Con esta salvedad, es evidente que quien recorra la muestra que en este pabellón se exhibe percibirá a través de ella los rasgos esenciales del vivir hispánico en el pasado: una estructura social jerárquica, una religiosidad hondamente sentida, un mecenazgo vinculado a los estratos superiores, unos elementos aglutinantes que, a través de fuertes diferencias confieren al conjunto cierta unidad. El lento desplazamiento de los centros de actividad desde la Meseta hacia el Sur, consecuencia del auge de Andalucía, la colonización de América y la decadencia castellana en la segunda mitad del siglo XVI se revela en la temática, en la procedencia de los artistas y en otros muchos detalles. El reforzamiento de la autoridad monárquica fue otro factor decisivo, tanto en la configuración del Estado como en el rumbo de la producción artística. Los Austrias hispanos se sintieron fuertemente atraídos por los hechizos del arte, algunos de ellos (en especial Felipe II y Felipe IV) fueron cultos y competentes en grado muy superior a la media, y los apuros de la Hacienda no les impidieron destinar grandes sumas a la construcción de edificios, la captación de artistas y el enriquecimiento de las colecciones reales. A través de la aristocracia que frecuentaba los reales alcázares, los gustos y las predilecciones regias se filtraron hacia los estratos altos y medios de la sociedad, situando un contrapeso eficaz a lo que podría estimarse como excesivo peso de la Iglesia en estas materias.

De especial interés fue en este sentido el reinado de Felipe II (1556-1598) en varios sentidos: su gusto por la severa grandeza de monumentos que pregonarían, como mensajeros pétreos, la superioridad de la Monarquía Hispana; sus años de estancia en Flandes e Inglaterra, la decisión de edificar El Escorial, y la no menos importante decisión de sustituir la tradicional corte itinerante castellana por una capital, Madrid. Cada uno de estos puntos merecería amplios desarrollos que no serían de este lugar; bastará recordar que el núcleo Madrid-El Escorial, punto de atracción para artistas de dentro y fuera de nuestras fronteras, fue un útil contrapeso frente al otro gran centro de atracción que se había constituido en el Bajo Guadalquivir al calor de la prosperidad andaluza, relacionada con el comercio de Indias, pero no de modo exclusivo, pues también eran intensas sus relaciones con otras regiones de España y otros países de Europa. Así lo atestigua la existencia de prósperas colonias de mercaderes, en Sevilla ante todo, y también en ciudades como Cádiz, Córdoba y Granada. Los testamentos, inventarios y otros documentos notariales revelan que esta clase media, a imitación de la alta, adornaba sus viviendas con pinturas. Incluso en las clases modestas era frecuente la existencia de algunas pinturas, casi siempre de carácter religioso. En las clases altas se introducían otros géneros, en partes importados, como el paisaje y la mitología, mientras que el bodegón y el retrato tenían raigambre castiza.

Para satisfacer esta amplia demanda había un considerable número de pintores nativos, y no pocos de procedencia extranjera. Los padrones y otros documentos censales demuestran el elevado número de pintores, escultores, entalladores, doradores, plateros, rejeros, etc. que existían en todas las ciudades, incluso en las más pequeñas; una masa artesanal de la que emergían algunos artistas de elevado mérito. Esa distinción, ya operada en Italia, entre el artesano y el artista se estableció en España con gran retraso por el peso de la rutina y de los intereses creados, y esta indefinición fue causa de fricciones, de pleitos y de que eximios artistas vivieran con insatisfacción su estatus legal dentro de aquella sociedad. A veces hallaban amparo en las altas instancias: el Ayuntamiento de Sevilla zanjó a favor de Zurbarán una reclamación planteada por el gremio correspondiente; Felipe IV intervino personalmente para que Velázquez tuviera dentro del ámbito palatino el rango que merecía e incluso consiguió que se le otorgara un hábito de Santiago; pero en otras ocasiones los artistas se sentían discriminados por las trabas gremiales y las barreras jerárquicas; El Greco ganó un pleito al funcionario de Illescas que pretendía cobrar la alcabala de sus cuadros, pero éste fue un éxito individual, que no eximió a otros artistas de seguir batallando por los privilegios, la libertad o, como entonces se decía, la *ingenuidad* de su arte; y es sintomático que, a pesar del aprecio social del que gozaban el arte y los artistas, esta pugna llegara sin resolver hasta los tiempos finales del Antiguo Régimen.

La recta compresión de aquella época exige no perder de vista que durante dos siglos España estuvo integrada en un gran confederación de naciones que figuraba entre las más progresivas de Europa. Las medidas restrictiva puestas en práctica por Felipe II limitaron, sin anularlos, estos lazos culturales. Hemos citado antes al Greco; fue uno de tantos artistas (quizás el más destacado) que llegaron de más allá de nuestras fronteras y se afincaron de modo temporal o definitivo; el caso inverso fue mucho más raro; Pedro Berruguete y José de Ribera trabajaron en Italia y volvieron a España. A Francia, Flandes, Alemania, de donde nos llegaron tan grandes ingenios, pocos artistas españoles emigraron. Hecho normal, parte de un fenómeno más amplio; España recibía emigrantes por variadas razones: escasez de población, alto nivel de precios y salarios, predominio político. Todas estas razones militaban también en pro de una inmigración artística, favorecida además por un mecenazgo en cuyo origen se hallaba la propia Casa Real; Felipe II llamó artistas extranjeros para la decoración de El Escorial; Felipe III y su favorito el duque de Lerma acogieron temporalmente a Rubens; Felipe IV trabajó toda su vida por constituir la más fastuosa colección de pinturas, base del actual Museo del Prado. A su ejemplo, la alta aristocracia llevó el coleccionismo artístico particular a un nivel inigualado. De esta forma, Madrid destronó a Sevilla como centro del arte español. En medio de una Castilla arruinada Madrid surgía como islote de prosperidad, con arte de Corte que, sin dejar de tener acento español, era mucho más europeo que el de cualquier otra ciudad peninsular, y como gigantesco imán atraía lo más selecto de cuanto surgía en el territorio peninsular. Velázquez, sevillano, se instaló en Madrid bajo el patrocinio del conde duque, también sevillano de inclinación si no de nacimiento. Hubo una etapa madrileña en la carrera del granadino Alonso Cano. Más significativo aún resulta que Zurbarán, extremeño, tras haberse establecido en Sevilla, emigrara a la Corte, donde su talento no fue apreciado en lo que valía. Murió en la pobreza. Murillo consiguió un bienestar material gracias a su fama, pero el ambiente general de la nación era deprimido, y en aquellos finales del siglo XVII los artistas participaban del declive que se abatía sobre el conjunto español. Algunas fechas bastan para encuadrar las etapas de este ocaso: en 1648 España firma la paz de Westfalia que reconocía la independencia de las Provincias Unidas. En 1659 se firma con Francia la Paz de los Pirineos, en la que se concierta el matrimonio de Luis XIV con la infanta María Teresa. Al año siguiente muere Velázquez en la plenitud de su genio. En 1665 Carlos II, bajo la regencia de su madre, sucede a Felipe IV; uno de los primeros actos de la Regencia fue reconocer la independencia de Portugal. La mayoría de edad de Carlos no mejorará en nada las cosas, pues el último Habsburgo no reunía las mínimas condiciones para salvar la nación del estado de extenuación en que había caído por efecto del excesivo esfuerzo que de ella se había exigido. Calderón, el último de los grandes dramaturgos, murió en 1681, y Murillo, el último pintor genial del Barroco, en 1682. Comparando estas fechas se advierte un cierto desfase: los indicadores del declive político precedieron a los del ocaso artístico; hecho muy natural. El retroceso de España como gran potencia estaba ligado a hechos económicos y militares cuya repercusión era inmediata, mientras que la potencia creadora de los artistas no se extinguía hasta su muerte. Por lo demás, las exigencias de aquella sociedad respecto a la misión que debían cumplir los artistas seguían siendo las mismas; el arte no sólo debía deleitar los sentidos sino refrescar la memoria y cultivar la inteligencia. Jugaba también el arte un papel de adoctrinamiento y propaganda, de gran importancia en una sociedad que contaba con grandes masas analfabetas. La fidelidad monárquica encontraba adecuado alimento en el arte efímero que celebraba los nacimientos, juras y entradas solemnes de las personas reales, y la piedad popular era mantenida dentro de la ortodoxia gracias a la simbología prodigada en representaciones plásticas.

El cambio de dinastía no tuvo unos efectos tan inmediatos y profundos como podía pensarse. Ciertamente, Felipe V, primer rey Borbón de España (1700-1746), trajo en su séquito artistas franceses, y su mujer, Isabel Farnesio, aportó influencias italianas; pero Luis XIV había aconsejado a su nieto que se amoldara a los gustos de sus vasallos, y él trató de seguir este consejo hasta donde se lo permitía su natural retraído y poco sociable. La Corte perdió algo de su rigidez y de su severa etiqueta, sin llegar por eso a convertirse en una corte abierta como Versalles, donde miles de personas rodeaban al Rey Sol. Felipe V residió poco en Madrid, y el incendio del viejo alcázar de los Austrias suministró un motivo adicional para prolongar sus estancias en los Sitios tradicionales, a los que agregó el de La Granja, producto de su añoranza por la patria lejana. Esta Corte abigarrada y cosmopolita no tuvo un acento muy español, y su arte sólo ejerció un moderado influjo en el conjunto de la nación. Observando desde una amplia perspectiva se aprecia que el año 1700 no significó un corte; continuaron actuando factores ya presentes en la vida española de fines del XVII; los arquitectos siguieron explorando todas las posibilidades que ofrecía un Barroco cada vez más alejado de sus orígenes, y esta búsqueda se concretó en fórmulas originales, con frecuencia felices, mientras que la pintura y la escultura, reducidas a epígonos del Gran Siglo, mostraban huellas evidentes de agotamiento.

La renovación que se advierte en todos los aspectos de la vida española a mediados del XVIII llevó, a través de la Preilustración del corto reinado de Fernando VI, a la plena Ilustración que debe atribuirse al de Carlos III. El dinamismo de este reinado quizás cabe atribuirlo más a las energías que se estaban liberando en el seno del pueblo español que a la acción personal del monarca, bien intencionado pero sin atisbos de genialidad. Su largo reinado previo en Nápoles le había predispuesto a un clasicismo manifestado en sus esfuerzos por sacar a la luz los restos de Herculano y Pompeya, sepultados por las cenizas del Vesubio. Su alto concepto de la dignidad real le llevaba a fomentar la construcción de grandes monumentos y obras públicas que, a la vez que satisfacían necesidades materiales, debían pregonar la grandeza de su reinado. El progreso económico reforzó el papel de las ciudades; los programas urbanísticos (de los que Madrid fue la máxima beneficiaria) contaron con un fuerte apoyo gubernamental. Entre otros rasgos generales que tuvieron cierta repercusión en la evolución artística cabe señalar los progresos de la integración nacional, de la que fue indicio el caluroso recibimiento que Barcelona tributó a Carlos III; el reforzamiento del absolutismo, con tendencia a invadir esferas que anteriormente habían logrado preservar su autonomía, mayores contactos internacionales y algunos avances del espíritu laico que, sin llegar al indiferentismo y el agnosticismo como en otros países europeos, fueron, sin embargo, lo bastante marcados como para justificar los violentos reproches de una parte del clero, que se creía perseguido, y declamaciones contra la corrupción de las costumbres y la decadencia del espíritu religioso.

Tales lamentaciones, aunque tenían algún fundamento, eran excesivas; la Iglesia seguía siendo muy rica; continuaba el atesoramiento de plata labrada en iglesias y monasterios; se registra una disminución de las ofrendas y donativos, pero, en conjunto, el pueblo seguía siendo profundamente religioso. Con más claridad se advierte el progreso del espíritu secularizador en las clases altas y medias; aumentaron las pinturas de temas profanos, incluyendo desnudos femeninos, aunque los propietarios de estas pinturas solían guardarlas con gran recato. Un gobernador militar de Cádiz fue amonestado en secreto por la Inquisición por poseer pinturas obscenas. La reacción de la Corte fue muy característica; además de prohibir por ley que se estudiara el desnudo con modelos vivos, Carlos IV y María Luisa estuvieron a punto de destruir cuadros de Rubens, Tiziano y otros maestros. Por intercesión del mayordomo mayor de Palacio, marqués de Santa Cruz, se contentaron con enviarlas a un cuarto reservado de la Academia de San Fernando.

Manifestación del autoritarismo regio (con frecuencia, más bien de los ministros que actuaban a la sombra del monarca) fueron las leyes de 1777 y siguientes prohibiendo que se hicieran obras en iglesias y otros monumentos públicos sin que primero fueran aprobados los planos por la Academia. Si en la evolución pictórica estas draconianas disposiciones no tuvieron efecto directo, en la construcción de edificios y retablos terminaron de modo abrupto con las últimas manifestaciones del barroquismo, sustituidas por un arte frío y convencional carente de raíces. La raíz popular se mostraba en cambio llena de savia en la obra escultórica de Salcillo y en la figura gigantesca de Goya. Salcillo aunaba perfectamente la herencia italiana que llevaba en la sangre con la religiosidad popular que, a pesar de la malquerencia de los *ilustrados*, aun gozaba de gran vitalidad. Salcillo se inscribe plenamente en esa España refractaria a las denostadas *novedades* que soplaban sobre los Pirineos. Goya, a caballo entre dos épocas, escapa a toda clasificación, no sólo por su genialidad sino por su ideología plena de ambigüedades.

España, que como potencia militar había dejado de ser temible, atraía la curiosidad de los extranjeros de muy distinta manera que en siglos anteriores. Se dio la paradoja de que, mientras italianos y franceses, en teoría amigos y aliados, vertían sus sarcasmos y provocaban airadas reacciones, Inglaterra, constante adversaria por el dominio de los mares y el comercio de América, nos enviaba viajeros como Swinburne y Jardine, bien dispuestos hacia el pueblo español y propensos a elogiar los productos de su cultura. Aunque España no solía figurar en el itinerario de los británicos que hacían el viaje al continente, no fueron pocos los que, como los citados, recorrieron nuestras tierras, elogiaron la originalidad de sus paisajes y sus gentes, llamaron la atención sobre los monumentos árabes y se enamoraron de la pintura de Murillo. No era nueva la admiración de los extranjeros por nuestros magos del pincel, pero sin duda los ingleses fueron los más entusiastas. La exportación de obras de arte tomó proporciones suficientes para alarmar a los gobernantes y prohibir que salieran de España las obras «de Murillo y otros célebres pintores». En este caso sí estaba justificado el intervencionismo del que en tantas ocasiones usó y abusó la Monarquía absoluta.

Murió Carlos III en vísperas del estallido de la Revolución Francesa. Las repercusiones de este magno acontecimiento hubieran requerido la presencia al frente de los destinos de España de un soberano dotado de altas cualidades; por desgracia, Carlos IV carecía de ellas, y su reinado, aunque no falto de buenas intenciones, acabó en medio de los peores desastres. La guerra contra los regicidas franceses resultó tan nefasta como la que después sostuvimos con Inglaterra. Frente a las dificultades exteriores se echaba de menos un sólido frente interno. A causa de la ascensión de Godoy, a la que todos atribuían motivos inconfesables, la monarquía cayó en total desprestigio, y como era pieza esencial en la sociedad del Antiguo Régimen, la decadencia interna de ésta se aceleró sin que hubiera previsto mecanismos de recambio. Sin capacidad para exigir a las clases privilegiadas los sacrificios necesarios, el Estado dirigió sus miradas a los bienes de la Iglesia. Tras la venta de los bienes de jesuitas, llevada a cabo en el reinado anterior, Carlos IV efectuó la venta de los bienes de hospitales, capellanías y otras fundaciones piadosas y benéficas. Así se allanaban los caminos para la gran desamortización, la definitiva; rudo golpe para el mecenazgo eclesiástico e incluso para la supervivencia de los incontables tesoros artísticos que albergaban los edificios religiosos. Sobrevino después la gran crisis alimentaria y epidémica de 1804-1805, y por último la invasión napoleónica. Toda tarea creadora quedó suspendida; los avatares de la guerra y la codicia de los invasores causaron pérdidas sensibles en el patrimonio artístico español.

Tras la Guerra de la Independencia sobrevino la separación de los territorios americanos; sólo quedaron unidos al Estado español Cuba, Puerto Rico y Filipinas, y también estos últimos restos del Imperio desaparecieron en 1898. Entre ambos hitos, que marcaban el fin de la proyección mundial de España, se desarrolló el paso del Antiguo al Nuevo Régimen en medio de violentos vaivenes, pronunciamientos, revoluciones y guerras civiles. El resultado final fue el triunfo de una nueva clase en la que se mezclaban los restos de la antigua aristocracia con los grupos en ascenso: latifundistas, nuevos ricos, burguesía de negocios, políticos, militares, funcionarios, escritores. La gran perdedora fue la Iglesia; las comunidades religiosas fueron disueltas, sus edificios convertidos en locales de uso público o vendidos al mejor postor. El clero secular fue tratado con más miramientos, pero al perder su patrimonio y el saneado ingreso que representaban los diezmos y primicias quedó en la incómoda postura de quienes tenían que tratar de hacer compatible su libertad de acción con el hecho de recibir un salario con cargo a los presupuestos del Estado.

Las consecuencias de estos hechos en la vida artística española fueron múltiples y profundas: la más lamentable, el expolio de gran parte de nuestro patrimonio artístico por las violencias de la guerra y la rapiña de las tropas de ocupación. Las leyes desamortizadoras preveían que las bibliotecas monásticas y los objetos artísticos pasaran a integrarse en bibliotecas y museos estatales; así se salvaron en gran proporción, pero en los trasiegos no faltaron oportunidades para gentes poco escrupulosas, y para que comerciantes e intermediarios sacaran de España gran número de objetos de incalculable valor con destino a coleccionistas extranjeros. La desaparición de las trabas a la exportación de objetos de arte actuó en el mismo sentido; unas veces a la deshilada, otras por medio de ventas en masa, como la subasta de la colección del marqués de Salamanca, riquezas sin cuenta traspasaron nuestras fronteras. Tal fue el origen de las copiosas colecciones de pintura española en museos extranjeros. Y esta funesta tendencia siguió actuando hasta bien entrado el siglo actual.

La creatividad del genio español sólo en parte pudo contrarrestar tan cuantiosas pérdidas. Hubo notables talentos en nuestro siglo XIX, pero entre Goya y Picasso es difícil descubrir un auténtico genio. La pintura de Goya es la mejor crónica de la crisis que atravesó el pueblo español entre el reinado de Carlos III y el de Fernando VII; todas las manifestaciones del alma española pueden seguirse a través de sus pinturas y grabados: regocijos populares, desastres de la guerra, miserias del pueblo llano, que nada ganó con la revolución liberal; y una galería impresionante de retratos, desde aristócratas y personas reales a toreros, ganapanes y mozas del partido. Aunque no dejó una escuela en el sentido estricto de la palabra, la influencia de Goya fue muy fuerte dentro y fuera de España.

Era lógico que al decaer el poder del clero y el espíritu religioso los artistas se adaptaran a los gustos de las nuevas clientelas. Hubo en el siglo XIX mucha pintura de historia, grandilocuente, destinada a centros oficiales, fruto de un concepto nacionalista de nuestro pasado, tal como don Modesto Lafuente lo describió en las páginas de su *Historia de España*. Menudearon los encargos de retratos, uno de los géneros más cultivados. En realidad, siempre había habido una gran demanda, y no escasa proporción de la pintura religiosa anterior había sido sido pretexto para introducir retratos de donantes aristocráticos o burgueses; pero ahora, en una época de confusión de clases y de intensa ósmosis social, a la tradicional demanda iconográfica de los círculos aristocráticos se unía la de políticos, militares, financieros y literatos de renombre. La pintura de género, el paisaje en sus variadas formas (urbano, rural, marinas, jardines) se desarrollaron, en parte para satisfacer una demanda turística, una demanda de viajeros que querían llevarse recuerdos de la *pintoresca* España. No habíamos tenido un Guardi o un Canaletto que fijara la imagen de nuestras viejas ciudades; este fallo quedó compensado, antes de la expansión de la fotografía, con la proliferación de vistas urbanas en una época en que nuestras ciudades estaban sufriendo transformaciones poco afortunadas: derribo de monumentos, de murallas, de rincones típicos y aún de barrios enteros en aras de un *progresismo* mal entendido. 1898 fue el punto más profundo de la curva depresiva de la España contemporánea; a partir de esa fecha se inició una sana autocrítica, una recuperación de valores tradicionales y también unos intentos de reducir la distancia material e intelectual que nos separaba de las naciones más adelantadas de Occidente. Lo que empezó siendo preocupación de espíritus señeros y de pequeños grupos selectos acabó ganando amplias masas de opinión e insertándose en programas de gobierno. Por desgracia no han faltado en nuestro siglo episodios lamentables que han acarreado enormes pérdidas al patrimonio artístico español, pero después se han multiplicado las leyes protectoras, han progresado las técnicas de conservación, se ha generalizado entre particulares y autoridades la conciencia de que un pueblo no puede ser digno de su historia si no protege los productos de su cultura; se han superado, en una palabra, las tendencias iconoclastas, aunque sería demasiado optimista decir que han desaparecido. Tenemos también suficiente lejanía, suficiente perspectiva para afirmar que la pintura española del siglo XX no desdice de sus épocas más gloriosas. La muestra que aquí se ofrece es corta pero convincente: Picasso, Gris, Dalí, Miró, Beruete, Sorolla, Gutiérrez Solana, y dos esculturas de Gargallo y Julio González; nombres de primera, algunos de primerísima fila; nómina que sin las obligadas limitaciones hubiera podido prolongarse ampliamente. Demostración de que la España del siglo que ahora termina no se ha confinado en la tarea de guarda y recuperación de los tesoros del pasado; también ha demostrado tener vitalidad suficiente para añadir nuevos capítulos a esa historia gloriosa.

El arte medieval

Joan Ainaud de Lasarte

La extraordinaria riqueza y variedad del arte medieval en la Península Ibérica obliga necesariamente a considerarlo en sus múltiples facetas. Cada una de ellas tiene una personalidad distinta, pero al mismo tiempo se combinan y entrelazan.

Podemos verificar tres grupos culturales distintos, el cristiano, el musulmán y el judío, pero cada grupo se combina con los restantes en una múltiple variedad.

Por otra parte, veremos cómo el desarrollo de las corrientes artísticas se va produciendo en términos generales de norte a sur en líneas más o menos paralelas.

En una primera fase, la tradición hispanorromana es sustituida por la visigótica. A ella se superponen las corrientes islámicas y otras más o menos genéricas de signo muy variado. Así, se produce el notable fenómeno del arte asturiano, tan rico en su arquitectura, su escultura y su orfebrería, mientras en las grandes ciudades meridionales como Córdoba y Sevilla florecían las corrientes de origen oriental, tanto en lo cristiano como en lo musulmán, y de aquí se extendían hacia el Norte, por Toledo, León —en lo cristiano— o Zaragoza y Balaguer —en lo musulmán. En el campo de la miniatura existen muestras tan valiosas como la de los códices del comentario al *Apocalipsis de Beato de Liébana*, dentro del estilo denominado mozárabe. Más tarde, en Andalucía, Toledo o Aragón, el componente islámico perdurará durante siglos en el notable fenómeno cultural del mudejarismo.

Sin ignorar el empuje o la riqueza de tales corrientes, que hallarán manifestación adecuada en otras exposiciones en el ámbito de la Expo, se hace necesario detenernos aquí en el examen de las sucesivas etapas de la presencia de los estilos de la Europa occidental, esencialmente el románico y el gótico. El primero se desarrolla desde el siglo XI hasta muy adelantado el XIII y cabe evocarlo en muy variadas formas, períodos y territorios. Una de sus modalidades predominó en Cataluña en el siglo XI y se basa en un sistema constructivo muy sencillo y práctico, que suele denominarse *lombardo* por tener su punto de arranque en el norte de Italia (Lombardía), aunque luego se extendiera por muy amplias zonas. En la mayor parte de tales edificios la escultura está ausente y la estructura se basa en muros lisos, con resaltes verticales (*lesenas*) y arquerías ciegas (*arcuaciones lombardas*), decorados a veces con pintura mural o con estuco.

La intensidad de esta etapa constructiva fue tal que en Cataluña quedan todavía más de dos mil iglesias de este estilo arquitectónico, desde la gran colegiata de Cardona, consagrada en el año 1040, hasta multitud de templos de dimensiones más o menos reducidas, con ejemplos que se extienden hasta la primera mitad del siglo XII.

Paralelamente se desarrolló un arte muy distinto, con iglesias de decoración escultórica muy espectacular, con grandes capiteles ornamentados con talla a bisel, ya sea con motivos vegetales, nueva interpretación de temas de origen clásico, hasta entrelazos que sugieren más bien una relación con el mundo de la Europa septentrional. Una de las mejores muestras la hallamos en la iglesia monástica de Sant Pere de Rodes, de la primera mitad del siglo XI.

Por otra parte, y sobre todo a lo largo del Camino de Santiago, a partir de la segunda mitad del siglo XI encontramos muestras de escultura monumental y de arquitectura que dan una nueva interpretación a los temas clásicos, así en lo ornamental como en el tratamiento de la figura humana.

Aquí, el eje principal se sitúa en la línea que desde Italia y Francia conduce por Aragón y Navarra hasta Castilla, León y Galicia y termina en Santiago de Compostela, culminación de las rutas de peregrinación occidentales.

En fechas anteriores hubo ya en estos territorios monumentos importantes, como la cripta de San Salvador de Leire, o edificios de tipo lombardo, como Loarre o Siresa, en Aragón, o la iglesia de Ureña, en Valladolid, pero a todo ello se superpusieron grandes templos como la Catedral de Jaca, la Catedral de Pamplona (de la que sólo quedan elementos sueltos pero muy notables), San Martín de Frómista, la colegiata de San Isidoro, en León, o las partes más antiguas de la Catedral de Santiago de Compostela, edificios tan notables por su escultura como por su arquitectura, que se cuenta entre lo mejor del arte europeo de su tiempo.

Subsisten todavía obras independientes, como los grandes relieves —de hacia 1100— del claustro monástico de Santo Domingo de Silos, que confirman la variedad y riqueza de otras muestras del arte románico en otros lugares.

En la segunda mitad del siglo XII se inicia una etapa muy distinta del arte románico, sobre todo de la escultura, que perdurará en muchos monumentos hasta muy adentrado el siglo XIII. Al lado de persistencias de carácter popular, encontramos muestras de un arte muy refinado. Los ropajes de algunas figuras destacan por su prolijidad y refinamiento y aun cuando corresponden a edificios de tipo netamente románico, su estilo es muy distinto del de las esculturas de tiempos anteriores. En el período que media entre los inicios del arte románico y su fase final, podemos situar la realización de algunos claustros y pórticos y de iglesias enteras de carácter muy variado. Recordemos, por ejemplo, la gran fachada del monasterio de Ripoll, en Cataluña, o las obras del escultor denominado Maestro de Cabestany, o de su círculo, activo en Cataluña, Navarra, el sur de Francia y hasta en Italia a mediados del siglo XII, mientras los talleres que trabajaron en la Catedral de Vic labraron la decoración de la fachada septentrional de la Catedral de Zurich, en Suiza. Estas muestras son ejemplo de la variedad de corrientes que contribuyeron a la difusión del arte románico. En las etapas finales, recordaremos la decoración del maestro Mateo en el Pórtico de la Gloria de la Catedral de Santiago de Compostela, terminado en 1188, las esculturas del sepulcro de San Vicente, en Ávila, las de la segunda fase del claustro de Silos, de la basílica de Armentia, en Álava, las de Sangüesa y Estella o la rica decoración de la cabecera de la Seo de Zaragoza. Entre los abundantes ejemplos catalanes cabe destacar los de las comarcas leridanas, con los que enlazan en Valencia la decoración de la puerta llamada del Palau, en la Catedral. Las catedrales de Tarragona y Girona y los claustros de Sant Cugat del Vallès y de Santa Maria de l'Estany son también muestras valiosas aunque distintas de esta fase tardía.

En tierras de Zamora sobresale la Catedral de Zamora y la iglesia de Santa María la Mayor, en Toro, ambas con grandes cimborrios de monumentales cúspides, cuya construcción no debió terminar hasta el siglo XIII.

Dentro de las fórmulas populares, totalmente ajenas a lo recordado hasta aquí, debemos mencionar la decoración de iglesias como San Pedro de Teverga, en Asturias, San Martín de Mondoñedo, en Lugo, o la última fase del claustro catalán de Santa Maria de l'Estany.

Paralelamente al arte románico tardío se desarrolló en toda Europa una arquitectura peculiar de la Orden del Císter, comunidad monástica derivada de la benedictina, que se caracteriza por una escultura despojada de decoración figurada y un estricto funcionalismo en sus estructuras. A partir de modelos franceses desde mediados del siglo XII, hubo en gran número de centros peninsulares grandes conjuntos que obedecen a dos modelos principales. Uno, basado en iglesias con deambulatorio rodeado de capillas tangenciales, según modelo de Clairvaux, que dio lugar a conjuntos tan monumentales como San-

ta María de Poblet o Santa María de Moreruela. En contraste con ellos hubo templos más propiamente cistercienses, con iglesias de cabecera rectangular, al modo de las abadías de Cîteaux o de Fontenay. Aunque el primer modelo fue el de mayor monumentalidad, el segundo fue acaso el que alcanzó una difusión más amplia desde los monasterios catalanes de Santes Creus y Vallbona hasta el de Mogila en Polonia.

La pintura mural o sobre tabla y los manuscritos con pinturas completan esta panorámica del arte románico. Desde los códices de estilo avanzado del comentario al Apocalipsis de Beato de Liébana hasta las Biblias catalanas o castellanas, los cartularios, algunos con decoración muy rica (el *Libro de los Testamentos*, de Oviedo, el llamado *Tumbo A* de la Catedral de Santiago, el *Libro de las Estampas*, de León, o los libros de los Feudos del Archivo de la Corona de Aragón, en Barcelona). La pintura mural debió ser muy abundante, aun cuando se repartiría de modo muy desigual y se extendería del siglo XI al XIII. Los museos de Barcelona, Vic, Girona, Solsona, Jaca, del Prado en Madrid, y el de Astorga conservan muestras muy valiosas, completadas por muchas muestras todavía *in situ*, como la decoración de las bóvedas del Panteón de los Reyes de San Isidoro de León.

La variedad de estilos y la riqueza de colores impiden detenerme aquí en demasía en el comentario. Conviene recordar, sin embargo, que la pintura románica se extendió a lo largo de más de dos siglos, y se manifestó en múltiples modalidades. Desde una primera fase naturalista, con una plenitud de valiosa y profunda estilización (por ejemplo, en Sant Climent de Taüll), hasta el arte en torno al año 1200, en el que predominan los tonos intermedios y renace una clara relación con el mundo italo-bizantino. En obras tardías, como la decoración de la sala capitular del monasterio aragonés de Sigena, puede apreciarse una notable vinculación a las corrientes artísticas que unen Sicilia e Inglaterra. Dentro del mundo cisterciense conviene recordar las vidrieras más antiguas de Santes Creus, con entrelazos geométricos muy característicos.

Hubo también bordados románicos con decoración figurada, como el llamado *Tapiz de la Creación* de la Catedral de Girona, con una extensa evocación cósmica. El panorama se completa o completaría con un riquísimo conjunto de piezas de orfebrería, esmaltes o marfiles, pese a las gravísimas mermas acaecidas principalmente durante las guerras napoleónicas. La Catedral de Oviedo (Arca Santa, crucifijo de Nicodemo, díptico de Don Gonzalo), la colegiata de San Isidoro de León, el monasterio de San Millán de la Cogolla, los museos de Madrid (Arqueológico Nacional) o León, la Catedral de Toledo (vírgenes del Sagrario y del Tesoro, arca de San Eugenio) y algunos santuarios marianos conservan todavía muestras muy notables.

En cuanto a los esmaltes, cabe destacar el gran conjunto de Silos (hoy dividido entre Santo Domingo y Burgos), el retablo de San Miguel *in Excelsis*, y entre las obras más tardías,

Ferrer Bassa, *Las mujeres santas y el ángel (detalle)*, 1345-1346
Monasterio de Pedralbes, Barcelona

la serie de relieves de la Catedral de Orense y las Vírgenes de Arlanza y de Salamanca.

El arte gótico, común a los grandes templos europeos del siglo XIII, debió penetrar inicialmente en la arquitectura y la escultura de las catedrales de Burgos y de León, tan afines a Amiens y a Chartres, y de allí se difundió en la imaginería y la escultura funeraria de multitud de edificios, entre ellos el gran conjunto de la iglesia de Villalcázar de Sirga.

La proximidad geográfica y las vinculaciones políticas y eclesiásticas explican la relación con Francia del reino de Navarra mientras en otras zonas peninsulares se producían obras muy distintas. Así en Galicia, donde la escultura funeraria contiene muestras de un expresivo geometrismo, mientras la Catedral de Toledo muestra vinculaciones con Francia pero también con Italia en la magnífica decoración de la puerta llamada del Reloj.

En los territorios cercanos al Mediterráneo, sobre todo en Cataluña, se desarrolló una arquitectura muy original, modulada a base de cuadrados y no de triángulos, como en el mundo franco-germánico, con obras tan depuradas como la iglesia barcelonesa de Santa María del Mar. Sin embargo, la trayectoria de la escultura es allí compleja y variada, desde el gerundense Bartomeu, de fines del siglo XIII, hasta Aloi de Montbrai o Jaume Cascalls, de Berga, en pleno siglo XIV, para terminar en Jordi de Déu o el hijo de éste, Pere Joan, en el XV, que adopta el estilo flamenco de la corte de Borgoña, afín al que en Pamplona cultivara Jehannin Lomme, de Tournai.

Pere Joan reintroducirá este arte hasta Tarragona, Zaragoza y Nápoles, en esta última ciudad junto a la arquitectura del mallorquín, Guillem Sagrera.

En la segunda mitad del siglo XV, escultores alemanes, flamencos o franceses desarrollarán en Zaragoza, Toledo, Burgos, Oviedo, Sevilla y otros muchas ciudades y lugares un arte cada vez más recargado en su ornamentalidad.

No debemos olvidar, sin embargo, otras formas o modalidades paralelas o simultáneas, entre las cuales destacan los estilos propios de Andalucía y de Aragón, con una arquitectura rica a veces en policromía en la que se entremezclan los elementos islámicos con peculiares italianismos.

Algo parecido puede detectarse en la pintura, en la que sobresalen los espléndidos códices producidos a lo largo del siglo XIII, probablemente en Sevilla, en la corte de Alfonso el Sabio y de su hijo Sancho IV. Destacan sobre todos los manuscritos con ilustraciones de las *cantigas*, poemas en lengua gallega producidos en la Corte junto a textos de contenido histórico, científico o lúdico (*El libro de los juegos de ajedrez*). En ellos se refleja un arte en el que se yuxtaponen las tres culturas, cristiana, judía e islámica, que convivieron entonces, como lo hicieron también en distintos lugares peninsulares las llegadas por caminos paralelos de difusión de norte a sur.

Después de la eclosión del riquísimo arte mixto del siglo XIII, hallaremos muestras de sucesivos estilos más uniformes. Entre los siglos XIII y XIV, el gótico llamado a veces lineal o francogótico, con obras tan espectaculares como el retablo alavés de Quejana o las pinturas murales del convento de los Dominicos, en Puigcerdà, sin olvidar los conjuntos de Navarra, Aragón y Castilla. Siguen luego otras etapas de conexión con Italia, sobre todo en Cataluña, Mallorca, Valencia, Aragón y, más tarde, en Toledo y Andalucía, con la actividad de pintores catalanes que de Barcelona llegarán hasta los dominios italianos de la Corona de Aragón. Este movimiento prosiguió a fines del siglo XIV y en la primera mitad del XV, con el estilo llamado *internacional*, existente también en otras muchas zonas peninsulares, desde Villar de Donas, en Galicia, hasta Valencia.

A partir de mediados del siglo XV, el naturalismo expresionista llegará desde Flandes a muchas ciudades como Valencia, Barcelona o Zaragoza, por un lado, o a territorios como Andalucía o Castilla, con corrientes artísticas que se entrecruzan y yuxtaponen hasta llegar a la eclosión de artistas de la personalidad de Jaume Huguet († 1492), en Barcelona, o el espléndido Bartolomé Bermejo, de Córdoba, activo en Valencia, Daroca, Zaragoza y Barcelona.

Junto a los retablos, las pinturas murales o los bordados, algunos de singular suntuosidad, cabe mencionar aquí las vidrieras con decoración figurada de las que se guardan notables muestras en Burgos, Toledo, Girona, Barcelona, Tarragona.

En algunos casos se combinan las distintas corrientes artísticas. Así vemos, por ejemplo, como se importan trípticos franceses o flamencos pero en otras ocasiones se mandan a Arras los cartones o modelos pintados por artistas españoles para ser tejidos en Flandes, mientras que los mejores artistas septentrionales (Rogier van der Weyden o Hans Memling) trabajan para los reyes de Castilla o de Aragón.

Completan esta panorámica las obras de orfebrería o esmalte, que abundan también pese a gravísimas mermas. Recordemos el retablo mayor de plata y esmalte de la Catedral de Girona, del siglo XIV, en el que trabajaron catalanes y valencianos, la Virgen de plata de Roncesvalles, los bustos-relicario de Zaragoza, las placas de esmalte del monasterio de Guadaupe o la singularísima custodia de oro de la Catedral de Toledo, rematada en forma de palomar, en el que las aves, esmaltadas, asoman por las ventanillas.

Renacimiento y manierismo en el siglo XVI

José Manuel Pita Andrade

Al concluir la Edad Media, el arte español nos interna en un período profundamente complejo y sugestivo. La mítica fecha de 1492 (dejando al margen el descubrimiento del Nuevo Mundo) puede servirnos de punto de partida ya que, coincidiendo con ella, tuvo lugar la incorporación del reino musulmán de Granada a la comunidad de reinos cristianos que llamamos España, con cambios decisivos que afectaron la estructura territorial, política, social, religiosa y económica de gran parte de la Península Ibérica. Sin embargo, la unidad nacional, simbolizada por los lazos que vinculaban a las coronas de Castilla y de Aragón bajo los Reyes Católicos, se expresó dentro de una gran pluralidad. Como diverso resultó también el panorama de las artes; en la última década del siglo XV convivían los estilos más dispares, con asombrosa vitalidad.

La rendición de Granada no trajo consigo el rechazo del arte hispanomusulmán que, a lo largo de toda la Edad Media, había dejado profundas huellas en los estados cristianos. Habían calado en ellos, de modo irreversible, las técnicas constructivas de los alarifes, la carpintería que tuvo su mejor expresión en las techumbres, los alardes decorativos, la cerámica, los tejidos, la orfebrería y tantas otras cosas que resultaría prolijo analizar. Los estilos mudéjar y morisco (el de los musulmanes que vivían en territorio cristiano) se sucedieron sin solución de continuidad, dejando su impronta en numerosas creaciones del siglo XV y filtrándose en el XVI, desde Aragón hasta Andalucía.

En torno a 1492 el gótico seguía pujante, con rasgos diferenciados en los distintos territorios, y perviviría con más o menos vigor a lo largo de toda la centuria siguiente. En Cataluña, Valencia y Mallorca, templos y palacios mantenían una noble sobriedad, tanto en sus estructuras arquitectónicas (con un peculiar sentido del espacio) como en su decoración escultórica. En el campo de la pintura, maestros de gran personalidad imprimían carácter propio al lenguaje de los primitivos flamencos. Todo ello sin perjuicio de los nexos que establecían con Italia las naves que mantenían un activo comercio desde Génova a Sicilia. En Castilla, la afluencia casi masiva de artistas nórdicos durante la segunda mitad del siglo XV (en Burgos, Toledo y otros escenarios), promovió un espléndido desarrollo del llamado estilo flamígero, donde lo decorativo tenía rango principal, produciéndose significativos entronques con los repertorios ornamentales de ascendencia musulmana. Fastuosas capillas funerarias abiertas en las girolas de las catedrales, iglesias con estructuras peculiares y edificios civiles testimonian el arraigo del gótico en tiempos de las Reyes Católicos, que en nuestros días llegó a denominarse «estilo Isabel». Esta arquitectura tardogótica se mantuvo en importantes templos construidos a lo largo del siglo XVI.

Pero tiene mucho más interés para nosotros asomarnos a las corrientes renovadoras que llegaban de Italia y que acabarían imponiéndose bajo el signo del Renacimiento. Para rastrear los antecedentes hay que remontarse a la Edad Media. La Corona de Aragón venía manteniendo, desde fines del siglo XIII, con Pedro III (1239-85) que ocupó Sicilia, una política mediterránea reforzada por un activo comercio marítimo desde los puertos del Levante. Nápoles, conquistado por Alfonso V en 1442 (allí se quedaría el monarca hasta su muerte en 1458), iba a ser feudo de España, con alternativas que no son del caso, durante varios siglos. Fernando el Católico concedió gran atención a las cuestiones italianas y en esa línea se mantuvo su nieto, el emperador Carlos V. Los conflictos políticos y los intercambios comerciales propiciaron el acercamiento a la cultura del país vecino, que vivía cambios decisivos. Tratemos de sintetizar en qué consistió esta trascendental crisis.

A lo largo del siglo XV, en el *quattrocento*, se desarrollaron focos artísticos de primera magnitud en Florencia y luego en Venecia, Roma y otras ciudades, estimulados por los mecenazgos de grandes familias y prelados. Los humanistas habían promovido el estudio de las letras griegas y romanas con rigor y entusiasmo. El interés, por la cultura antigua pagana (muchas veces en difícil convivencia con la cristiana) promovió la reviviscencia de la arquitectura y de la escultura clásicas. La contemplación de las ruinas y los hallazgos arqueológicos estimularon una difusa nostalgia del ayer acrecida por una imperiosa voluntad creadora. La pintura, aún sin contar apenas con modelos de la antigüedad que imitar, se renovó profundamente partiendo de nuevos conceptos del diseño, de la composición, del colorido y, sobre todo, de la expresión del espacio a través de la perspectiva. Las llamadas artes suntuarias (con las joyas en lugar preferente) despertaron inusitado interés, fomentando el coleccionismo, que se extendería a otros campos. Este movimiento trascendente, nutrido con obras maestras de geniales artistas, mantuvo su ímpetu y alcanzó su plenitud en el llamado *cinquecento*. Un nombre afortunado, el Renacimiento (cobró carta de naturaleza en el título de una famosa monografía de Burkhardt publicada en 1860) sirvió para caracterizarlo. Su irradiación a los más diversos países del Occidente de Europa constituye el más resonante acontecimiento cultural al advenir la Edad Moderna.

La penetración y expansión del Renacimiento en España se produjo en medio de fricciones y recelos que no cabe ignorar. La llegada de corrientes italianas, por las razones aducidas, tuvo más fuerza en la Corona de Aragón que en la de Castilla, más vinculada al arte nórdico. Cuando Isabel y Fernando unieron sus destinos en 1474, el lema del «tanto monta» no tuvo aplicación absoluta en el campo de las artes. La afición de la reina por ellas quedó bien plasmada en su testamentaría, donde se inventariaron numerosas arcas con joyas y otras preseas, tapices y un buen lote de cuadros de devoción; si nos fijamos en las tres decenas de tablas conservadas en la Capilla Real de Granada, salvadas de almonedas y pérdidas, nos encontraremos con que la inmensa mayoría proceden de Flandes (se trata de las obras de Van der Weyden, Memlinc, Bouts, etc.) mientras que dos proceden de Italia (son las atribuidas a Boticelli y Perugino) y solo una (de Berruguete) es española. Resulta significativo recordar que los dos pintores que estuvieron al servicio de Isabel fueron Juan de Flandes y Miguel Sitium o Sitow, nórdicos ambos. No obstante, antes de 1504, en que murió la reina, grandes familias en la Corona de Castilla, como las de los Mendozas y las de los Fonsecas, habían empezado a mostrar su interés por el arte de Italia. Al desaparecer Isabel, Fernando, en la Capilla Real (construida por deseos de ella con fábrica gótica) incorporó dos espléndidos sepulcros renacentistas.

El arte del Renacimiento se inició en España muy tímidamente pero de modo inequívoco, en el umbral del siglo XVI. Se fue conociendo a través de obras importadas, de la presencia de artistas italianos en España y de españoles en Italia. Se trajeron desde pequeños objetos suntuarios de plata y oro, hasta portadas y patios (recuérdense los de la Calahorra en tierras granadinas y el de Vélez Blanco en Almería), pasando por sepulcros y cuadros. La difusión de la escultura y de la pintura del Renacimiento en diversos reinos peninsulares sirvió para vitalizar importantes focos. Y al igual que en Italia y en otros países de Europa, con el paso de los años, los ideales renacentistas sufrirían importantes mutaciones dando origen al llamado Manierismo, complejo fenómeno que afectó a las formas y a los contenidos de las creaciones artísticas, pero teniendo sus raíces en las obras de los grandes maestros. Dos expresivas tallas en madera policromada (material predilecto de maestros

que acabarían siendo magníficos imagineros) y algunos valiosísimos cuadros simbolizarán a nuestros tesoros del siglo XVI en el Pabellón de España.

Nos asomaremos de modo preferente al mundo de la pintura para percibir cómo se produjo la expansión del Renacimiento y del Manierismo en los distintos focos artísticos. Uno de los más tempranos se sitúa en Valencia, donde los Borjas (que alcanzarían prepotencia en Italia al ocupar uno de sus miembros el solio pontificio con el el nombre de Alejandro VI) contribuyeron a estimular la importación de cuadros y a fomentar la inmigración de maestros como Paolo de San Leocadio y Francisco Pagano, con creaciones documentadas en Gandía, el feudo de la familia. Figuras significativas de este momento fueron Rodrigo de Osona padre e hijo y el llamado Maestro de San Narciso, con obras donde, junto a reminiscencias góticas, aparecen temas ornamentales y motivos arquitectónicos renacentistas. Pero importa destacar, sobre todo, la actividad que desarrollaron tempranamente en la Catedral de Valencia Fernando Yáñez de la Almedina y Fernando de Llanos. Ambos se formaron en Italia y conocieron de cerca la obra de Leonardo da Vinci; uno de ellos, mencionado como «Ferrando Spagnuolo», incluso pudo figurar entre sus ayudantes. Sorprende que cuando al genial maestro le quedaba todavía una década de vida, en 1506, los dos pintores homónimos dejaran, en las puertas que cerraban el desaparecido retablo de plata de la Catedral, un inequívoco testimonio del estilo leonardesco. En otros territorios de la antigua Corona de Aragón hallamos también tempranos brotes renacentistas, aunque a veces contaminados con elementos nórdicos. Recordemos en Cataluña los nombres de Ayne Bru, Joan de Borgonyà y del Maestro Matas. Y en Aragón las figuras de Pedro de Aponte y del Maestro de Sigena.

En Castilla tuvieron lugar tempranas experiencias italianizantes. Nicolás Florentino (identificado por algunos como Dello Delli) pintó en 1445 un Juicio Final en el cascarón del ábside de la Catedral Vieja de Salamanca y tal vez las 53 tablas del retablo. Al margen de este conjunto aislado tenemos que situarnos en el último cuarto del siglo XV para encontrarnos con un maestro de recia personalidad, Pedro Berruguete, nacido en tierras de Palencia, activo en la Corte de Urbino entre 1477 y 1482 y que, vuelto a Castilla, realizó una intensa y fecunda labor. El extraordinario interés que nos ofrece justifica que tres de sus obras se seleccionaran para ser exhibidas en el Pabellón de España; de ellas nos ocuparemos más adelante. Juan de Borgoña, de origen nórdico, pero formado en Italia, difundió en Toledo (entre 1495 y 1536) el arte toscano que debió aprender de un ilustre florentino, Ghirlandaio; dan fe de su sensibilidad las escenas con la vida de la Virgen y de Cristo que dejó en la Sala Capitular de la Catedral Primada. Otros pintores como Fernando del Rincón (documentado entre 1491 y 1517) y Juan de Soreda (autor, en 1526, del retablo de Santa Librada en la Catedral de

Pedro Berruguete, *Dos Reyes Magos*
Museo del Prado, Madrid

Sigüenza) muestran facetas distintas del primer Renacimiento en Castilla.

Andalucía acogió a maestros foráneos en ciudades como Sevilla, Córdoba y Granada, estructurándose sólidos focos artísticos. El más relevante y verdadero iniciador del Renacimiento fue Alejo Fernández, un alemán que, atravesando las tierras de Flandes, llegó a Italia, desde donde pasaría a nuestra península. En 1496 consta su presencia en Córdoba, donde se casó con la hija del pintor Pedro Fernández, cuyo apellido adoptó. Las obras de Alejo en Córdoba y luego en Sevilla, reflejan la dualidad de un estilo que, como observó Angulo, «apoya uno de sus estribos en Flandes y otro en Italia»; su actividad se documenta hasta su muerte en 1545. Durante la primera mitad del siglo trabajaron en Granada artistas como el toledano Pedro Machuca, formado en Italia, arquitecto del palacio de Carlos V en la Alhambra; en la antigua urbe musulmana residió durante tres décadas, donde murió en 1550. En el Peinador de la Reina del palacio nazarí trabajaron dos decoradores italianos entre 1539 y 1546, Julio de Aquiles y Alejandro Mayner, narrando en una de las estancias de la torre escenas de la expedición de Carlos V a Túnez e incluyendo motivos ornamentales renacentistas.

Los datos que hemos apuntado son suficientes para percibir, a través de la pintura, cómo fue penetrando y empezó a difundirse por las tierras de España un estilo nuevo. Paralelamente, la arquitectura, la escultura (en monumentos funerarios y retablos) y las artes sunturarias consagran el triunfo del Renacimiento.

Acudiendo de nuevo al mundo de la pintura, nos situaremos en el segundo tercio del siglo XVI y comprobaremos cómo se produce la decisiva asimilación del estilo de Leonardo, Miguel Ángel, Rafael y otros «grandes», al margen de precoces y esporádicos brotes como el señalado en Valencia con Yáñez y Llanos. La nueva etapa nos introduce en el llamado Manierismo, término difuso, difícil de definir y que tal vez debería emplearse en plural, porque, de muy diversas formas y en épocas diferentes, los artistas adoptaron la «maniera» de los famosos genios; esto sin dejar de reconocer la presencia de otros influjos.

Entre los pintores que pueden adscribirse a las corrientes manieristas recordaremos, en Valencia, a Vicente Macip (h. 1475-1550) y a su hijo Juan de Juanes (h.1510?-1579). Sorprende que el primero, nacido antes que Rafael (1483-1520), sufriese su influjo; pero éste solo se manifestó en obras documentadas en el segundo cuarto del siglo. La magnífica tabla suya de la Catedral de Segorbe, con el *Nacimiento de la Virgen* (1530), que se exhibe en el Pabellón de España, muestra la monumentalidad y nobleza que ofrecen este género de obras. Juan de Juanes fundió los influjos de Leonardo con los de Rafael. Las corrientes manieristas tuvieron plena expresión en Castilla a través de maestros que cultivaron la escultura y la pintura. En ambos campos destacó Alonso Berruguete (h. 1489-1561), hijo de Pedro, aunque su personalidad artística resulta particularmente apasionante como escultor; Julio Trenas vio en sus obras «la apoteosis de la crispación». Nadie como él supo interpretar de un modo original y desgarrado fermentos renacentistas, expresándose con un lenguaje manierista cargado de originalidad y de vigor. Aquí celebraremos su genio a través de una gran talla en madera policromada y altorrelieve, con la *Adoración de los Reyes*, que se exhibe y comentaremos más adelante. A su lado debe citarse a Juan de Juni, que también cultivó la escultura policromada con un temperamento distinto, pero capaz de manifestar un peculiar sentido de la forma en sus abigarradas tallas; la que se presenta en la exposición, *San Antonio con el Niño*, que también comentaremos, testimonia sus dotes creadoras.

Juan Correa de Vivar (h. 1510-1566) y Gaspar Becerra (h. 1520-1570) muestran otras vertientes del Manierismo. El primero recibió en Toledo la herencia de Juan de Borgoña, impregnando sus obras de notas rafaelescas. En cambio Gaspar Becerra, que estuvo al servicio de Felipe II y se formó en Italia, fue un fiel discípulo de Miguel Ángel, destacando por igual como pintor y como escultor.

En Andalucía se inscriben en el segundo tercio de siglo pintores que, una vez más, llegaron a Sevilla desde el norte de Europa a través de Italia. El caso mas expresivo es el de Pedro de Campaña, nacido en Bruselas en 1503, que estuvo en Bolonia y Venecia y que sin duda conoció las grandes obras de Rafael. En Sevilla trabajó desde 1537 a 1563, en que volvió a su patria. El Manierismo de su estilo queda bien plasmado en su *Descendimiento* de la Catedral de Sevilla. Un holandés, Hernando de Esturmio, llegó a orillas del Guadalquivir el mismo año que Campaña y allí vivió hasta su muerte en 1556. Su obra más conocida tiene subido valor documental: representa a las *Santas Justa y Rufina*, mártires alfareras, flanqueando la Giralda en recuerdo de su milagrosa intercesión para que no sufriese la torre con ocasión de un terremoto. El último gran representante del manierismo andaluz, fue el sevillano Luis de Vargas (h. 1506-568) que después de permanecer tres lustros en Italia regresó a su ciudad natal «con nimbo de semidiós», según Angulo. Su cuadro en la Catedral, que evoca *La generación temporal de Cristo*, es posiblemente uno de los mas expresivos ejemplos de la pintura manierista.

La pintura española en el último tercio del siglo XVI puede, prácticamente, girar en torno a una serie de maestros que de modo más o menos directo se relacionaron con Felipe II. Los que estuvieron más cerca del monarca fueron, obviamente los que trabajaron directamente al servicio del rey, tanto en el Alcázar como en el Monasterio del Escorial. El primer maestro que recibió el título de pintor de cámara fue Alonso Sánchez Coello (h. 1531-1588); debió mucho a las enseñanzas del holandés Antonio Moro y a la contemplación de las obras del Tiziano, iniciando lo que se ha dado en llamar «escuela de retratistas de Corte», que nos lleva hasta Velázquez. En El Escorial realizaron obras de carácter religioso una serie de pintores españoles entre los que destaca Navarrete el mudo (h.1526-1579); pero no cabe olvidar la presencia de una crecida nómina de artistas llegados de Italia que se dedicaron, sobre todo, a cubrir con frescos los muros y bóvedas del claustro, de la Iglesia y de la Biblioteca, y algunos de los cuales tuvieron hijos y hasta nietos que, totalmente hispanizados, influirían en el desarrollo de la escuela madrileña del siglo XVII. En la época de Felipe II destacaron, en Extremadura, Luis de Morales y, en Toledo, El Greco. Pero de estos maestros se hablará al referirnos a las obras suyas que figuran en el Pabellón de España.

El Barroco

Alfonso Emilio Pérez Sánchez

El siglo XVII es, seguramente, el momento en que el arte español alcanza el punto de mayor significación y personalidad en el concierto del arte europeo.

Buena parte de su carácter puede y debe definirse a partir de la especial situación que España vive, desde los tiempos de Felipe II, como adelantada de la Contrarreforma, adoptando una actitud de casi fanática defensa de la ortodoxia católica y llevando a sus últimas consecuencias la visión del arte como instrumento de la predicación. En otros países europeos, católicos también como la misma Italia, se simultaneaba esta actitud con otras más «laicas», que iban dando nacimiento a la multiplicidad de géneros nuevos que conocería el «siglo barroco» y, con ello, la afirmación de un arte profano de igual o superior empeño que el religioso.

Se ha afirmado muchas veces que el arte español y muy especialmente el del siglo XVII es profundamente realista, sin advertir que difícilmente merece ese calificativo un arte que no se ocupa casi nunca de la vida cotidiana, de la realidad inmediata que rodea al artista y donde no existe una pintura de género y carácter, al modo de Holanda, y donde la escasa pintura de paisaje no traduce nada de la naturaleza «real», tan estimada, sin embargo ya, en otros lugares.

¿De dónde nace, pues, ese sostenido equívoco del realismo español?

Quizá sea, ante todo, un deseo de proyectar en la esfera de la pintura —de las artes plásticas más bien— algo que es sin duda cierto en la literatura. El carácter ciertamente realista de un sector importantísimo de las letras españolas, desde la picaresca a Cervantes o a ciertos sectores del teatro más vivo de Lope o de Tirso, ha forzado quizá a buscar un paralelo en las artes, que sólo muy parcialmente podría ser válido. Probablemente, esa misma condición de instrumento de la Contrarreforma que nuestra pintura seiscentista tiene ha facilitado, en cierto modo, el equívoco.

La Iglesia católica —y España, su «hija fiel» en primer lugar— busca en el arte, para recuperar un contacto emocional más directo con el espectador devoto, la recuperación de lo verosímil, de lo comprensible y directo, de lo capaz de provocar la emoción más viva y honda a través de la humanización de todo lo que se presenta. Para ello, a diferencia de cuanto había venido haciendo el arte renacentista y manierista —que insistieron en un «distanciamiento», a través de la belleza idealizada y del arrebatado capricho imaginativo— van a procurar una aproximación a la realidad, a través de los tipos humanos y de la escenografía de lo cotidiano.

Se trata, pues, de un realismo aparente, de carácter esencialmente instrumental. Lo que se representa no es la realidad circundante, sino que esa realidad se utiliza como lenguaje para hacer más próximos los episodios del Evangelio, o las vidas de los Santos. La Virgen es una campesina, los Santos visten los trajes de los hombres del momento, el taller de Nazaret es una carpintería contemporánea con todo el instrumental que podía verse a diario. Pero lo que se nos narra no es la vida del hombre cualquiera, sino un determinado episodio sacro. Lo religioso, representado a través de este empleo «funcional» de la realidad, se hace más próximo, pero no pierde su carácter devocional.

Si se piensa en el mundo del Renacimiento con su búsqueda apasionada de la belleza y el orden, o en el Manierismo con su artificio y su complejidad intelectual, es evidente que la pintura del siglo XVII tiene un carácter de cosa viva, de realidad verificable, que resulta sumamente nuevo.

Y parece evidente, también, que en esa mezcla de lo místico y lo real, de lo sublime y lo cotidiano, es donde el artista español se mueve con más facilidad y riqueza expresiva, y donde encuentra lo más personal de su creación.

El «Dios anda entre los pucheros» de Santa Teresa, con su mezcla de cotidianidad y prodigio, de trascendencia y de sencilla humildad casera, es sin duda lo que mejor sirve a una posible definición del arte barroco español, que es religioso casi en un noventa por ciento.

El primer cuarto del siglo XVII, bajo el reinado de Felipe III, ve nacer y afirmarse una producción centrada en esa «humanización» del hecho religioso, buscando una sensibilidad más efectiva y tierna. En torno a la Corte madrileña, los herederos de los artistas que Felipe II había reunido en El Escorial, crearon lo que ha de ser la «escuela madrileña», incorporando a la tradición escurialense nuevos elementos de la sensibilidad veneciana, y las novedades de la iluminación tenebrista que da eficacia expresiva y volumen rotundo a los primeros términos. Vicente Carducho, Eugenio Cajes y Angelo Nardi, que son los artistas más conocidos en el Madrid de Felipe III, se expresan en ese lenguaje, lleno aún de recuerdos de la severa compostura italiana anterior a la revolución que supuso el violento naturalismo de Caravaggio, —del cual llegan ya ecos en la obra de Juan Bautista Maino, que trabaja también contemporáneamente a ellos—, así como a través de copias de sus obras y de algunos lienzos de sus imitadores italianos, que llegaron tempranamente a España.

Toledo, que había sido centro artístico importante durante la segunda mitad del siglo XVII, sufre también la influencia de los modelos del Escorial, que conviven con el exaltado y personalísimo manierismo de El Greco, vivo y actuante, como es sabido, hasta 1614.

La presencia de modelos de ese carácter condiciona la producción religiosa del fraile cartujo Juan Sánchez Cotan (1560-1627), que alcanza, sin embargo, una sublime maestría en un género singular: la naturaleza muerta, que en sus manos logra obras de intensidad casi mágica cargadas, seguramente, de significación religiosa. Quizá sea el *bodegón* el único género profano, que con el retrato, alcanza en España desarrollo considerable al margen de lo religioso.

Se ha señalado, como rasgo diferenciador de los bodegones españoles —o al menos de los de la primera mitad del siglo, verdaderamente singulares—, esa severidad compositiva que muestran ya los de Fray Juan y que nos remite, querámoslo o no, a la gravedad de los refectorios conventuales.

Junto a Cotán, artistas como Luis Tristán († 1624), que inició su formación con el Greco, o el murciano Pedro Orrente († 1646), que rinde constante tributo de devoción a la Venecia de los Bassanos, suponen también la introducción de un naturalismo aun más intenso apoyado ya —quizá conscientemente— en la aportación caravaggiesca.

En Valencia, la fuerte personalidad de Francisco Ribalta (1565-1628), educado también en El Escorial, lleva a cabo bajo la protección del Arzobispo Juan de Ribera, ejemplo bien significativo de prelado contrarreformista, una evolución paralela, desde composiciones de solemne carácter, al modo de El Escorial, a otra de evidente intensidad naturalista en las que la grave y reconcentrada gravedad de los modelos italianos se va haciendo cada vez más inmediata y realista, apoyada en modelos reales y vivísimos.

Y en Sevilla, la metrópoli más cosmopolita, enriquecida por el comercio de Italia y abierta a la influencia expresiva del mundo flamenco, se advierte también un desarrollo semejante, aunque allí los componentes nórdicos son siempre muy fuertes. Obras como las de Pacheco o Juan de la Roelas, representan esa fase inicial, que busca la aproximación a los fieles a través de una expresividad más intensa, apoyada en los datos de la realidad sensible, Pacheco siempre inspirado en modelos de la tradición flamenca, más nerviosos y lineales, y Roelas, más volcado al mundo veneciano, colorista y sensual.

A la vez, la escultura sigue caminos muy próximos. En Castilla, es Valladolid, que había tenido ya una amplia tradición renacentista y manierista, la que asume el papel principal y acoge a una gran pesonalidad, el gallego Gregorio Fernández (1576-1636), que recupera para sus imágenes una fuerza de realidad inmediata, fundida con un directo patetismo de raíz gótica que hace olvidar las elaboradas creaciones del mundo manierista y sustituye, con ventaja de claridad y emoción inmediata, a las realizaciones de Juni o Berruguete.

En Sevilla, Martínez Montañés (2568-2649) cristaliza algo semejante, aunque en el late siempre, tanto en sus dramáticos Cristos como en sus imágenes femeninas o infantiles, algo de la carga de belleza del Alto Renacimiento, humanizada en extremo y hecha palpitación de carne verdadera.

La generación de los artistas nacidos entre 1590 y 1601 ofrece un grupo de pintores de excepcional calidad, que constituyen sin duda lo más importante y granado de la historia del arte español: Ribera nace en 1591, Zurbarán en 1598, Velázquez en 1599 y Alonso Cano en 1601.

Con ellos, madura definitivamente el arte español barroco y culmina la personalidad de nuestra pintura, que tiene en ellos las cimas indiscutibles, conocidas de todos y, en cierto modo, símbolo vivo de lo mejor de todo· nuestro arte.

Estos artistas, que puede decirse que llenan la época de Felipe IV, representan la asimilación de todas las aportaciones extranjeras de la primera mitad del siglo y la culminación de ese «realismo» religioso, que se ha venido, tópicamente, considerando la cualidad esencial de lo español. En ellos está presente, al menos en sus obras primeras, el mundo caravaggiesco y la meditación sobre Venecia, la permeabilidad hacia la naturaleza circundante y la profundización en la sensibilidad religiosa de su tiempo. Pero cada uno de ellos tiene una personalidad y una educación diferente.

Ribera, el más directamente vinculado con caravaggismo al menos en su etapa inicial, obtiene unas imágenes de fuerza e intensidad casi alucinantes, servidas con una pasta pictórica, suntuosa y densa, que traduce de modo casi táctil la materialidad de las cosas.

Zurbarán, más sencillo, silencioso y modesto, es el intérprete perfecto de la religiosidad monástica, «de pan cortado, vino y estameña», con palabras del poeta Rafael Alberti, donde las realidades más simples se impregnan de un misticismo alucinado y donde las cosas más vulgares parecen tocadas de una misteriosa trascendencia.

Alonso Cano es, entre ellos, el que más cerca se halla de la belleza tal como la entendían los renacentistas y se advierte en él, a través de algunos de sus lienzos religiosos que permiten entreverlo, un sentido de la belleza corporal y un amor al desnudo que, desgraciadamente, no tuvo ocasión de cultivar.

Velázquez es, sin duda alguna, la culminación no sólo de la

pintura española, sino quizá también de toda la pintura de su siglo. Tras sus primeras obras sevillanas, impregnadas de un naturalismo caravaggiesco, riguroso y preciso, la familiaridad con los lienzos venecianos de la colección real, y lo visto y estudiado en sus viajes a Italia, le abren nuevos horizontes que hacen su pintura cada vez más ligera, clara y casi inmaterial, al servicio no de la realidad táctil, que de modo tan intenso y concreto traducía Ribera, sino de la visual, consciente de su condición de ficción, de «imagen» formada sólo en el ojo, y por lo tanto desligada de cualquier contorno, de cualquier precisión limitadora. La exactitud de su visión y de su mano le permiten obtener imágenes de una absoluta verdad, hechas apenas de una espuma de color, ligerísimamente tocadas sobre la tela, manchas imprecisas contempladas de cerca y verdad absoluta cuando se contemplan a la distancia debida. Nadie como el llegó nunca a captar los efectos del aire interpuesto, de la vibración ligerísima de las cosas en su atmósfera, diluidos los contornos y fundidos los colores en una totalidad prodigiosa. Sorprendentemente, Velázquez es pintor religioso en muy pequeña medida. Su presencia en palacio como funcionario directamente al servicio del rey le exime de la servidumbre de los encargos conventuales que tuvieron todos sus contemporáneos. Su labor principal es la de retratista, y en sus portentosos retratos se transforma la tradición del retrato de Corte cristalizado en tiempos de Felipe II, adquiriendo vida verdadera sin igual, tanto en las imágenes del rey o los poderosos como en los de bufones y enanos.

Junto a estos artistas magistrales, hay también otros de la misma generación que les acompañan muy dignamente. En Valencia, Jacinto Jerónimo Espinosa (1600-1667) es artista que se mueve en la misma dirección de Zurbarán, con idéntica severidad silenciosa. En Madrid y en toda Castilla, Fray Juan Rizi (1600-1680), monje benedictino, se expresa también en un lenguaje tenebrista, de cierta aspereza, pero de noble gravedad monástica. También en Madrid vale la pena recordar a Antonio de Pereda (1611-1678), algo más joven que ellos, pero que permanece siempre fiel a un cierto naturalismo aprendido en su juventud. Su capacidad para reproducir con exactitud casi mágica las calidades de las cosas le hace especialmente apto para la naturaleza muerta y precisamente son quizá los lienzos de ese carácter los que nos dan la mejor idea de sus valores, especialmente aquellos en que se unen la maestría en la representación y la intención reflexiva marcada por el espíritu contrarreformista, que subraya la inanidad de las cosas y la caducidad de la belleza como punto de partida para la meditación moral y religiosa. Las *Vanitas*, son sin duda lo más personal de su producción. Buena parte de los artistas de su edad se mueven en esa misma dirección, con una educación de tradición naturalista y un creciente interés por la fastuosidad del barroco que procede de una fuente nueva.

A mediados del siglo, la influencia cada día más avasalladora del mundo flamenco rubeniano, con su opulencia formal, su

Diego Velázquez, *Pablo de Valladolid*, 1653-1640
Museo del Prado, Madrid

dinamismo compositivo y su riqueza colorista, modifica profundamente la sensibilidad de los artistas españoles, que se incorporan decididamente al barroco pleno. Las pinturas de Rubens que invaden los palacios de la Corona desde 1638, la difusión extraordinaria de estampas que transmiten los nuevos repertorios iconográficos y las inagotables soluciones formales que la fecunda inventiva de Rubens y sus discípulos están proyectando sobre todo el mundo cristiano producen una profunda renovación en la sensibilidad de los artistas, tanto en la Corte como en Sevilla.

Y es obligado recordar cómo la sensualidad opulenta del gran maestro de Amberes, tan claramente expresada en los muchos lienzos mitológicos enviados a Felipe IV, no tuvo séquito en los artistas españoles, que no quisieron —o no pudieron— tomar de ellos sino la viveza de la composición y el vibrante colorido, aplicados una vez más, a composiciones de carácter religioso. La escasa pintura mitológica española —limitada a palacio, o a ciertas celebraciones de carácter conmemorativo y festivo, cargadas de alegoría moral y política—, apenas pudo aprovechar el fecundo caudal que tan generosamente desarrollan Rubens y sus discípulos.

A la aportación flamenca se suma, siempre, un constante estudio de los grandes maestros venecianos del siglo XVI, que había sido, desde tiempos de El Escorial, un modelo de verdad sensible, de colorido rico y de técnica magistral, con la pincelada libre y vibrante que el propio Rubens había estudiado y hecho suya y que ahora se aviene muy bien a la opulencia y dinamismo del nuevo estilo.

Francisco Rizi y Juan Carreño de Miranda, artistas de la misma edad, nacidos en 1614 y muertos ambos en 1685, encarnan muy bien esta última fase de la pintura seiscentista española, al igual que Francisco de Herrera, el Mozo (1627-1685), que vivió en Roma y aporta, también, su conocimiento de cuanto se hacía en la Italia de Pietro de Cortona y de Bernini.

Francisco Rizi crea riquísimas y expresivas composiciones religiosas, impregnadas de tensión dramática. Carreño, junto a suntuosas obras religiosas, es, sobre todo, un magnífico retratista que prolonga en la Corte de Carlos II la grave compostura del retrato velazqueño, enriquecida un tanto con dinamismo nuevo y cierta displicente elegancia, vista en Van Dyck. Ambos dejan abundantes discípulos que dan personalidad al dinámico y colorista «barroco madrileño», que llena el reinado de Carlos II y culmina con la personalidad de Claudio Coello (1624-1693), último de los grandes maestros españoles del siglo XVII.

En Sevilla, este período lo llenan las personalidades contrapuestas de Murillo y Valdés Leal.

Bartolomé Esteban Murillo (1618-1682) es quizá el artista español más popular. Formado en un cierto naturalismo severo, que entronca con el de Zurbarán, va enriqueciendo y liberando su técnica sin perder un tono de delicado intimismo, pero cada vez más ligero, fluido y rico de color y movimiento. Su popularidad acredita la eficacia de sus soluciones, que vinieron a nutrir la creación de los artistas sevillanos sucesivos durante casi un siglo. Junto a él, Juan Valdés Leal (1622-1691), más áspero y violento, pero impregnado también de los mismos modelos flamencos, extrema el aspecto dramático de lo religioso con escenas crispadas y a veces terribles, colores agrios y gestos de violento expresionismo. Algunas de sus obras —las *Postrimerías* del Hospital de la Caridad sevillano— llevan a sus últimas consecuencias la patética meditación religiosa que hemos señalado en las *Vanitas* de Pereda, realizando las interpretaciones más directas y terribles de la muerte y la corrupción. También la escultura conoce una transformación semejante, pasando del severo naturalismo expresivo y dramático, pero contenido en los gestos y actitudes, de Montañés o Gregorio Fernández, al barroco mucho más arrebatado de los artistas de fines del siglo, como el sevillano Pedro Roldán (1624-1699), que colaboró con Murillo y Valdés en el conjunto del Hospital de la Caridad, realizando el retablo del *Entierro de Cristo*.

Sin embargo, faltó en la escultura una personalidad de gran calidad que pudiera hermanarse con los pintores citados. A pesar de las aportaciones flamencas y del matizado eco que las obras de Bernini pudieron proyectar sobre España, la escultura religiosa española se mantiene casi siempre, hasta el umbral mismo del siglo XVIII, dentro de una cierta severidad y contención, insistiendo en aspectos realistas, pero rehuyendo la gesticulación y la teatralidad que mostraban en Italia Bernini y sus seguidores. El hecho de que se use casi siempre la madera policromada y que el mármol no se emplee en la escultura religiosa, sino sólo en la funeraria y en la escasa de carácter profano, pudo influir también en esa contención expresiva que tiene, en los herederos de Alonso Cano, su mejor ejemplificación. Tanto Sebastián de Herrera Barnuevo (1619-1671), en Madrid, como Pedro de Mena (1628-1688) en Granada y Málaga, reciben la influencia de Cano y encarnan bien ese aspecto tradicional que presenta generalmente la escultura devocional española.

Ha de ser el siglo XVIII el que aborde la expresividad retórica y suntuosa del pleno barroco, que culminará en la gracia rococó de los últimos imagineros, los andaluces Risueño y Ruiz del Peral, y el murciano Salzillo.

Siglos XVIII y XIX

Julián Gállego

El día 1.º de noviembre del año 1700, con puntualidad digna de la exactitud de un bisnieto de Felipe II, muere sin descendencia el último rey de España de la dinastía austríaca de los Habsburgos, Carlos II, nombrando su heredero en el trono de San Fernando a Felipe de Borbón, duque de Anjou, por testamento fechado el precedente 3 de octubre. Con ello el nieto del Rey Sol abandona Versalles y se instala, no sin ciertas dificultades, en el viejo alcázar madrileño, donde recibe las juras el 8 de mayo del año siguiente, 1701. El archiduque Carlos de Austria reclama los derechos de su familia, lo que da lugar a una guerra de Sucesión, concluida, por una serie de tratados y de batallas, en 1713-1715. Tiene el nuevo rey en esa última fecha veintisiete años y una educación a la francesa, con un concepto clasicista de las Artes perfectamente elaborado en el largo siglo de Luis XIV, muerto precisamente en 1715, después de haber creado un paradigma del estilo de Corte que ha de ser imitado en toda Europa hasta bien entrado el XIX y que en algunos casos llegará hasta el XX.

Felipe V se encuentra con un país empobrecido y marginado, en lo político, en lo económico y en lo intelectual. Dentro del esquema galo, el rey busca remedio en un centralismo a la francesa, con cinco Secretarías de Estado, aboliendo los privilegios forales, a veces justificando esa medida impopular por el castigo a los partidarios del archiduque en esa larga guerra que agudizó los problemas del país, prolongando la crisis que se venía arrastrando desde la muerte de Felipe IV. La ruptura de relaciones con la Santa Sede, con la misma excusa de su parcialidad a favor de los austríacos, le permitió reemprenderlas con cierta separación de poderes y disminuyendo el papel de la Inquisición.

Todo ello lo trató de ejecutar procurando ofender lo menos posible a los tradicionalistas y dando ejemplos de patriotismo y devoción. En su primer retrato oficial, pintado por Hyacinthe Rigaud en París, 1701, se presenta a sus nuevos súbditos con el traje negro y la golilla de sus antecesores para demostrar su acatamiento a las modas y costumbres locales. (Museo del Prado y numerosas réplicas y copias). Sólo muchos años después (1737) se dejará pintar con el énfasis triunfal que puso de moda su abuelo, como general victorioso, con peluca blanca y doble banda flotando al viento (Prado), por el joven tolonés Louis Michel van Loo, quien algo más tarde (1743) lo volverá a retratar rodeado de toda su familia en el enorme y pomposo lienzo del Museo, en un ambiente de Corte francesa, con arquitectura clásica y ademanes teatrales, en compañía de su segunda esposa, Isabel de Farnesio, en buena parte causante de la progresiva invasión de artistas extranjeros en Madrid. Pero en la primera parte de su reinado no trató de elevarse contra los estilos hispánicos, ya no severos como los de la época de Felipe II, cuya obra maestra, el Monasterio de El Escorial, acaba de recibir una amplia decoración de Luca Giordano (el Lucas Jordán de los españoles, pintor que trabaja en la corte desde 1692 a 1702), sino recargados de adornos y caprichos, de ese estilo que en Francia han de denominar despectivamente «baroque», y en el que, bajo el corregidor madrileño marqués de Vadillo, se construyen, por Pedro de Ribera, el Puente de Toledo, el Hospicio y el Cuartel de Guardias de Corps. Hay que pensar que si no hubiese ardido totalmente el viejo Alcázar de los Austrias, Felipe V se hubiese acostumbrado a su españolismo; pero esa catástrofe, acaecida en 1734, motivó el encargo a un gran arquitecto italiano, Felipe Juvarra, del nuevo palacio de estilo internacional, uno de los mayores y más bellos de Europa, que se dio por concluido en el reinado de Carlos III (1759-1789), que dio a Madrid su aspecto de nueva capital europea, con arquitectos como Sabatini, director del nuevo urbanismo, y Ventura Rodríguez y Juan de Villanueva, formados en la Real Academia de Bellas Artes de San Fernando, fundada, al estilo de la de París, en 1752, por el hijo de Felipe V, Fernando VI (reinante de 1746 a 1759).

Las artes plásticas toman también el derrotero internacional. Muertos los sucesores de Velázquez, Juan Carreño de Miranda (1614-1685) y Claudio Coello (1642-1693), la escuela de Madrid va a la deriva y no la salvarán Antonio Palomino (1655-1726), dinámico decorador, alumno de Valdés Leal, ni Miguel Jacinto Menéndez (nombrado pintor de Cámara en 1712) y otros de la misma o menor envergadura. Bernardo Germán Llorente (Sevilla, 1685-1757), el pintor de *La Divina Pastora* (Prado y otros lugares), perpetúa en Sevilla la manera

Gianbattista Tiepolo, techo del Palacio Real de Madrid, 1764

suave de Murillo, mientras en Cataluña, Antonio Viladomat (1678-1755) difícilmente trata de resucitar la vena del naturalismo religioso español. Ante esta carencia, se contratan pintores italianos, como Andrea Procaccini (Roma, 1671-1734), o franceses, como Michel-Ange Houasse (París 1680-1730). Éste sabe encadenar con la tradición velazqueña en su retrato de Luis I (hijo de Felipe V, que fue rey cuatro meses) de admirable sencillez y refinados grises y rojos (Prado) y que en sus cuadros religiosos y de escenas populares anuncia a Goya, mientras en sus vistas de los Sitios Reales (*El Escorial*, Prado) es el creador del paisajismo español, género hasta entonces considerado secundario. Su compatriota Jean Ranc (Montpellier, 1674-Madrid 1735) no es más que un mediano propagador del estilo académico francés, sin el verbo de su maestro Rigaud, que no quiso desplazarse hasta Madrid (retrato ecuestre de Felipe V, Prado). Ya hemos aludido a Louis-Michel Van Loo, artista de talento y oficio, pero carente de ese «no sé qué» personal y expresivo que había iluminado en el siglo XVII hasta a pintores mediocres españoles. Sus composiciones mitológicas (*La educación de Cupido*, R. A. de San Fernando) son casi dignas de Boucher, pero no van más allá.

En el reinado de Fernando VI comienzan a recogerse los frutos de la educación académica, tanto por parte de profesores como Andrés de la Calleja o de alumnos como los hermanos González Velázquez, Antonio, Luis y Alejandro, hijos de escultor y padres de pintores de muy buen estilo. Antonio es excelente fresquista, género apenas usado en España hasta finales del siglo XVII y que alcanzó enorme auge en el XVIII. (Palacio Real y Basílica del Pilar, Zaragoza). Entre los extranjeros recién llegados son de mencionar el veneciano Giacomo Amigoni (1680-1752) y, sobre todos, el molfetés Corrado Giaquinto (1703-1765), que trabajó abundantemente en Madrid entre 1753 y 1762, dueño de una técnica magistral, una composición a la vez elegante, atrevida y dinámica, un exquisito colorido de porcelana, un dibujo perfecto y una materia tan grata al óleo como al fresco. Giaquinto representa un hito en la internacionalización del arte español, a cuya afición a la soltura y garbo respondía, y su influencia fue muy beneficiosa, paticularmente en Goya.

Carlos III, que al llegar a España ya ha sido, hasta 1759, rey de las Dos Sicilias, sin tener un gusto personal, poseía un olfato muy fino para descubrir los artistas y artesanos necesarios para hacer de Madrid una capital de rango internacional. No se trata de un coleccionista (como Felipe IV), sino de un típico ejemplar del monarca del setecientos, que subordina todo a la grandeza del papel que representa (siendo, privadamente, persona sobria y sencilla en gustos). Ya de su gobierno en los ducados de Parma, Plasencia y Toscana (1731-1735), y en especial en Sicilia y Nápoles (1735-1759), había aprendido la lección del despotismo ilustrado europeo: un soberano ha de rodearse de belleza y riqueza para estar al nivel de su oficio de reinar. A los veintidós años contrajo matrimonio con Ma-

ría Amalia de Sajonia en 1738, la que apenas pudo sentirse reina de España al fallecer en 1760. Carlos III no volvió a contraer matrimonio y a su muerte, a finales de 1788, transmitió el gobierno a su primogénito Carlos IV, dejándole en herencia una capital magnífica y unas artes de plena floración. Entre los grandes pintores europeos eligió a dos que podían satisfacer esas necesidades de propaganda regia y desempeñar el papel de guías y ejemplos de las artes en España: Antón Rafael Mengs (Aussig, Bohemia, 1728-Roma, 1779), paladín del naciente neoclasicismo, formado en el estudio de la Antigüedad por su amistad con el gran arqueólogo Winckelmann en Roma, artista reflexivo y acabado, lleno de ciencia y de equilibrio clásico; y Gian-Battista Tiepolo (Venecia, 1696 - Madrid, 1770), el más deslumbrante decorador que ha conocido su patria, arrebatador y poético fresquista de los mayores palacios e iglesias, de una elegancia de trazo jamás vulgar ni rutinaria, de un colorido de imposible superación, técnico perfecto al fresco, al óleo, al pastel, al carboncillo o mina y al aguafuerte. Se hizo acompañar por sus hijos, también pintores, que le ayudaban en su tarea, Gian-Domenico, confundible con el padre, aunque con una ligera inclinación hacia lo popular, y Lorenzo, pastelista eminente, auténtico «inventor» de los temas de majos y manolas que tras él cultivaría Goya. Mengs estuvo en Madrid desde 1761 a 1769 y de finales de 1774 hasta el 1776. Tiepolo permaneció en la Corte desde su llegada en 1762 hasta su muerte en 1770. Los aficionados madrileños, siguiendo las tradicionales divergencias políticas o teatrales, los pusieron frente a frente, formando dos partidos irreconociliables. Ambos colaboraron en el Palacio Real y ambos influyeron en las dos grandes direcciones de la pintura goyesca: el retrato (Mengs) y la decoración o historias sacras o populares (Tiepolo). Entre los seguidores del primero destacan Gregorio Ferro y los hermanos Bayeu, Francisco y Ramón, ambos pintores de Carlos IV y cuñados de Goya. (Sobre éste, ver nota biográfica en el catálogo de sus pinturas aquí expuestas).

Aunque Goya ofusca y ensombrece con su genio todos los talentos que lo rodean, hemos de salvar a dos excelentes artistas con la suficiente personalidad para escapar a su influjo: Luis Menéndez de Rivera (también llamado Meléndez), hijo de españoles (Nápoles, 1716-Madrid, 1780) y extraordinario pintor de bodegones, género que lleva a una altura jamás conocida, ni siquiera en el Siglo de Oro; y el exquisito Luis Paret y Alcázar (Madrid 1746-1799) (ver biografía en su ficha del catálogo), el más francés de los pintores españoles, tan delicioso en el paisaje como en las figuras, sin olvidar algunos fragantes floreros.

Mientras tanto, la escultura había seguido un camino hasta cierto punto semejante a la pintura, aunque las nuevas modas clasicistas, ya existentes en Roma desde el siglo anterior y confirmadas por el academicismo francés, habían impuesto (mucho antes que lo declarase Winckelman) la escultura del color natural de su materia (preferentemente el blanco del mármol de Carrara y el dorado del bronce), postergando lo policromía, poco afín a los gustos de los antiguos romanos, cuyos restos descubiertos a cada paso en Italia servían de modelo. La talla en madera pintada quedó casi exclusivamente limitada a las imágenes de devoción popular, que, por otra parte, no existían en los países protestantes. En España hubo, entonces, una escisión entre la escultura decorativa de edificios monumentos y fuentes, que era monocroma, y la estatuaria religiosa, cuyo auge no sólo no disminuyó, sino que se multiplicó en las numerosas cofradías y órdenes religiosas que nacieron o crecieron en cuanto se dejaron sentir los efectos beneficiosos de la nueva administración estatal. Hay, así, una escultura «blanca» y una escultura «coloreada», y a menudo el mismo artista trabaja, según los casos, una u otra (por ejemplo, en la Corte, Alejandro Carnicero o Juan de Villanueva). La influencia de los nuevos edificios reales (el Palacio de Madrid o el de La Granja de San Ildefonso) encamina el gusto hacia la escultura sin policromar en las numerosas estatuas de reyes o de divinidades paganas o simbólicas que pueblan palacios y jardines, y que Carlier, Fremin, Thierry o Rousseau distribuyen en La Granja. A partir de la creación de la Academia de Bellas Artes toma las riendas de la escultura un excelente maestro italiano, Giovanni Domenico Olivieri, que labora generalmente el mármol. Pero sus seguidores no olvidan la talla polícroma, como se ve en imágenes de piedad de Roberto Michel, Juan Pascual de Mena (que en la breve distancia que media entre la fuente de Neptuno y el Monasterio de los Jerónimos, en Madrid, da muestras de ambas posiciones) y Luis Salvador Carmona, gran imaginero castellano de una ilustre familia de artistas, que cuenta entre sus miembros al mejor grabador español, Manuel Salvador Carmona, yerno de Mengs. Los primeros alumnos de la Academia, tales como Francisco Gutiérrez (fuente de Cibeles), Manuel Alvárez (fuente de Apolo, ambas en Madrid), Juan Adán (fuente de Hércules, Aranjuez), Carlos Salas (basílica del Pilar), etc., propagan el gusto clasicista.

En las diversas regiones españolas hay, en cambio, una proliferación de tallas policromadas en iglesias y capillas y, en especial, en los desfiles procesionales, que se renuevan con mayor boato. En casos más suntuosos, la policromía se consigue a base de minerales de distintos tonos, combinados con metal dorado (capilla del *Transparente* por Narciso Tomé, catedral de Toledo; sagrarios de Granada y el Paular, por Hurtado Izquierdo, púlpitos de Córdoba, por Duque Cornejo, etc.). Mientras proliferan los retablos y estatuas de los pilares de iglesia, por la familia de los Ramírez, en Zaragoza (donde fundan también una academia de dibujo a la que asiste Goya); en Valencia, Ignacio Vergara esculpe en piedra, sobre un modelo de Hipólito Rovira, la mejor versión —la más barroca— del arte de Bernini (Palacio Dos Aguas, Valencia). Pero es Murcia la región que va a darnos la más rica muestra de la talla policromada, con las obras de Francisco Salzillo (ver ficha en el *San Juan Evangelista* de este catálogo), que alterna madera y

tela, piedra y estuco, vidrio y paños encolados en sus maravillosas creaciones de las procesiones murcianas.

El neoclasicismo, no obstante, se va imponiendo en el gusto de las clases dirigentes. Con los edificios de Juan de Villanueva (Museo del Prado, Observatorio Astronómico, restauraciones de la Plaza Mayor, Ayuntamiento, etc.) la Corte escoge las formas depuradas y desornamentadas, contrapesando así el apogeo del barroco final, tirando a rococó, de Leonardo de Figueroa en Sevilla, de Jaime Bort en Murcia, de los Churriguera en Salamanca, de Fernando Casas y Novoa en Galicia. Ventura Rodríguez, arquitecto de exquisito gusto y enorme capacidad, sirve de transición sin accidentes del Barroco al Neoclasicismo, con obras de tan difícil solución como el Pilar de Zaragoza, la catedral de Jaén, la fachada de la de Pamplona, el palacio de Liria en Madrid. En el país vasco-navarro se impone un clasicismo «iluminista» en las plazas mayores de Silvestre Pérez y J. A. de Olaguíbel. Cayón y Benjumeda dan austero toque monumental a Cádiz y Julián Sánchez Bort convierte en neoclásica la catedral romano-gótica de Lugo. El siglo XIX seguirá esta tendencia en todos sus edificios oficiales, hasta comienzos del XX: una arquitectura «ministerial» de gran dignidad (Congreso de los Diputados, por Narciso Pascual y Colmer, 1842).

La pintura seguirá derroteros semejantes y a los petimetres a la moda el viejo Goya, apartado voluntariamente de la Corte desde la restauración fernandina de 1814, parecerá un artista «a la antigua española», cuyas últimas pinturas, madrileñas o bordelesas, pasarán totalmente inadvertidas. La pintura neoclásica, imitadora de Louis David, está dominada por el montañés José de Madrazo (1781-1859), concienzudo discípulo del gran pintor francés (salvo el genio del autor de las *Sabinas* o el *Marat*) después de haberlo sido de Gregorio Ferro. (Ver ficha referente a su hijo Federico). También José Aparicio (Alicante, 1773) fue alumno de David y pintor de cámara de Fernando VII, autor del *Cuadro del Hambre*, que de manera artificiosa, ensalza el patriotismo de los madrileños durante la invasión francesa, en 1812-1813. Juan Antonio Ribera, alumno de Francisco Bayeu, recibió en París las enseñanzas de David y fue pintor de Carlos IV en su exilio en Roma y luego de su hijo Fernando VII y director del Prado. Su obra (*Cincinato*, Museo del Prado) no pasa de mediana.

Mucho mayor valor tiene otro pintor del mismo monarca, el valenciano Vicente López (ver biografía en ficha de su retrato de María Cristina de Nápoles, presente en esta exposición), gran pintor, pese a sus limitaciones, «hombre del siglo XVIII perdido en un siglo nuevo», como dijo Lafuente Ferrari, muy cercano a Bayeu en su pintura mural y retratista impasible de uniformes y condecoraciones cuyos portadores apenas interesan. Su papel principal, que transmite a sus hijos,

es de retratista de una sociedad vulgar y reaccionaria. Pero cuando, por casualidad, se enfrenta con un personaje de interés (Goya, Liñán, Narváez, el duque del Infantado, el músico Félix M. López...) sabe hacerle honor.

Sus hijos Bernardo y Luis siguieron su carrera oficial y su estilo, pero sin conseguir establecer una dinastía comparable a la fundada por José de Madrazo, que domina el reino de la pintura española a lo largo del siglo XIX. Carlos Luis de Ribera, José Gutiérrez de la Vega, y Antonio María Esquivel son delicados retratistas del naciente Romanticismo «biedermaier», pero no pueden rivalizar con Federico de Madrazo (ver ficha).

Una novedad del siglo XIX es el cuadrito («tableautin») adecuado para decorar los nuevos pisos en que se han constreñido (salvo excepciones de la nobleza) los amigos de la pintura. El retrato cohabita con esas escenas de género en las que aparecen los tardíos discípulos de Goya, como Leonardo Alenza (1807-1845), Eugenio Lucas Velázquez (1824-1870), Francisco Lameyer (1825-1877) y algunos más. El género regionalista se da primeramente en Andalucía con pequeños maestros, como Juan Rodríguez el Panadero, Carlos Blanco el Sereno y Joaquín Fernández Cruzado, nacidos en el siglo XVIII. Ya del XIX, los hermanos Bécquer, José y Joaquín, padre y tío, respectivamente, de los más jóvenes hermanos Bécquer, el poeta y el pintor, éste de un estilo meticuloso, nada andaluz, que se complace en escenas de la raya de Aragón con Soria. Los costumbristas de más «tronío» andaluz serán Manuel Cabral y Manuel Rodíguez de Guzmán. Esta moda anecdótica derivará hacia temas del siglo XVIII, de mercado internacional, con pequeños maestros como José Jiménez Aranda, Francisco Domingo Marqués y, en particular, Mariano Fortuny (ver ficha aparte), cultivador alternante de temas «de casacón» o moriscos, de un orientalismo que suele reducirse a Marruecos o Andalucía, al que más adelante contribuirá el genial pintor de historia Antonio Muñoz Degrain (1841-1924). El cuñado de Fortuny, Raimundo de Madrazo también alternará su errática musa entre el andalucismo y el tema dieciochesco con el retrato mundano.

Pero el mayor género pictórico del siglo XIX será la pintura de historia, hasta cierto punto iniciada por Goya, y en la que destacarán grandes artistas como Casado del Alisal (1832-1886), Antonio Gisbert (1835-1902), Germán Fernández Amores (1823-1894), Vicente Palmaroli (1834-1896), Francisco Pradilla (1841-1921), Emilio Sala (1850-1910), José Moreno Carbonero (1858-1942), etc. Un lugar aparte ocupa Eduardo Rosales (1836-1873), autor de *El testamento de Isabel la Católica* y *La muerte de Lucrecia*, obras maestras de sendas temáticas, española y romana. El tamaño de esos enormes lienzos hace peligroso su traslado, por lo que no figura este género en la presente exposición.

La pintura y la escultura del siglo XX

Antonio Bonet Correa

Durante el primer tercio de nuestro siglo, España conoció uno de los momentos estelares de su historia cultural. Tanto el pensamiento y la ciencia como la literatura, la música y las artes plásticas alcanzaron un gran desarrollo. La capacidad de reflexión y el espíritu creador de los españoles había vuelto a renacer. De nuevo, como antaño en el Siglo de Oro, España realizaba obras de arte de alcance universal. Desde 1880 hasta 1939 se produjo lo que el crítico e historiador de la literatura José Carlos Mainer ha denominado la «Edad de Plata» del pensamiento, de la literatura y del arte español. Francisco Giner de los Ríos, Ramón y Cajal, Galdós, Clarín, Unamuno, Baroja, Valle-Inclán, Juan Ramón Jiménez, Ortega y Gasset, Ramón Gómez de la Serna, Gregorio Marañón, García Lorca y los poetas del 27 y tantos otros pensadores y escritores constituyen la constelación, que en las artes plásticas está compuesta por Beruete, Regoyos, Sorolla, Zuloaga, Solana, Casas, Rusiñol, Nonell, Picasso, Juan Gris, Gargallo, Julio González, Miró y Dalí. A los arquitectos Gaudí y Josep Lluís Sert, hay que añadir los músicos Albéniz y Falla, los cantaores flamencos Antonio Chacón y la Niña de los Peines y los bailarines Vicente Escudero y Antonio Mercé, la «Argentinita». Todo un mundo de creación coherente y a la vez que típicamente español de dimensión universal.

El renacimiento del espíritu español en tiempos modernos tiene sus razones históricas. Desde 1870 hasta finales de la centuria pasada se registró en España un cambio profundo de modernización, tanto en lo material como en lo social y lo moral. Acabadas las Guerras Carlistas, con la paz civil y la estabilidad política, la Restauración borbónica supuso un período de progreso en todo el país, tanto en la periferia más industrial como en la meseta central de carácter agrícola. La construcción de las líneas férreas, incrementando las comunicaciones interregionales, la mejora de los puertos de mar y demás obras públicas, la explotación de la minería, en el norte y en el sur de la península, la creciente industria en Cataluña y el País Vasco, el comercio de agrios en Levante y la política arancelaria, hicieron que España modernizase sus infraestructuras. Factores esenciales para el desarrollo fueron el crecimiento demográfico y el acrecentimiento de la población urbana. También los adelantos de la higiene pública y las mejoras en la educación contribuyeron a crear bienestar, cada vez mayor, en las clases burguesas y acomodadas. Las condiciones de vida del español medio, pese aún a muchas deficiencias, señaladas en las novelas realistas, aumentaron notoriamente. Atrás quedaba el recuerdo de una España vetusta y adormilada. Las ciudades importantes construían sus nuevos barrios con «Ensanches» trazados a cordel, con calles rectas y anchas y amplias avenidas arboladas, flanqueadas de flamantes casas de alquiler o pequeños palacetes y hotelitos particulares. Los centros antiguos también sufrían su consiguiente modernización. Espléndidos edificios institucionales y administrativos remplazaban el viejo caserío del corazón de la ciudad. Los grandes almacenes comerciales, los bancos, los teatros, las círculos recreativos, los cafés y los hoteles para viajeros, correspondían al gusto por el lujo y la brillantez de estas clases sociales ascendentes. Con la aparición del alumbrado eléctrico y los tranvías, las grandes ciudades como Madrid y Barcelona se convirtieron en metrópolis, adquiriendo un aire moderno y cosmopolita, entre europeo y americano.

La evolución política y social durante el reinado de Alfonso XIII merecería ser analizado en relación a la cultura. Señalemos solamente que la pérdida de Cuba y las Filipinas, las últimas colonias del imperio español, en el año 1898, supuso una crisis moral profunda para los intelectuales, que a partir de entonces se plantearan radicalmente el problema de España y su puesto en el mundo moderno. De sobra es conocido cómo la llamada generación del 98 —Unamuno, Ganivet, Azorín, Baroja y Valle-Inclán por citar los más relevantes— tomaron conciencia de la derrota moral. Los pensadores anteriores a ellos, como Joaquín Costa, habían predicado el «regeneracionismo», habían intentado sacudir la conciencia, según ellos dormida, de los españoles.

Frente a la ineptitud oficial de la España caciquil y retardataria, de políticos corruptos y sin imaginación, de una sociedad sin aliento e ideales, se quería abrir un nuevo horizonte, dar un nuevo impulso. Ya en 1878 el novelista y crítico de arte Jacinto Octavio Picón acusaba el mal que corroía al país al decir que «nuestra época es de incertidumbre y de lucha; los

viejos ídolos han caído y no se han erigido los nuevos todavía, las sociedades sin tendencia determinada y fija no inspiran al arte la experiencia de un ideal que no poseen». Ahora bien, el tener los españoles ante sí la evidencia de cuál era su decaída, energía moral de un país que hacía tiempo había dejado de ser una gran potencia, se creía era llegada la hora de sustituir la España de las oligarquías y del bostezo, de los villorríos y aduares africanos, por una «España germinal» renovada y renacida de sus cenizas. Es interesante comprobar que lo que por un lado supuso una pérdida económica de productos coloniales, reactivó por lo contrario determinados sectores de la economía nacional. Lo importante para nuestro discurso es constatar que con la generación del 98 surgieron las polémicas Europa/España o cosmopolitismo/casticismo, tan importantes para la formación de una nueva manera de entender la identidad de lo español.

Desde el comienzo del siglo hasta 1936, cuando estalló la guerra civil, España vivió los problemas de un país en trance de transformación. La «Semana Trágica» de Barcelona, en 1910, las agitaciones andaluzas y la huelga general de 1917, señalan las fechas de agudos conflictos sociales, que, tras el desastre del Anual en Marruecos y la llegada, en 1923, de la dictadura de Primo de Rivera se trataron de resolver de forma política. La caída de la monarquía de Alfonso XIII y la proclamación de la Segunda República, en 1931, con el final de la guerra civil en 1936, son el índice de las sacudidas de una historia en la cual se enfrentaban las «Dos Españas», la renovadora y la tradicional, sin llegar la una a anular la otra. A ello había que añadir el problema siempre latente de las nacionalidades históricas, de la «España invertebrada». Cataluña, el País Vasco y Galicia, que desde el siglo XIX habían tomado conciencia de su identidad, reclamando su autonomía política. La España escindida y rota cuando la guerra civil hará más dramática la historia de una modernidad cuyo parto resultaba doloroso.

Difícil resulta resumir las conexiones del arte y la historia. También el trazar con detalle las diferentes etapas, los movimientos, las tendencias y las personalidades que constituyen la trama y la evolución diacrónica de los hechos artísticos. Con el aumento de la riqueza y el acceso a la cultura de amplias zonas de una nueva burguesía, tanto en los centros industriales de Barcelona, Bilbao, Oviedo o Valencia, como en las provincias agrícolas de Castilla, Extremadura, Andalucía o Galicia, se produjo aunque minoritariamente una actividad intelectual y artística de nuevo signo. De las tertulias de café o de los ateneos del siglo pasado se pasó a la creación de asociaciones y sociedades de artistas. *Les Arts i els Artistas* en Barcelona, en 1910, o la *Asociación de Artistas Vascos* en Bilbao, en 1911, o más tarde los *Artistas Ibéricos en Madrid*, en 1925, son ejemplos de la necesidad que los artistas sintieron de defender sus intereses en un país en el que el encargo oficial era escaso y todavía no había casi galerías de arte y coleccionistas. Sin embargo, los locales públicos continuaron desempeñando un papel aglutinador. La cervecería-cabaret de *Els Quatre Gats*, en la modernista Barcelona de fines del siglo XIX y el café-botillería de Pombo en Madrid, con su cripta en la que en los años veinte oficiaba el escritor Ramón Gómez de la Serna, fueron lugares de encuentro y debate. Al ambiente de estos verdaderos santuarios de la estética moderna y anteacadémica hay que añadir la floración asombrosa de las revistas de arte y literatura, por regla general de pequeñísima tirada y corta duración. Esenciales fueron *Pel e Ploma, Revista Nueva, Un enemic del Poble, Helíos, Prometeo, Grecia, Ultra, Revista España, Alfar, Ronsel, Nos, L'Amic de les arts, Revista de Occidente, La Gaceta literaria, Litoral, Cruz y Raya, Gaceta de Artes...* Revistas publicadas en castellano, catalán o gallego y que aparecen en distintos puntos de la Península, tanto Cataluña como Galicia, Andalucía, Canarias o Madrid. En todas ellas colaboran escritores y poetas, por primera vez en contacto con los artistas plásticos, los cuales a su vez realizaban dibujos y grabados exprofeso para las revistas y las portadas e ilustraciones de los libros literarios.

El dilema casticismo/cosmopolitismo, al igual que el de tradición/modernidad planteado por los intelectuales respecto a las diferentes órdenes de la vida española, tuvo su repercusión directa en las artes plásticas. La cuestión afectaba a la conciencia y la identidad colectivas. Individualmente, los artistas tomaban una posición personal. Por un lado estaban los artistas que decidían ir a vivir a París, la entonces capital del arte francés e internacional, abandonando definitivamente España, y por otro lado estaban los que, no sin dejar de viajar al extranjero, permanecían en Barcelona, Madrid, Bilbao, Valencia o Sevilla. Los primeros, es el caso de Picasso, de Gris, María Blanchard, Bores, Oscar Domínguez, Luis Fernández y muchos otros de la llamada escuela de París, eran aquellos que se integraban a una estética, que por aquellas fechas para muchos, no tenía arraigo en lo nacional. Los segundos, condicionados por el ambiente sin dar espaldas a lo nuevo, sino más bien pudiendo asimilarlo en lo que les parecía más idóneo para su arte y conciliable con la tradición, se vieron anclados en una estética si no obsoleta al menos retardataria. Fue el caso de Joaquín Sorolla, sobre cuyo arte al morir el pintor en 1924 el crítico de arte Juan de la Encina opinaba: «Con Sorolla pasa a la Historia todo un momento de la pintura española. Antes de su tránsito, era ya historia». Pintor excelente, virtuoso del color y la luz, su valencianismo pictórico encontró numerosos imitadores superficiales, los partidarios del «sorollismo». Otro tanto sucedió con los pintores del realismo-social Ramón Casas y López Mezquita o los «regionalistas», los hermanos Zubiaurre, Eugenio Hermoso, José Pinazo y Julio Romero de Torres.

Todos ellos, pintores de grandes cualidades, caen fuera del transcurso de la verdadera renovación, lo que no impide su enorme interés en tanto artistas que reflejan una situación con paralelas a otros países de Europa. Salvo la figura egregia de José

El *Guernica* instalado en el Pabellón Español
de la Exposicion International de París en 1937

Ignacio Zuloaga, *El Cristo de la Sangre*
Museo de Arte Moderno, Madrid

Gutiérrez Solana, astro solitario, aparte y anacrónico, los demás deben ser considerados dentro de unas coordenadas todavía conservadoras. Éstas deben también tenerse en cuenta al juzgar ciertos pintores españoles que desde principios del siglo alcanzaron las más altas cotas del prestigio internacional. Son los llamados por Fontbona «modernistas cosmopolitas exuberantes». Ignacio Zuloaga, Herman, Anglado-Camarasa o José María Sert, con un «virtuosismo inigualado» llegaron a ser muy pronto cotizados en París y Nueva York. Los grandes magnates mundiales fueron los clientes de estos artistas, cuyo exaltado españolismo, pleno de tópicos, hace las delicias de los que admiran a España por su pasado pleno de épicas hazañas, leyendas románticas y místicos designios de santos y guerreros, de harapos, toreros y bailadoras.

Para establecer con mayor exactitud el panorama del arte español del primer tercio del siglo XX, hay que reseñar los sucesivos intentos, en los años 10, 20 y 30, de consolidar el arte de vanguardia. Para ello hay que estudiar sucesivamente el modernismo y el *noucentisme* en Barcelona, el regionalismo, el arte déco, el neocubismo, el surrealismo y el realismo, más o menos expresionista, en todas las diferentes partes y escuelas españolas. Artes y estilos con múltiples interferencias que establecen y forman el desarrollo gradual de los procesos artísticos. Como muy bien ha sintetizado Javier Pérez Rojas «El arte español entre 1910 y 1940 constituye una compleja maraña difícil de desenredar y por supuesto reducir a un común denominador creaciones tan diversas como un cuadro de Moreno Villa y otro de Ortiz de Echagüe. Como sucede con cualquier intento clasificatorio: siempre quedarán nombres al márgen difíciles de incluir ni de aclarar con un simple epígrafe o subtítulo». Así las líneas divisorias resultan imprecisas entre tantas variantes e interconexiones estilísticas. Ante el confuso conglomerado de eclecticismos que se prolongaron el año 1939, más de un historiador se ha preguntado si en realidad en España hubo entonces una verdadera vanguardia. Los pintores regionalistas, entre los años 1910 y 1919, como los vascos hermanos Zubiaurre o Julio Romero de Torres, tan ligado a una estética a lo Valle-Inclán, de carácter casi metafísico, pueden ser valorados pictóricamente por sus propiedades estéticas o ser leídos como si se tratase de un texto literario. Ni una ni otra actitud desmerecen en calidad pictórica e interés. Ahora bién, sus pinturas, en las que adrede identificaban tradición figurativa española con contenido y ambas cuestiones con el problema de España, sin quizá ser completamente conscientes de ello, soslayaban la posible renovación formal y por lo tanto, la ansiado modernidad. Otro tanto sucedió con los «noucentistas» en Cataluña. En el caso de Joaquín Sunyer, influido por el último Cezànne, el redescubrimiento de una pintura «mediterránea» le llevó a colocar artificiosamente desnudos clásicos, como pretexto de pastoral, dentro de un paisaje consuetudinario, buscando el difícil equilibrio entre lo bello y lo sensato; caso paralelo es el arte de salón y el sentimiento de la naturaleza del onubense Daniel Vázquez Díaz, pintor que en París fue amigo de Juan Gris, al que retrató. A su regreso en España, la lección del cubismo le sirvió a Vázquez Díaz para hacer una pintura figurativa de formas geométricas simples y templar el cromatismo de su paleta. En las pinturas murales, el *Descubrimiento* que realizó en el monasterio de la Rábida, en Palos de Moguer, fue capaz de aliar la simplicidad sintética del cubismo-figurativo al arcaizante legado del pintor portugués del siglo XV Nuno Gonçalves. Personaje que sobrevivió a la guerra civil, Vázquez Díaz fue para los jóvenes artistas madrileños de los años 40 un maestro que los conducía hacia la modernidad. Su magisterio y sus recuerdos sirvieron de puente entre los años heroicos de los 20 y el arte de ruptura de los 50.

En la pintura española de vanguardia hubo muchos robinsones, muchos personajes aislados. El caso de Dario de Regoyos, postimpresionista y autor del libro *España Negra*, en 1899, es notorio. Otro caso fue el del vasco Francisco Iturrino, «fauve», amigo de Matisse, pintor de las gitanas, toreros, tipos populares de Andalucía, y Marruecos. En el caso del catalán Isidro Nonell, amigo en Barcelona de Picasso y muerto prematuramente, se truncó la producción de un importante pintor expresionista, de diferente espíritu de lo «noucentista», movimiento éste tan afín a las ideas institucionales de una Cataluña que aspiraba a ser moderna desde la tradición y el «seny» o sensatez. Precisamente en ese momento el uruguayo-catalán Joaquín Torres-García, que había trabajado como «noucentista», acusaba el provincianismo que amenazaba a los barceloneses oficiales. Torres-García, que según avanzaba en edad se hacía más radical y moderno, en 1920 escribió una carta a su amigo el pintor de vanguardia Rafael Barradas pidiéndole que siguiese su lucha por un arte nuevo: «Más vibracionismo que nunca y planismo y expresionismo. Porque tenemos razón. Somos los únicos que vemos». En la misma carta a su amigo ausente, se quejaba de que no tenía a nadie con quien hablar de «nuestro arte», recordando con nostalgia las interminables conversaciones que sobre ese tema había tenido con Barradas cuando éste vivía en Barcelona. Como se sabe, Torres-García acabó marchándose a París, en donde fundó Cercle et Carré, y más tarde cuando la guerra mundial, al Uruguay, su país de origen, en donde creó una escuela de arte experimental y constructivista, esencial para el arte moderno uruguayo.

En los primeros intentos de modernidad y vanguardia hay que tener en cuenta precisamente el contacto que determinadas personalidades de artistas —como el matrimonio Roberto Delaunay y Sonia Terk, en Madrid, Bilbao y San Sebastián, o Francis Picabia en Barcelona— tendrán con determinados artistas españoles. También la aparición en España de Rafael Barradas, pintor «vibracionista» ligado a los ultraístas, entre Barcelona y Madrid, ciudad esta última en la cual tuvo gran amistad con el escultor Alberto Sánchez, en realidad su único y mejor discípulo. A ello había que añadir las exposiciones de obras extranjeras modernas en las Galerías Dalmau, la de Arte Francés, organizado por el Ayuntamiento de Barcelona, en 1917; la de Madrid y Zaragoza, sucesivamente, y en 1919 la Exposición Internacional de Pintura y Escultura en Bilbao. Estos contactos, como los viajes al extranjero del bilbaíno Antonio de Guezala, explicarían la versatilidad estética, el eclecticismo militante. Otro tanto sucede con Alfonso de Olivares, en el Madrid de los 20. En una segunda etapa en la capital de España, las exposiciones de los «Artistas Ibéricos», en 1925, o la acción cultural de la famosa Residencia de Estudiantes, en la que Federico García Lorca, Luis Buñuel y Gaudí se encontraron y desempeñaron el papel aglutinador de todos los que desde las provincias —Murcia o Valencia—, buscaban afirmarse desde una modernidad renovadora. Fue el momento del surrealismo que desde Figueras, pasando por Zaragoza, llegó hasta las islas Canarias, en donde este movimiento esencial en nuestro siglo adquirió una dimensión cosmopolita. A ello se añadió un determinado realismo moderno en parte de «Nueva Objetividad» y por otra del rescoldo aún vivo de la tradición académica difícil de sacudir y toda una serie de pintores nuevos, Arturo Souto, Ramón Gaya o Francisco Cossio, de acento personal y delicado arte.

En el mundo de la escultura el desarrollo fue parelelo al de la pintura. De un arte académico y pomposo, sobre todo en los monumentos públicos, se pasó a una escultura más sincera y preocupada por la expresión plástica, la fidelidad a los materiales y el uso de formas más sintéticas. Aunque la figura que dominó el arte oficial fue Mariano Benlliure, habilidoso escultor deudor de lo estético decimonónico, la corriente tradicional se renovó con gran dignidad. En Cataluña José Clará, muy influido por Maillol, realizó una escultura de un sereno y grande clasicismo «mediterráneo». El andaluz Mateo Inurria y el castellano Victorio Macho, y desde París el salmantino Mateo Hernández, esculpieron estatuas en las que la tradición figurativa se renueva de manera excelente. Pablo Gargallo, que en parte de su obra fue también continuador de esta tendencia, alternó sus obras de vanguardia con las de bulto redondo. En los años 30 los dos malogrados escultores realistas Emiliano Barral y Francisco Pérez Mateo, ambos muertos en la guerra civil defendiendo la República Española, serán los epígonos de una tendencia de tanto arraigo en España. Ahora bien, en la escultura figurativa de raíz tradicional, el gran artista por la jerarquía de su obra es Julio Antonio. Catalán que trabajó en los círculos madrileños, amigo y admirado por los intelectuales de su época, en la década de 1910 acomete la serie de «Bustos de la raza» en que los campesinos, los mineros, las gitanas o las mujeres de pueblo adquieren una presencia plástica de una gran veracidad. Galería de arquetipos españoles, comparable sólo en la pintura a la galería de personajes de un Solana, Julio Antonio nos ha legado una obra que pese a su temprana muerte, en 1919, se puede considerar clásica en el sentido más total de la palabra.

La aportación española a las esculturas de la vanguarda internacional fue enorme. Aparte de las clases de los pioneros, el vasco Francisco Durrio y el catalán Manuel Hugué, afincados ambos en Francia, señalemos las obras en hierro y metal de Pablo Gargallo y en el mismo material las de Julio González. Su utilización del vacío y sus estructuras metálicas, al igual que las esculturas de Picasso, fueron las aportaciones mayores a la escultura universal de vanguardia. Otros artistas como Apeles Fenosa, Honorio García y Juan Rebull mantuvieron en alto un arte en el que se conciliaba la figuración y los estilos modernos. Más radicales fueron las obras de Alberto Sánchez, toledano y autodidacta, surgido del hondón popular. Alentado en un primer momento por el pintor Barradas, hará una escultura primero postcubista y luego surrealista. Muy original, de no haberse truncado con el exilio en Moscú, después de la guerra civil, Alberto hubiese dado mayores frutos. Su obra maestra y más espectacular fue la monumental escultura colocada en el exterior del célebre Pabellón Español de la Exposición Internacional de París de 1937, titulada *El pueblo español tiene un camino que conduce a una estrella*. Esbelto mástil era un tótem, una guía poética de vegetal y forma estilizada. El otro escultor de vanguardia también surrealista fue el madrileño Ángel Ferrán. Profesor en Barcelona durante los años 20 y 30, la guerra civil le cogió en Madrid. Sus obras abstractas, móviles y cinéticas le convirtieron en la postguerra, cuando era un exiliado interior, en el maestro de los jóvenes que buscaban su amistad y magisterio. Su papel en la génesis de la vanguardia de los años de ruptura bajo el franquismo fue esencial.

Con el Pabellón Español de la Exposición Internacional de París de 1937 se cerró todo un ciclo del arte español. La península ibérica estaba desgarrada por la guerra civil. Para defender ante el mundo intelectual a la España democrática se montó el pabellón, obra de los arquitectos Luis Lacasa y Josep Lluís Sert, con la ayuda de Antonio Bonet Castellana. La Generalidad de Cataluña y el Gobierno de Euskadi participaron con el Estado español en el montaje y muestreo de obras de arte. Picasso para el pabellón pintó su obra maestra *Guernica*. Miró participó con una obra también pintada exprofeso para el pabellón. De Gutiérrez Solana se presentó una antología, muy completa. Los pintores más jóvenes Ramón Gaya, Arturo Souto, Bonafé, Perceval, Eduardo Vicente, Climent, Rodríguez Luna, Puyol, etc. participaban con un conjunto de obras en las que dominaba el realismo. Los vascos, desde los veteranos Zibiaurre y Echevarría hasta los más jóvenes como Arteta y Ucelay, ofrecieron una panorámica que incluía incluso Regoyos. En la escultura la participación fue considerable. Aparte de la fuente de Mercurio de Calder, el único extranjero en el pabellón, la participación de Picasso con la *Dama Oferente*, Julio González con su Montserrat, Alberto con su *El pueblo español tiene un camino que conduce a una estrella*, Barral y Perez Mateos con varias de sus obras, hicieron que el pabellón tuviese gran importancia desde este arte plástico. De los artistas españoles entonces conocidos faltaban sólo Ignacio Zuloaga y Salvador Dalí. Ante el mundo se exhibía una producción espléndida. Artistas de vanguardia, surrealistas y realistas mostraban la faz moderna y a la vez tradicional de un país que secularmente desde lo prehistórico hasta nuestros días ha producido obras maestras en la pintura y la escultura, y que todavía hoy, en estos finales del siglo XX sigue muy vivo en las artes plásticas.

Catálogo

Joan Ainaud de Lasarte (J. A. L.)
Antonio Bonet Correa (A. B. C.)
Julián Gállego (J. G.)
Felipe Garín Llambart (F. G. Ll.)
Alfonso E. Pérez Sánchez (A. E. P. S.)
José Manuel Pita Andrade (J. M. P. A.)

Anónimo

San Payo de Antealtares. Columnas

Columna románica de mármol con las figuras adosadas, de pie, de los santos Pedro (con la llave del Cielo), Andrés y Pablo, este último mostrando un rollo abierto con la inscripción: «Ego Paulus cupio / dissolvi et / cum Christo est / multo me/lius.»
Dimensiones:
Altura: 115 cm
Diámetro 28 cm

Columna románica de mármol con las figuras adosadas, de pie, de los apóstoles Santiago el Menor, Bartolomé y Mateo. Este último mustra con ambas manos un díptico abierto.
Altura: 116 cm, diámetro: 28 cm

Museo Arqueológico Nacional, Madrid, n.ᵒˢ inventario: 55.479 y 55.480.

La procedencia de ambas piezas, así como la de una tercera, actualmente en el Museo Fogg de la Universidad de Harvard (Cambridge, Massachusetts, EE.UU.), así como una cuarta, hoy fundida, fueron encontradas en el monasterio de San Payo, llamado de Antealtares, cerca de la cabecera de la basílica de Santiago de Compostela. Su origen está en discusión, ya que existe la posibilidad de que procedieran de dicho monasterio, de monjas, o de la catedral. También es discutible si las columnas fueron la base de un baldaquino o altar o sustentaron una tumba. Estas piezas son aparentemente de la primera mitad del s. XII, relacionables con la tradición de algunos fustes de columnas de la puerta llamada De las Platerías de la Catedral de Santiago, y un relieve procedente de Vigo conservado en el Museo Arqueológico Nacional de Madrid.

(J. A. L.)

Maestro de Lluçà

La coronación de la Virgen
Panel lateral del altar románico de Llusá
(2.ª mitad del siglo XIII)
102 × 107 cm
Vic, Museo Episcopal, n.º 10

La Virgen María (REGINA CELORUM = Reina de los Cielos), sentada a la izquierda, y frente a ella Jesucristo (JESUS CHRISTUS DOMINUS NOSTER = Jesucristo Señor Nuestro) que la bendice con la diestra mientras le coloca la corona con la mano izquierda. En todas las escenas la Virgen lleva un manto o casulla roja (de color púrpura), a diferencia del manto azul que suele vestir en otras pinturas catalanas del mismo período.

Panel del lado izquierdo o de la Epístola del altar mayor de la iglesia del monasterio o canónica agustiniana de Santa Maria de Lluçà, en el centro de la comarca del Lluçanès, al noroeste de Vic. En el mismo Museo se conservan también el frontal y el panel del lado opuesto, que completaban la decoración del altar, además de una cruz pintada de igual procedencia y estilo. El frontal está presidido por una figura sedente de la Virgen con el Niño, situados dentro de una aureola de cuatro lóbulos sostenida por cuatro ángeles, acompañados por los nombres de los Evangelistas, el Sol y la Luna. En los ángulos pueden verse la Anunciación, la Epifanía (formada por los tres Reyes Magos combinados con la Virgen del centro), la Visitación y la Huida a Egipto. En el panel lateral opuesto al de la Coronación está la Virgen María rodeada por los siete dones del Espíritu Santo en forma de palomas y acompañada por San Juan Evangelista.

(J. A. L.)

Nombre convencional que suele darse al autor o conjunto de autores de un grupo de pinturas existentes en Cataluña en un amplio círculo situado en torno a la ciudad episcopal de Vic que toma como prototipo la decoración del altar de Lluçà. Esta forma de apelativo tiene como finalidad agrupar o clasificar según afinidades de estilo las pinturas medievales o de otros períodos o lugares faltos de un ordenación de carácter biográfico. El Maestro de Lluçà corresponde a un período avanzado de la pintura románica, en la que destacan también los grupos de Valltarga, Avià, de mayor a menor grado de relación con el arte ítalo-bizantino, lo que debe corresponder principalmente a la primera mitad del siglo XIII, período en el que el grupo de Lluçà sería el más alejado del bizantinismo. Al lado de estos maestros mayores, este período se reflejaría en la pintura de una serie paralela de maestros menores.

Anónimo

Santiago, peregrino
Estatua de estilo gótico, en madera
tallada, dorada y policromada
Siglo XIV, 210 × 60 cm
Puente la Reina (Navarra),
Iglesia Parroquial de Santiago

El santo, de pie, levanta con la diestra el bordón de peregrino (roto, y luego restaurado), y muestra en la izquierda un libro cerrado, emblemático de uno de los textos de la Sagrada Eucaristía, la llamada Epístola Católica.

Va descalzo, y cubre su cabeza con una gorra o sombrero de peregrino a la que van cosidas varias conchas, símbolo de la peregrinación. Esta indumentaria es la característica de quienes viajaban a los santuarios más famosos de la Cristiandad (Tierra Santa, Roma). Por ello la concha o venera fue símbolo de quienes viajaban a Roma (*romeros*), y luego de los peregrinos a Santiago de Compostela. En el siglo IX el obispo Teodomiro, de la sede gallega de Iria Flavia (hoy Padrón) llegó al convencimiento de que el apóstol Santiago había sido sepultado en Compostela, y se hizo enterrar allí según la costumbre de escoger su tumba junto a un santo famoso. A partir de aquel momento empezó una extraordinaria corriente de peregrinación a Galicia, de acceso mucho más seguro y fácil desde el Occidente europeo que hacia los otros lugares considerados de especial santidad. A través de Francia, cuatro grandes rutas cruzaban Francia y se unían en Navarra en la localidad de Puente la Reina, donde un puente monumental, construido al parecer en el siglo XI por la reina Mayor, esposa del rey don Sancho el Mayor o su nuera doña Estefanía, esposa de don García de Nájera. En todo caso, el puente es ya nombrado en 1122 en el documento de concesión de un fuero o privilegio a los habitantes de Puente la Reina.

La afluencia de peregrinos dio lugar a la construcción en Puente la Reina de una iglesia dedicada al apóstol, cuya imagen titular aquí se muestra, con indumentaria de peregrino como alusión a la piadosa costumbre de ser el santo patrón de los viajeros.

Aun cuando la peregrinación a Compostela arranca de épocas anteriores a la expansión del arte románico, éste fue sin duda el momento culminante de la devoción. Sin embargo, ésta siguió en siglos posteriores, con otro momento álgido en el período gótico. A este último pertenece la bella estatua de Puente la Reina, que simboliza plenamente el enlace artístico y devocional entre Francia y España. La indumentaria de peregrino caracteriza a Santiago desde épocas muy remotas, aunque posteriores a otros atributos, como las llaves de San Pedro, la espada de San Pablo o la cruz de San Andrés. En el caso de Santiago, sin embargo conviene destacar el hecho de la presencia de un traje completo de peregrino, que en otros ejemplares se distingue por llevar un zurrón adornado también con una concha o *vieira*.

Lo mismo puede observarse en los Apostolados contenidos en algunas puertas monumentales de iglesias de estilo gótico, como Santa María de Olite, el Santo Sepulcro de Estella o Santa Maria de los Reyes, en La Guardia.

(J. A. L.)

Bernat Martorell (✝ 1452)

Pintor catalán cuya actividad está documentada en Barcelona desde 1427 hasta la fecha de su fallecimiento. Su familia debió ser oriunda del pequeño pueblo de Martorell cerca de Sant Celoni, y la casa solariega de su padre, de oficio carnicero, debió estar situada en Sant Esteve de Palautordera, al pie del Montseny.

Su formación profesional no está verificada, aunque más de un centenar de documentos se refieren a él y a la continuación de su taller aún después de su muerte. En el segundo cuarto del siglo XV fue el artista más acreditado de Cataluña, y recibió encargos de la Generalitat, la más alta magistratura del país, y del Ayuntamiento de Barcelona, además de obispos, nobles y gremios. Sabemos que estuvo en relación con artistas florentinos, y su estilo pictórico lo sitúa en la segunda fase del estilo llamado gótico internacional, con analogías que se extienden desde Pisanello hasta los franceses e italianos que trabajaron en Castilla (Nicolás Francés y Nicolás Florentino). Su obra es de un estilo particularmente refinado que alcanzó las mejores cortes europeas de su tiempo.

(J. A. L.)

Retablo de San Vicente Mártir

Tabla, 286,5 × 253 cm
Barcelona, Museu Nacional d'Art de Catalunya, n. 15.797

Hallado en la ermita de la Santa Creu, en Menàrguens, cerca de Balaguer, fue pintado seguramente en su origen para el monasterio cisterciense de Santa Maria de Poblet, que tuvo una capilla dedica a San Vicente en uno de los altares de la girola o deambulatorio, en la cabecera. Menàrguens perteneció a los dominios de aquel cenobio. El retablo, completo, consta de un banco o predela, con cinco episodios de la vida de Jesús (Prendimiento, Jesús ante Pilatos, Flagelación, Improperios y Vía Dolorosa), un cuerpo alto de San Vicente en la tabla central y cuatro episodios de su vida y martirio. En el remate, en lugar del Calvario habitual, vemos la Virgen de la Misericordia que abriga bajo su manto a San Benito y a San Bernardo —protectores de la Orden del Císter—, un rey, una reina, y otros personajes secundarios.

El guardapolvo muestra el monograma de Jesús (IHS) y, repetido, un báculo acompañado de las letras *p* y *o*, iniciales de Poblet. En el siglo XIII Poblet recibió del rey Jaime I la donación de la iglesia, extramuros de Valencia, donde según la tradición había sufrido martirio San Vicente. Los cuatro episodios de su vida no se inspiran en el texto reducido del *Flos Sanctorum* o *Leyenda Áurea*, sino en la pasión litúrgica, que deriva su vez del quinto himno que Prudencio (siglo V) dedicó a la pasión del más famoso entre los mártires hispánicos: en los cuatro compartimientos se representan, sucesivamente, la presentación de San Valero (obispo de Zarago-

za) y de su diácono Vicente ante Daciano, el gobernador de Hispania en tiempo de Maximiano, colega de Diocleciano; el martirio de San Vicente en el ecúleo o cruz aspada, el martirio de la parrilla; y la muerte del santo, cuyo cuerpo reposa en un lecho mientras el alma sube al Cielo. Como prueba de la difusión del culto a San Vicente debemos recordar que también le fue dedicada la catedral de Córdoba.

El de Poblet es un retablo completo, cuya parte superior está destinada al santo titular del altar o capilla, mientras el banco, como está en contacto con el altar, está reservado a evocar la Pasión de Jesús por su relación directa con la Eucaristía, en la que se renueva la Pasión.

(J. A. L.)

Pedro Berruguete

Es, probablemente, el pintor que mejor caracteriza el entrecruzamiento de tendencias artísticas que tuvo lugar en la España de los Reyes Católicos. Sabemos que nació en el pueblo Palentino de Paredes de Nava, en fecha que ignoramos, en torno a 1450. Aparece documentado en Urbino, en 1477, en la refinada corte del duque Federico de Montefeltro; pero debió haber llegado varios años antes. Allí conviviría, no solo con maestros italianos muy representativos, como Melozzo da Forlì, sino con un pintor flamenco, Justo de Gante, con el que tal vez colaboró. Así pudo asimilar los ideales de belleza que imperaban en Italia y conocer el realismo nórdico. No es fácil de diferenciar la actividad de Berruguete en Urbino. Una serie de obras nos muestran aspectos de la vida del duque Federico y de sus aficiones humanísticas. Destaquemos la pintura, conservada en el Castillo de Windsor, que nos muestra al duque, con su hijo, asistiendo a la lectura de unos textos clásicos; por otro lado recordemos las alegorías de las artes liberales que se exhiben en los museos de Berlín y Londres. Hay además representaciones de medio cuerpo de famosos humanistas, hoy en el Palacio Barberini de Roma y en el Louvre. Todas estas pinturas tienen un enorme interés para evocar el ambiente que rodeó a Pedro Berruguete en aquella refinada corte; parece segura su intervención en algunas. En 1482 murió Federico de Montefeltro y con ese motivo pudo interrumpirse la actividad de Pedro Berruguete en Urbino y tener lugar el regreso definitivo a España. Vuelto a Castilla realizó algunas obras, como la que representa La misa de San Gregorio, *en la Catedral de Segovia, y las tablas dedicadas a* San Juan Bautista *en Santa María del Campo, en Burgos, donde son evidentes las huellas de su paso por Italia. Pero la obra de mayor empeño es el retablo para la Iglesia de Santa Eulalia de Paredes de Nava, a las que pertenecen las tablas que figuran en la exposición. Se trata de un conjunto de gran empeño en el que el pintor narró seis pasajes de la vida de la Virgen, mientras que en el banco se representaron personajes del Antiguo Testamento. En Paredes de Nava realizó otro retablo, el de* La Santa Cruz, *y en otros pueblos palentinos el dedicado a la Virgen, en Santa María de Becerril, el de* La Pasión, *en Flechilla, además de tablas sueltas en Guaza de Campos y en la Catedral de Palencia. Se acredita así la intensa actividad desarrollada en las tierras donde nació.*

Está documentada una serie de trabajos en Toledo a partir de 1483. Por desgracia se han perdido las pinturas murales que realizó en el Claustro de la Catedral, en el Sagrario Viejo y en la Sacristía, porque nos ofrecerían una vertiente importante de su personalidad artística y contribuirían a valorar la huella que dejó en otros artistas como Juan de Borgoña. En la última década del siglo XV, a partir de 1490, consta su presencia en Avila. Para el convento dominicano de Santo Tomás realizó tres retablos. El de la Capilla Mayor, todavía in situ, nos muestra episodios de la vida del titular. Los otros dos retablos, que fueron desmontados y se conservan hoy en el Museo del Prado, están dedicados a Santo Domingo de Guzmán y a San Pedro Mártir; la ejecución de ambos tuvo lugar en una época en que el tribunal de la Inquisición estaba instalado en el convento, antes de la muerte del inquisidor Torquemada en 1498; así se explican algunas escenas como la que representa Un «auto de fe» presidido por Santo Domingo de Guzmán. *En 1499, finalizadas las tareas en el convento de Santo Tomás, inició una serie de tablas para el Retablo Mayor de la Catedral de Ávila, obra que no llegó a rematar y en la que colaborarían otros pintores, tras la muerte de Pedro Berruguete antes del 6 de enero de 1504.*

(J. M. P. A.)

David
Tabla, 110 × 80 cm

Salomón
Tabla, 110 × 80 cm

Ezequías
Tabla, 110 × 80 cm

Paredes de Nava (Palencia),
Museo parroquial de Santa Eulalia

El retablo que realizó Pedro Berruguete para la Iglesia de Santa Eulalia, en el pueblo palentino de Paredes de Nava donde vio la luz, contiene uno de los conjuntos más expresivos entre todos los realizados por el pintor. Parece indudable que fue una de las primeras obras que llevó a cabo tras su regreso de Italia, hacia 1482. La arquitectura del retablo sufrió una serie de cambios varias décadas después, en 1556, por el nieto del pintor, Inocencio Berruguete, que convirtió la traza gótica en renacentista. Al mismo tiempo se produjo una sorprendente alteración en las tablas: el primitivo fondo de oro quedó oculto bajo unos repintes con paisajes; todos ellos se suprimieron en una restauración llevada a cabo entre 1964 y 1965. Salvo las reformas y transformaciones apuntadas, el retablo se muestra hoy con la ordenación primitiva, disponiéndose las escenas relacionadas con la vida de la Virgen de derecha a izquierda. Son éstas, el *Anuncio a Santa Ana, El anuncio a San Joaquín, El nacimiento de la Virgen, La Virgen y los pretendientes, La Anunciación a la Virgen* y el *Nacimiento del Salvador.* Bajo estas seis tablas se sitúan las que componen el banco del retablo con las medias figuras de *David, Salomón, Ezequías, Esdras* y *Ozias.* Estos personajes, como observó Angulo, «se imponen por su gravedad, por su naturalismo equilibrado, por su mirada serena y penetrante: en una palabra, por la vida de sus rostros y por su apostura. En dos de ellos, sobre todo..., debe saludarse el nacimiento del gran retrato español. Ése es, nada menos, el enorme valor de los retratos de Ezequías y de Josías». La presencia de estos seres del Antiguo Testamento se justifica como parte de un programa iconográfico que pretendería establecer concordancias bíblicas con el Nuevo, enlazando en este caso con la historia de la Virgen que se desarrolla sobre el banco del retablo.

✠REI✠   ✠EZECHIAS✠

Pedro Berruguete, *La adoración de los Reyes Magos*
Museo del Prado, Madrid

Las efigies de *David, Salomón* y *Ezequías*, que se exhiben, nos traen el recuerdo de las que están representadas, también de medio cuerpo, en el Palacio Ducal de Urbino. Allí convivían filósofos griegos, como Platón y Aristóteles, personajes del Antiguo Testamento, como Moisés y Salomón, y santos, como Gregorio el Grande, Ambrosio, Agustín o Tomás de Aquino. Es indispensable recordar este ciclo para comprender que Berruguete quiso evocarlo en el retablo palentino. Los tres personajes asoman tras un antepecho en donde aparecen inscritos sus nombres. Con sus fondos de oro y sus suntuosos ropajes con brocados, impresionan por la sensación de lujo que ofrecen. Los rostros, con rasgos fisonómicos muy acusados, y las manos, en posiciones muy diversas, contribuyen a individualizarlos.

El rey David, visto totalmente de frente, con abundante barba, enriquece su indumentaria con un turbante que lleva una gran piedra preciosa y al que se ciñe la corona. Sostiene un cetro en la mano izquierda y una flauta sobre el antepecho constituye una seña de identidad. La figura imberbe del rey Salomón se identifica por la inscripción y por un libro abierto. Como el anterior, se cubre con turbante en el que hay una gran piedra preciosa y la corona. Sostiene, igualmente, un rico cetro, con anillos de perlas. Las manos están cubiertas con guantes y en el rostro, frontal, la mirada parece dirigirse hacia el libro. Al aire orientalizante del atuendo hay que sumar, en el paño dorado que cubre el fondo, una cenefa decorada con motivos que parecen querer imitar letras hebreas. Ezequías está interpretado de manera distinta, vuelto levemente hacia la izquierda; parece el retrato de un personaje real, extraído de la corte de Urbino, con ropa que parece inspirada en la moda del *quattrocento*. Se cubre con un sombrero de ala ancha en el que se ha encajado una corona. El juego de las manos es aquí más expresivo que en los otros reyes; la derecha, sobre todo, muestra un ágil juego de dedos. Contemplando hoy estos personajes pensamos en la impresión que debieron producir, a fines del siglo XV, a las sencillas gentes de Paredes de Nava.

(J. M. P. A.)

Vicente Macip

La figura de Vicente Macip, perfectamente delimitada desde hace algunos años, había sido en general mal estudiada por la confusión con la persona y producción de su hijo Vicente Joan «Joanes», apoyada también aquélla por la escasez de datos documentales. Aunque ya desde fines del siglo XIX hubo historiadores (Teodoro Llorente, en 1889, que analiza los libros de Taxa Real; Barón de Alcahalí, en 1897, que publica su testamento) que a la vista de ciertas pruebas documentales afirmaron la existencia de un Macip anterior al Joan de Joanes por todos conocido y popularmente admirado, fue necesario que Elías Tormo, en varias ocasiones, Tramoyeres entre 1900 y 1930, Olimpia Arocena en 1930 y 1942, y más recientemente el marqués de Lozoya, Angulo en 1954, Rodríguez Culebras en 1965 y José Albi en 1978-1979, publicarán el fruto de sus respectivas investigaciones para que pudiera diferenciarse con claridad la obra y estilo de Vicente Macip, en relación con la de su hijo, discípulo e íntimo colaborador Vicente Joan «Joanes». Curiosamente, Post, tan decisivo en tantos aspectos de la pintura española, llegó a dudar de que fueran dos artistas distintos, al menos en alguna parte de su obra.

Vicente Macip (seguimos no sólo la impecable investigación de primera mano, sino la ordenación de los datos ya existentes, llevada a cabo por José Albi en este terreno), debió nacer hacia 1475, en lugar no probado, aunque dentro del territorio del antiguo Reino de Valencia.

La adscripción a la localidad de Andilla, realizada por algunos de sus biógrafos, no está del todo fundada. Debió casarse después de 1493 —hacia 1500— con Isabel Navarro, según Tramoyeres, o Isabel Fornés, según Sanchis Sivera. Tuvo al menos dos hijos: Isabel, nacida hacia 1505, y Juan (Joan de Joanes), que debió hacerlo hacia 1510.

En 1501 hay un documento censal que lo sitúa en Valencia. Cuando otorga testamento, en 1545, ya había muerto su mujer. Su muerte tuvo que acontecer, necesariamente, entre el 10 de julio y el 10 de octubre de 1550, en razón de la aceptación de la herencia, habida en esta última fecha, por su hijo Joan.

Por 1513 consta en Valencia como «Mestre Vicent Macip pintor» en el libro de Taxa Real, y trabaja según los documentos existentes, entre 1522 y 1525 para la Catedral de Valencia; aunque los documentos de cobro del Retablo Mayor de la Catedral de Segorbe son de 1531 a 1535, parece ser que pudo realizarlo unos años antes, y muy probablemente debía estar concluido en 1530. También hay documentos de su trabajo conjunto en el Retablo de San Eloy del Gremio de Plateros, en 1536, concretamente pagos de la ejecución (protocolo del Notario Pedro Mir: «honorabilis magistris Vicentio Macip et Joannes Macip pictoribus patri et filio»). Un año antes se colocaba en la Catedral de Valencia la gran tabla del Bautismo de Cristo, atribuida a Joanes por algún historiador pero definitivamente adscrita a Macip padre, tal vez con ayuda filial.

(F. G. Ll.)

Natividad de la Virgen

Óleo sobre tabla 153 × 173 cm
Segorbe (Castellón), Santa Iglesia Catedral, Museo Catedralicio
Procede del antiguo Retablo Mayor de la Catedral (1525-1531)

La importancia de Valencia en la introducción del Renacimiento en España está hoy fuera de discusión. Más aún: habría que valorar en esa línea no sólo la temprana fecha de ejemplos concretos de artistas italianos trabajando en aquellas tierras, como luego veremos, sino también que las formas renacentistas llegan sin el tamiz indirecto de lo nórdico o flamenco que con frecuencia las acompaña, en las fases iniciales principalmente, en otras zonas peninsulares.

Paolo de Sancto Leocadio y Francesco Pagano trabajan en la capital mediterránea a partir de 1472, adonde llegan acompañando al futuro papa Borja. Sus huellas —especialmente del primero— son estables, enraizando sólidamente en el proceso evolutivo de la pintura valenciana de las últimas décadas de esa centuria.

Junto a ellos, hay que tener en cuenta a los artistas españoles que viajan a Italia —como los Hernandos, Yáñez y Llanos— y que retornan con un bagaje de contenido y de formas nuevas recién aprendidas. Con ellos, ya en 1506 podemos decir que se ven en Valencia los aires del pleno Renacimiento.

Un tercer elemento fundamental para esa viva penetración es la llegada de obras italianas, que suelen acompañar a nobles o personajes ilustres que, habiendo asumido ideas y estética humanistas, quieren incorporarlas a sus colecciones. Los Borja o los Vich son dos significativos ejemplos. Tras la publicación por el doctor Benito Domenech de su estudio sobre la influencia del Piombo en España, ha quedado demostrado que dos importantes obras de este autor (actualmente en el Museo del Prado) que formaban parte de un tríptico cuya tercera pieza está perdida, proceden de Valencia, dejando un influjo directísimo en la producción de Vicente Macip, y más concretamente en el Retablo documentado de la Catedral de Segorbe del que forma parte la pieza ahora comentada. En él es apreciable la colaboración de su hijo, perfectamente posible si recogemos la tesis de Albi del nacimiento de éste hacia 1510, y no la admitida tradicionalmente, de 1523.

Estilísticamente, Macip es el auténtico puente entre la fuerte tradición pictórica valenciana del siglo XV —en especial de su segunda mitad— y la introducción de las corrientes italianas del cuatrocentismo. Albi da como seguro su discipulado del Maestro de Cabanyes y sus fuertes influjos italianos que habían hecho pensar en un viaje a aquellas tierras, si bien no hay dato documental alguno que lo pruebe, y tal vez el estudio de las obras de Piombo en Valencia, como ya hemos dicho, no lo hacen tan necesario. Lo que es evidente es que de alguna manera —el retablo de Segorbe es decisivo para ello— sintetiza y sublima el estilo pictórico de los artistas valencianos de fin de siglo —el ya citado Maestro de Cabanyes, Maestro de Perea, Rodrigo de Osona padre— y por otro lado recibe el modo de hacer de los Hernando y de Paolo de Sancto Leocadio, que estaban trabajando en Valencia. Aunque su producción artística es bastante uniforme, sus biógrafos han podido agruparla en dos grandes períodos, que tendrían a 1530 como fecha divisoria. El segundo se caracterizará por un mayor rafaelismo, fruto de la progresiva colaboración con su hijo Joan.

La importancia de Vicente Macip, además de por lo expuesto, habría que valorarla por ser el creador de tipos y temas que posteriormente difundirá y popularizará su hijo. El Salvador, la Santa Cena, la Inmaculada rodeada de símbolos marianos, el Bautismo de Cristo, incluso, son asuntos que podemos asignar a Macip padre en algunas de las obras hoy existentes, y que sin duda su hijo alcanzará con ellos un éxito popular que perdurará a lo largo de los siglos.

Desde un punto de vista formal habría que distinguir como rasgos más singulares los siguientes: una cierta rudeza en los tipos humanos, unido a un dramatismo contenido que lo diferencia de las obras joanescas, y a un colorido mucho más cálido, sin los tornasolados en los que Joanes suele incidir. Sus fondos de paisaje son también característicos, recreándose en ambientes de crepúsculo, que dan mayor expresividad a las escenas. Las tablas de Segorbe presentan en su conjunto «un mundo de plenitud formal, de sereno clasicismo, de equilibrio y monumentalidad, tan cercano al ideal de perfección humanista» (Benito). Los diferentes influjos que en ellas se condensan, y de los que ya hemos hablado, son un esqueleto conceptual del que Macip es síntesis feliz, superando con una personalidad propia nada común todo lo que recibe.

El que fue hasta 1791 gran retablo mayor de la Catedral de Segorbe es conjunto documentado de Vicente Macip, capital para conocer los rasgos más importantes de su estilo.

Se encarga con motivo de las reformas que realiza en el templo el obispo Gilaberto Martí, que toma posesión en 1500, y gobierna la diócesis hasta 1530. El retablo se bendijo en 1531. Recibos de pagos al pintor se conocen desde 1529 a 1535, como dijimos. Al ser retirado de su original emplazamiento, sus tablas se distribuyeron por diversas dependencias de la Catedral, hasta que se reunieron en 1971 en una de las galerías del Museo Catedralicio.

Lamentablemente, no se conoce con certeza la estructura del retablo, ni su arquitectura, y tampoco el número exacto de pinturas que pudieron formarlo. Sí que, a tenor de las veintitrés tablas que se conservan, y teniendo en cuenta sus tamaños, el conjunto debía de ser gigantesco, dando sin duda una impresión de grandiosidad al espectador, apoyada en el rigor y solidez de sus figuras y en el cálido cromatismo.

La tabla que se presenta en la exposición es de una serenidad clásica indudable, muy equilibrada en su composición. Presidida de hecho por la figura de San Joaquín, la escena queda enmarcada y limitada espacialmente por el dosel del lecho de Santa Ana, apoyada por una referencia aquitectónica —un arco de medio punto—. El conjunto de las seis mujeres, cada una con una concreta función y «detenidas» por el pintor —en visión casi fotográfica— en plena actividad, está armónicamente compuesto, siendo destacable la elegantísima figura de espaldas, de italiano porte, y el armónico juego de las manos de los personajes que tienden a orientar la mirada final en la figura de la Virgen recién nacida. Albi ha visto en ella huellas de influjo de Ghirlandaio (1449-1494), con composición que recuerda a algunas del mismo asunto del italiano.

La escena, frecuente representación, por otro lado, en la pintura medieval valenciana, sirve para testimoniar no sólo el utillaje habitual en las viviendas del momento, sino el modo del post-partum, las atenciones a la madre y a la recién nacida —incluso con el detalle, humano y anecdótico, del calentamiento de los pañales sobre unas brasas.

(F. G. Ll.)

Alonso Berruguete

Hijo de Pedro Berruguete, nació también en Paredes de Nava, probablemente hacia 1486. Era pues muy joven cuando murió su padre (antes del 6 de enero de 1504), del que, sin embargo, pudo recibir un primer y elemental aprendizaje. En su formación fue decisivo el viaje que realizó a Italia en torno a 1505. Uno de sus primeros biógrafos, Palomino, nos habla de una primera estancia en Florencia, que debió ser breve. En Roma se hallaría antes de 1508, participando en un concurso para realizar un modelo en cera del famoso grupo escultórico helenístico de Laocoonte y sus hijos, descubierto en enero de 1506 y que había causado enorme impresión. En 1508 estaba en Florencia; por una carta de Miguel Ángel a su hermano sabemos que se le facilitó la contemplación del cartón de la Batalla de Cascina, en el Palacio Vecchio. Allí debió de trabajar como pintor. Algunas obras que se le atribuyen manifiestan la huella de los grandes maestros (pensemos siempre en el gran tríptico formado por Leonardo, Miguel Ángel y Rafael) y de los pintores florentinos que estaban dando vida a un primer manierismo. En cualquier caso la actividad desarrollada por Berruguete en Italia se nos muestra llena de interrogantes. Pero no hay duda de que su estilo empezó a diseñarse allí, tanto en el campo de la pintura como en el de la escultura.

Es muy probable que la venida a España de Carlos I (1517) para ocupar los reinos de sus abuelos los Reyes Católicos decidiría el regreso a la Península. Debió encontrarse con el joven monarca en Zaragoza, recibiendo el título de «pintor del Rey Nuestro Señor». Allí contrató un sepulcro y un retablo de pintura (recién estudiados por Carmen Morte) estableciendo (enero del 1519) un curioso acuerdo de colaboración con el famoso escultor Felipe Bigarny. Pero dado su cargo palatino tuvo que acompañar a Carlos a tierras de Galicia. En 1521 estaba en Granada para hacer frente a un importante encargo: la decoración pictórica de la flamante Capilla Real. La obra no llegó a realizarse y, seguramente, llenaría de frustración a nuestro artista. La idea era cubrir los muros con «quince historias pintadas de pincel». Un documento dirigido por el pintor a la «Sacra Cesárea Católica Magestad» detalla lo que quería hacer: «pintar e dorar en la Capilla Real... en que están hechos dos cartones; el uno es un Diluvio para la Sacrestía e el otro un Descendimiento de la Cruz para el adornamiento del Altar Mayor». No trabajó como pintor en Granada, pero en cambio debió de intervenir con Bigarny en el Retablo Mayor, donde algunas figuras nos ofrecen rasgos estilísticos afines con nuestro maestro. El hecho es que, tras haber tenido que renunciar, por causas que desconocemos, a la decoración de la Capilla Real, en 1526 aparece instalado en Valladolid, sin perjuicio de algunos trabajos para Oviedo, Toledo y Sevilla.

Alonso Berruguete se asentó en Valladolid al frente de un gran taller de escultura, recibiendo numerosos encargos. El primero, entre los conservados, es el que realizó para el Monasterio de San Jerónimo de la Mejorada en Olmedo; se contrató a fines de 1523 y se concluyó tres años después. Esta obra debió hacerse con ayudantes; en las esculturas de Olmedo (pensemos por ejemplo en su Ecce Homo) se manifiestan descuidos en la técnica y distorsiones en las formas que pueden considerarse fruto de deficiencias en la ejecución o de amaneramientos; pero a través de aquéllas o de éstos asoma el ímpetu creador del artista.

Entre 1527 y 1532 realizó Alonso Berruguete su obra maestra: el Retablo Mayor del antiguo monasterio de San Benito de Valladolid que, desmontado, se exhibe hoy en el Museo Nacional de Escultura de dicha ciudad. En esta obra convivían relieves, figuras exentas y pinturas. Hablando de éstas, el profesor Camón reconocía que «en tanto que como escultor es una de las personalidades más eminentes de todos los tiempos, como pintor tiene un lugar muy secundario en nuestro arte... Y sin embargo ¡qué inmensa novedad la suya! La mediocridad de su técnica ha impedido estimar con la grandeza que merece la prodigiosa originalidad del estilo pictórico».

En 1533, concluido el retablo, realizaba otro para el Colegio de los Irlandeses en Salamanca. En 1537 llevaba a cabo el retablo de La adoración de los Reyes para la Iglesia de Santiago de Valladolid, que analizaremos aparte ya que figura en la Exposición.

La última etapa de la actividad de Berruguete se desarrolló en Toledo. Allí llevó a cabo una serie importantísima de obras. Entre 1539 y 1548 se ocupó de labrar los tableros que decoran la zona derecha del Coro alto de la Catedral. Los relieves, tallados en madera de nogal, sin policromar, nos muestran figuras cargadas de movimiento y de pasión, que no caben en sus marcos. Son obras que nos llevan del manierismo al expresionismo. Contrastan con las realizadas en el lado de la izquierda por Bigarny, su antiguo colaborador, estáticas aunque, formalmente, tal vez más correctas que las de nuestro maestro. Como remate de la parte central del mismo Coro nos dejó un conjunto con la Transfiguración, concebido con una cierta teatralidad. Muy cerca cronológica y hasta estilísticamente de esta obra hay que situar el retablo de La Visitación para el toledano Monasterio de Santa Úrsula, donde una vez más el movimiento y la distorsión de las figuras revelan el temperamento del artista.

Hacia 1555 realizó una nueva Transfiguración (por desgracia muy mal conservada) para la Capilla del Salvador de Úbeda. Dos años después contrató su última obra: el Retablo de Santiago en la iglesia cacereña de este nombre; quedó sin terminar a su muerte en 1561. La misma cronología presenta el Sepulcro del cardenal Tavera en el Hospital de San Juan Bautista en Toledo, fundación de dicho prelado. Es obra en mármol, con bajorrelieves llenos de movimiento y expresión que contrastan con la yacente del arzobispo, donde lo que se representa, sin paliativos, es un cadáver.

(J. M. P. A.)

Retablo de la Adoración de los Reyes

3 paneles, 120 cm alt. cada uno
Valladolid, Iglesia Parroquial de Santiago

En un templo construido en los primeros lustros del siglo XVI, en una capilla fundada por Diego de Haya, se encuentra esta importantísima obra de Alonso Berruguete, perteneciente a un retablo contratado el 21 de junio de 1537 en 600 ducados y con el compromiso de realizarse en el plazo de «un año e quatro meses». En el documento se especifica que en el banco habría «tres repartimientos», ocupándose el central con un Cristo a la columna y los laterales con «un San Juan Babtista con su rogante que sea el dicho Diego de Haya» y un «San Juan Evangelista con otro rogante que sea su mujer»... La presencia de los donantes en el retablo tuvo como corolario la existencia de sendas estatuas orantes de personajes contemporáneos. Sobre el banco del retablo se comprometió a tallar una «ystoria del ofreçimiento de los Reyes la cual tome el ancho de las tres pieças de abaxo». En un tercer cuerpo colocaría, «al lado derecho una Salutación y al lado yzquierdo... la Conçebción de Nuestra Señora y en medio de las dichas dos ystorias el Nasçimiento de Nuestro Señor...». En los intercolumnios figurarían Santo Domingo y San Francisco y en la espina del retablo, un Crucificado entre la Virgen y San Juan. El contrato alude a ciertos pormenores arquitectónicos, a la madera de nogal que debe emplearse y a la policromía, «con finos colores e matizes de oro».

El documento no permite percibir la caprichosa arquitectura que acabaría teniendo el retablo, con columnas abalaustradas, pilastras y frisos, pero dejando en la parte central un gran vacío, que consiente desarrollar de manera apaisada el valiente altorrelieve con *La Adoración de los Reyes*. Pese a su composición unitaria, Berruguete distribuyó la escena en tres grupos: en el centro se encuentran la Virgen con el Niño y San José, a la izquierda dos de los Reyes con otros personajes detrás, mientras que a la derecha aparece el Rey negro seguido, a su vez, de otras figuras. Al margen de la sorprendente ruptura del espacio arquitectónico (en el entablamento se acusan los resaltes que corresponderían a las columnas divisorias), llama la atención el sentido compacto que impera en la estructuración de los grupos. El formado por la Sagrada Familia nos ofrece a la Virgen con el Niño que, materialmente, parece escurrirse entre las piernas de su madre. Las dos figuras se inscriben en un triángulo, siguiendo los más rigurosos cánones renacentistas. Sin embargo la de San José, algo marginada, descompone el equilibrio de la composición aunque le añade interés desde el punto de vista iconográfico. La masa abigarrada formada por los dos reyes que aparecen a la izquierda, seguidos de otros personajes, expresan el afán del escultor por insuflar movimiento y tensión dramática al grupo. El primero de los monarcas está arrodillándose y se ha captado en el momento en que la figura se encuentra en la posición más inestable; su cabeza, de perfil, muestra el cabello agitado por el aire. La misma inestabilidad encontramos en los personajes que se agolpan a la derecha con el Rey negro al frente de todos; éste no podría sostenerse en la realidad; su movimiento tiene algo de «serpentinado», aunque al revés de lo que ocurre con los demás reyes, éste no mira hacia la Virgen, sino que se vuelve hacia el espectador. Los personajes que hay detrás y delante se conciben con las actitudes mas convencionales, encogidos varios de ellos. El conjunto se enriquece con la policromía que cubre a todas las figuras, abundando, sobre todo, los oros de acuerdo con lo dicho en el contrato. De esta forma los altorrelieves en madera policromada alcanzan sus más altas cotas expresivas en una búsqueda de efectos no sólo estrictamente escultóricos, sino también pictóricos. Las distorsiones revelan la intención del artista de llevar a sus últimas consecuencias las normas compositivas aprendidas en Italia, tras contemplar las creaciones de los grandes genios con Miguel Ángel a la cabeza. Por este camino Berruguete se adentra en el llamado manierismo, que iba a conmover y trastocar los ideales de armonía y equilibrio del Renacimiento. El retablo de Santiago marca así un hito en el arte español. Con relación a las obras anteriores, como observó Gómez-Moreno, señala un avance «en sentido de fogosidad desenfrenada, exagerándolo todo: estructura, movimientos, agrupaciones y gestos, huyendo del natural con obsesión de acusar el desnudo a través de las ropas sin ceñirlas, y en desaplomo constante de actitudes». Nutriéndose de principios foráneos aprendidos en Italia, Berruguete supo abrir, con un lenguaje propio, nuevos caminos en el arte de nuestro siglo XVI.

(J. M. P. A.)

A. Berruguete, *La Adoración de los Reyes*, 1527-1532
Convento de San Benito, Valladolid, Museo Nacional de Escultura

Juan de Juni

La personalidad de Juan de Juni debe contrastarse con la de Alonso Berruguete. Este escultor se vincula a la amplia nómina de artistas foráneos que acabaron compenetrándose con el ambiente español, contribuyendo a imprimir carácter a nuestra gran imaginería del siglo XVI. Nació en Francia (tal vez en Joigny, de donde tomaría el nombre) en 1507. Su primer aprendizaje debió realizarlo en tierras de Borgoña, donde un siglo antes (en 1406) había muerto Claus Sluter, uno de los más grandes escultores de todos los tiempos. Después completó su formación en Italia. Juan José Martín González (en su amplia monografía sobre el maestro) precisó los artistas y las obras que en ambos países debieron dejar huella en él; resultan sobre todo interesantes los precedentes que señala de grupos escultóricos con el Santo Entierro, tema que desarrollaría Juni con gran acierto. Cabe la posibilidad de que nuestro maestro llegara a España a través de Italia. Se documenta por primera vez en León en 1535, trabajando en piedra y madera en el convento de San Marcos. Entonces se expresa ya la «manera» ampulosa de este escultor, a través de los relieves del claustro, de la fachada y de la sillería del coro. En 1537 modelaba esculturas en barro cocido para la Iglesia de San Francisco en Medina de Rioseco. En 1540 estaba en Valladolid y ese mismo año pasó a Salamanca, de donde se declaró vecino y donde enfermó gravemente; ya repuesto reaparece en tierras vallisoletanas, afincándose en ellas de modo definitivo, lo que no le impediría hacer frente a numerosos encargos en diversas poblaciones de Castilla y de León. Entre 1541 y 1543 se ha fechado una de sus obras más características: el grupo del Entierro de Cristo, en madera policromada que hoy se exhibe en el Museo Nacional de Escultura de Valladolid. En 1545 firmó en esta ciudad el contrato del retablo para la Iglesia de la Antigua, su obra más importante, que realizaría, tras azaroso pleito, a partir de 1550. Preside hoy el altar mayor de la catedral de Valladolid y asocia magistralmente la arquitectura y la escultura. Fecha semejante tiene el retablo de la Catedral de Burgo de Osma. En 1548 tasó obras de Alonso Berruguete en la Catedral de Toledo por deseo de éste, lo que permite constatar una amistad personal entre ambos artistas. En 1556 realizó un calvario para un convento de Ciudad Rodrigo y, al año siguiente, se le encargó otra de sus obras capitales: el retablo de la Capilla de los Benavente en la Iglesia de Santa María de la Mediavilla de Medina de Rioseco. Constituye un espléndido testimonio del abigarramiento de que hace gala el artista, con figuras densas y altorrelieves realizados con indudable sentido escenográfico. En 1564 concertó un retablo para la iglesia de los Jesuitas de Valladolid, y tres años después las esculturas del de la Capilla de los Alderete en Tordesillas. Por estas fechas realizó el Santo Entierro de la Catedral de Segovia. Tras una enfermedad, en 1573, contrató el retablo mayor de la iglesia de Santa María en Medina de Rioseco. Al último período de su vida pertenecen el San Antonio de Padua con el Niño (que analizaremos aparte por figurar en la Exposición) y la famosa Virgen de las Angustias de la Iglesia del mismo nombre de Valladolid, donde el artista alcanzó sus más altas cotas expresivas en lo que a dramatismo se refiere. Más tarde se documenta su presencia en León, llegando a concertar, en febrero de 1577, las esculturas del trascoro de la Catedral. Pero en marzo del mismo año sabemos que estaba enfermo, haciendo testamento el 8 de abril (con minuciosas disposiciones sobre su entierro y reconociendo numerosas deudas); 11 días después había muerto. Juan José Martín González nos ha transmitido interesantes datos sobre la vida familiar del artista: se casó tres veces y tuvo amplia descendencia con dos de su mujeres. Pero el hijo predilecto, del que tenemos más noticias y que colaboró con su padre, fue natural; se llamó Isaac y nació en León hacia 1537. En relación con su arte debe destacarse, ante todo, el haber sabido crear

San Antonio de Padua con el Niño

Madera policromada, 158 (con peana, 194) × 68 × 56 cm
Valladolid, Museo Nacional de Escultura, n.º 92

Nos hallamos ante una de las creaciones que mejor definen el arte de Juan de Juni. Se trata de una talla exenta, pero policromada solo frontal y lateralmente, lo que permite pensar que se concibió para ser encajada en un retablo. San Antonio se nos muestra de pie, apoyándose en el lado derecho, en un tronco de árbol, para que el cuerpo tenga un leve movimiento, sin pérdida del equilibrio. El Niño, desnudo, bellísimamente tallado, se sostiene sobre un libro que sujeta el santo, de manera artificiosa, con una sola mano, ya que en la otra lleva la bola del mundo. Jesús se vuelve, tiernamente, hacia el franciscano, con intención de acariciarlo. Sin embargo las expresiones de ambos están teñidas de tristeza, debiendo enaltecerse la talla magistral de las cabezas, con rostros llenos de realismo en los que, por cierto, se ven ojos de cristal. La obra ha sido estructurada partiendo del estudio del cuerpo del santo, aunque quede oculto por abundantes paños, con múltiples y curvados pliegues. El conjunto queda, en fin, realzado por una vibrante policromía, con adornos geométricos y vejetales sobre un fondo de oro, aunque en puridad todos estos adornos y pinturas se apliquen sobre el austero hábito de la mendicante orden franciscana.

Como nos dice Martín González (recogiendo datos del siglo XVII basados en declaraciones del pintor local Diego Valentín Díaz), la escultura estuvo en una capilla mandada hacer por el abad de Salas don Francisco Salón de Miranda, muerto en 1555. Fue considerada obra del maestro y «excelente». Cuando la contempló Bosarte (secretario de la Academia de San Fernando desde 1792 hasta su muerte, en 1807), se hallaba en un rincón, mal iluminado, de un pasillo que conducía a la sacristía, llamándosele, por este motivo, «San Antonio el oscuro».

(J. M. P. A.)

Juan de Juní, *Santo Entierro*, 1571
Segovia, Catedral

un estilo personal, donde conviven ingredientes muy diversos. Recordando las obras que en su juventud pudieron inspirarle en Borgoña, hay que reconocer un sentimiento dramático que subyace en la mayor parte de su producción. La manera ampulosa de expresarse, las notas de teatralidad que nos muestran algunos de sus grupos, se ajustan a las corrientes manieristas de su tiempo, lo que no impide reconocer con Martín González, que «el arte de Juni fue recipiendario de las más diversas trayectorias, pero tuvo un componente básico de índole clasicista».

Luis de Morales

*Nacido seguramente en Badajoz en fecha que desconocemos, pero que puede fijarse antes de 1520, fue un pintor vinculado a Extremadura, pero que debió formarse entre Andalucía y Castilla. En Sevilla pudo conocer a Pedro de Campaña y en la meseta debió asomarse a los focos madrileño y toledano. Pero su formación y su vida, en todo caso, presentan grandes incógnitas. Una de las más significativas es la que se relaciona con los nexos que pudo tener con El Escorial. Palomino, el gran biógrafo de nuestros artistas, nos dice que fue llamado por Felipe II para trabajar en el Monasterio, sorprendiendo al rey «el fausto con que había venido. Pero habiendo servido a su magestad en muchas cosas de su devoción (porque su habilidad no se extendía a más ni era para obras de magnitud), se retiró a su tierra muy recompensado y favorecido».
Al margen de esta noticia, nada consta sobre su actividad allí. Es indudable que gozó de fama en vida; realizó numerosos cuadros de devoción que, por sus notas de espiritualidad, justifican el que fuese llamado «el Divino». El hecho es que tanto en obras de gran empeño (recordemos el retablo que realizó en la iglesia cacereña de Arroyo de la Luz), como en pequeñas tablas que alcanzaron gran difusión, nos muestra un arte lleno de personalidad. Con un repertorio no muy extenso (domina el tema de la Sagrada Familia, o más concretamente, el de la Virgen con el Niño, y el de Cristo como Ecce Homo o muerto en brazos de su madre), sus obras impresionan. Algunas fechas que jalonan su vida pueden ser la de 1546, en que pinta, para Badajoz, La Virgen del Pajarito, siguiendo avecindado en la capital pacense en 1576, sin perjuicio de realizar en el interregno el gran retablo de Arroyo de la Luz (1565) y otro en Plasencia.*

*Analizando a fondo sus pinturas es fácil rastrear en ella diversos influjos. A menudo se inspiró en grabados de Alberto Durero; la huella de Leonardo de Vinci es evidente e incluso la de Alonso Berruguete. Con todos estos ingredientes el Divino Morales puede inscribirse en la nómina de los grandes pintores manieristas españoles. Pero con razón Angulo subraya la singularidad de su arte, quedando su personalidad aislada, encarnando la reacción contra el rafaelismo en lo que éste significaba de culto a la belleza exclusivamente corporal.
La exaltación de la espiritualidad se convirtió así en un ingrediente básico de su obra. Pintor religioso por antonomasia, fue además un buen retratista aunque nos queden pocas obras suyas dentro de este género; magistral es la pequeña tabla del Prado, con San Juan de Ribera, obispo de Badajoz, más tarde arzobispo de Valencia y fundador en esta ciudad del Colegio del Patriarca.
Pese a la popularidad y difusión logradas por sus tablas, al final de su vida (seguramente larga), debió tener agobios económicos. Palomino nos transmite una anécdota muy curiosa: «pasando el Señor Felipe II a tomar posesión del Reino de Portugal en 1581, llegó a Badajoz donde estaba nuestro Morales, el cual fue luego a ponerse a los pies del rey... y habiéndole recibido con singular agrado, le dijo: "muy viejo estáis, Morales"; a lo que él respondió: "sí, señor, muy viejo y muy pobre". Y entonces volvió el rey a su tesorero y le dijo que... le señalasen doscientos ducados para comer. Replicó al punto Morales y dijo: "Señor, ¿Y para cenar?". Volvió el rey, y dijo: "Que le señalen otros ciento"». No sabemos si esto ocurrió. Pero es probable que la pobreza acompañara al pintor, en Badajoz, en sus últimos años. Allí murió en 1586.*

(J. M. P. A.)

Virgen con el Niño y San Juanito
Óleo sobre tabla, 120 × 80 cm
Salamanca, Catedral Nueva

Esta bella tabla expresa cabalmente las notas que caracterizan el arte del Divino Morales. La Virgen aparece sentada en una roca al aire libre, teniendo en su regazo el cuerpo de Jesús que se vuelve hacia el Bautista niño o (utilizando una expresión familiar consagrada) San Juanito. La posición de todos los personajes está profundamente estudiada, buscándose un armónico equilibrio, tanto en la figura sedente de María, con una pierna más elevada que otra, como en el grupo de los dos niños, prácticamente abrazados. Dentro de esta composición se descubren detalles que demuestran la sensibilidad del pintor. La Virgen sujeta el cuerpo de Jesús con una mano mientras que los finos dedos de la otra tocan delicadamente su pie, contemplándolo amorosamente, ajena a la efusión cordial de los pequeños. Jesús, en cambio, acaricia el cuello de su primo, que sostiene en una mano un diminuto cordero. Una luz, algo fría, contribuye, con un leve claroscuro, a modelar los cuerpos semidesnudos de los niños y el rostro de la madre. Las telas, suavemente iluminadas, contribuyen con sus colores (cárdenos en la túnica de la Virgen y en un gran paño que desciende arbitrariamente desde la parte superior del cuadro y se recoge en el tronco de un árbol; verde oscuro en el manto), a crear contrastes y a realzar las carnaciones. Los personajes, en suma, están refinadamente dibujados y el rostro de María pretende traducir un arquetipo ideal, tratando de expresar una suma de perfecciones.
Hemos hecho una prolija descripción de la tabla salamantina para poder destacar los valores que ofrece. Resultan evidentes los «amaneramientos» (empleamos este término sin sentido peyorativo) de la obra, pero esta realidad en nada disminuye sus calidades. La composición está desde luego muy estudiada; cabría reprocharle falta de espontaneidad, cosa lógica en una obra que no fue fruto de inspiración repentina e inscribimos en el marco del manierismo. Morales recordó sin duda el arte de componer de Leonardo, y el grupo de los dos niños es reelaboración de un tema tratado por el maestro en una obra perdida y repetido por sus discípulos. Recuérdese que el encuentro de los niños se ve ya en el dibujo de la *Sagrada Familia con Santa Ana* conservado en el British Museum de Londres.
El cuadro de la Catedral de Salamanca cuenta con una réplica en la Colegiata de Roncesvalles, donde se varió el fondo y se añadió en él la figura de San José. A estas pinturas pueden aplicarse algunos juicios del profesor Lafuente Ferrari: «Morales creó imágenes capaces de dialogar calladamente con la religiosidad más honda y acongojada de las gentes de la Meseta Occidental... esta tensión cálida y a veces exasperada de la inspiración de Morales se canaliza en un lenguaje artístico de disciplinado manierismo, se viste de colores fríos y discurre por apretadas líneas sin fallo que conducen así mejor su sentimiento; la explosión pictórica del Greco... no cabía en Morales, extremeño habitante de estepa en el que toda sensualidad está sojuzgada por el hábito ascético de una vida dura y sufrida».

(J. M. P. A.)

El Greco

En una exposición dedicada a mostrar los tesoros del arte español no puede extrañar la presencia de Domenicos Theotocopuli, llamado El Greco, un pintor griego, nacido en Creta, que recibió buena parte de su formación en Italia y que, hasta el final de su vida, tuvo a gala firmar con caracteres helénicos mencionando, en muchísimas ocasiones, la isla donde vio la luz. Porque su personalidad aparece indisolublemente ligada a España y dentro de ella a Toledo. Un poeta amigo suyo, en un soneto que le dedicó a su muerte, supo interpretar la visión que de él tenían sus contemporáneos: «Creta le dio la vida y los pinceles, Toledo mejor patria donde empieça a lograr, con la muerte, eternidades» Estamos pues ante un griego enraizado en España donde dejó en ella lo mejor de su arte. Su vida se reparte, de modo desigual, en tres escenarios. Nacido probablemente en la capital de la isla, Candía, en 1541, pudo pasar en ella sus primeros venticinco años, ya que allí se documenta por última vez en 1566. Los datos que se han ido descubriendo a lo largo de medio siglo consienten afirmar que El Greco, cuando abandonó su patria, era un pintor con un estilo vinculado a las tradiciones bizantinas, teñidas de influjos italianizantes, que predominaban en la isla, controlada en buena parte por Venecia. Sabemos que en Candía realizaba iconos con fondos dorados y que incluso, para ganarse la vida, rifaba sus obras. Estos y otros datos anecdóticos ayudan a comprender las raíces que dejó el pintor en su tierra. El que al firmar declararse que era cretense constituye una buena prueba de cómo el recuerdo de su patria no le abandonó nunca.

No sabemos exactamente cuando se trasladó a Venecia. Cabe la posibilidad de que llegara allí a fines de 1566 o a comienzos de 1567. Como el 16 de noviembre de 1570 se encontraba en Roma, podemos imaginar que en la ciudad de los canales llegaría a vivir un trienio largo. Se mantendría realizando pequeños cuadros de devoción; sería uno de los pintores llamados «madoneros», aunque no nos queden testimonios de las obras que pudo hacer con la Virgen y el Niño. Sin embargo, además de «Madonas», no hay duda que se enfrentó con temas evangélicos como el de La Anunciación, La adoración de los Reyes, La curación del ciego y La expulsión de los mercaderes del templo. Un pequeño tríptico pintado por ambas caras, conservado en Módena, reunía varios temas iconográficos de ascendencia bizantina con otros donde se exaltaba el espacio a la manera de los grandes maestros como Tintoretto y el Tiziano.

Una carta del miniaturista croata Julio Clovio al cardenal Farnesio, fechada el 16 de noviembre de 1570, consiente documentar la llegada a Roma de un joven de Candía, discípulo del Tiziano, que podía considerarse fuera de lo normal en el arte de la pintura y que había realizado un retrato de sí mismo que causara sorpresa a los artistas de la Ciudad Eterna. En la carta se pedía al prelado que concediese alojamiento a aquel joven, durante algún tiempo, antes de que pudiese acomodarse mejor. Aunque en esta carta no se cita por su nombre al Greco, nadie duda que se habla de él. Es lamentable que no se conserve el autorretrato de que habla Julio Clovio; pero por fortuna poseemos una espléndida efigie del miniaturista (Museo de Capodimonte, en Nápoles) que procede del Palacio Farnesio, para calibrar la maestría de Theotocopuli.

La estancia en Roma fue trascendental para completar la formación italiana del Greco. Si en Venecia pudo adentrarse en el mundo del color (gracias a las enseñanzas que recibiría contemplando los lienzos, ricos en gamas cálidas, del Tiziano y los de gamas frías del Tintoretto) y en la valoración del espacio, en Roma enriquecería su formación contemplando, entre otras obras, las de Miguel Ángel. Al gran maestro florentino pudo descubrirlo, antes de llegar a la Ciudad Eterna, admirando conjuntos escultóricos como La Piedad de la Catedral de Florencia. Pero las experiencias decisivas debieron tener lugar ante la bóveda y el Juicio Final de la Capilla Sixtina. El Greco debió sentirse anonadado, como otros muchos artistas, ante ambos conjuntos, pero no quiso dejarse arrastrar por el culto casi enfermizo que se rendía a la memoria de Miguel Ángel, muerto hacía apenas seis años. Una anécdota resulta reveladora. Se discutía el modo de recubrir o vestir, por razones de pudor, las figuras desnudas de la Sixtina, que para el Papa resultaban indecentes. El Greco propuso un remedio que irritó a todos: que se echase a tierra toda la obra y que él se comprometería a realizarla con honestidad y decencia, sin menoscabo de sus valores artísticos. El escándalo que produjo aquella declaración forzaría, según Mancini, al Greco a abandonar Roma, trasladándose a España. Aquí debió de llegar entre 1576 y 1577 y, al margen de los motivos aducidos, movido tal vez por el deseo de colaborar en la decoración del Monasterio del Escorial. Sin embargo, de un modo inmediato, encaminó sus pasos a Toledo, gracias a los buenos oficios de personas que conoció en Roma como García de Loaysa y don Luis de Castilla; este último (según se descubrió hace unos años) era hijo de don Diego de Castilla, deán de la Catedral; y fue éste quien encargó al Greco las primeras obras en la imperial ciudad.

No sabemos si el Greco se detendría, antes de instalarse en Toledo, en Madrid. Fue, sin embargo, a orillas del Tajo donde inició una etapa decisiva en su actividad como pintor. Es fundamental subrayarlo: en España pudo al fin enfrentarse con obras de gran empeño; antes casi todo lo que realizó fue en pequeño formato. Ahora se enfrentó con un lienzo, El Expolio, que preside todavía la sacristía de la Catedral, y nada menos que con la decoración de la iglesia, recién construida, del monasterio cisterciense de Santo Domingo el Antiguo. Para ella realizó el retablo mayor, en cuya calle central superpuso La Asunción de la Virgen y La Trinidad, mientras que a la lateral izquierda dispuso a San Juan Bautista con San Bernardo encima y, en la derecha, a San Juan Evangelista con San Benito. En el crucero de la Iglesia otros altares, con La Adoración de los pastores y La resurrección, completaban un amplio programa iconográfico. Es lástima que la mayor parte de las pinturas de Santo Domingo el Antiguo se malvendiesen. Solo quedan in situ La Resurrección y los Santos Juanes. Para esta misma iglesia, donde el Greco quiso ser enterrado, pintaría, al final de su vida, una espléndida Adoración de los pastores. Debemos poner el mayor énfasis al recordar las primeras obras realizadas por el Greco en Toledo, tanto en la Catedral como en el Monasterio de Santo Domingo el Antiguo, porque gracias a ellas podemos tener un testimonio fehaciente de su personalidad artística. Todos estos grandes lienzos nos muestran a un artista en plena madurez, con treinta y seis años y dueño ya de un estilo donde quedaban fundidas las experiencias italianas (de Venecia y de Roma) e incluso las vividas en Creta. En 1577 el Greco inauguró en Toledo un arte que tuvo que resultar exótico para sus contemporáneos, cargado sin duda de ingredientes manieristas; pero que al cabo sedujo y se impuso por su gran vigor expresivo e incluso por rimar con la espiritualidad imperante en la España de la Contrarreforma. Los encargos que le hizo al Greco el deán don Diego de Castilla generaron en seguida otros entre 1577 y 1580, como el San Sebastián de la Catedral de Palencia, de factura miguelangelesca, o el San Lorenzo de Monforte de Lemos.

Antes hemos dicho que el Greco pudo desear venir a España para colaborar en la decoración del Monasterio del Escorial, donde trabajaban con pingües contratos pintores italianos. Creemos que una visita que realizó Felipe II a Toledo en 1579 pudo dar ocasión a que el monarca conociera al pintor. Aquel encuentro incitaría al Greco a componer para el rey una compleja Alegoría de la Liga Santa, con el papa San Pío V, el dogo de Venecia Moceñigo, Felipe II, Marcantonio Colonna y don Juan de Austria, que acababa de morir. Todos estos personajes enlazan con un coro de ángeles que adoran el nombre de Jesús. Este lienzo (del que se conocen dos versiones) tal vez sirvió para que, a la vista de él, Felipe II hiciera al Greco un importante encargo: El martirio de San Mauricio, que decoraría la llamada Iglesia Vieja del Escorial. El lienzo, realizado entre 1580 y 1582, no agradó al rey por razones difíciles de explicar, aunque se hayan aventurado diversas hipótesis. El rechazo alejó al Greco del Monasterio (aunque en él se conserven otros dos cuadros suyos), vinculando a Theotocopuli, hasta su muerte, la ciudad de Toledo.

Desde la década de los ochenta hasta 1614 cabe vertebrar la labor del pintor, jalonándola a través de una serie de encargos importantes: el de El entierro del Conde de Orgaz (1586), el retablo para la Iglesia Parroquial de Talavera la Vieja (1591-92), los altares en la Capilla de San José de Toledo (1597), el retablo para el Colegio de doña María de Aragón de Madrid (1598-1600), el altar para la Capilla de San Bernardino (1603), los altares para el Hospital de la Caridad de Illescas (1605), el retablo para la Capilla Oballe en la Iglesia de San Vicente y, por último, los grandes altares para el Hospital Tavera que quedaron sin concluir porque la muerte sorprendió al pintor.

Entre todas estas obras de empeño habría que intercalar una crecida serie de cuadros de devoción que el Greco suministró a numerosas parroquias y conventos de la ciudad y de su entorno y un significativo conjunto de retratos que nos enfrentan con una de las vertientes más valiosas de su arte. Hablar del Greco como retratista induce a penetrar en el mundo de los personajes que le encargaron esas obras. Se ha insistido mucho en estos últimos años en subrayar la importancia que pudieron tener los patronazgos en el Greco. No cabe dudar que la galería de retratos que nos dejó llenan un capítulo capital de su obra. Pensemos que en este campo el influjo del Greco sobre Velázquez resulta evidente. La pintura religiosa y el retrato no agotan, sin embargo los géneros cultivados por el pintor; El Greco se asomó al mundo de la mitología en un cuadro significativo: El Laocoonte. Además se interesó insistentemente por el paisaje, sirviendo muchas veces la ciudad de Toledo como fondo de sus composiciones religiosas. En las vistas de la ciudad conservadas en el Museo Metropolitano de Nueva York y en el Museo del Greco de Toledo, hizo gala de su sensibilidad para captar los grandes escenarios naturales, reinterpretándolos.

El 31 de marzo de 1614 el Greco da un poder a su hijo Jorge Manuel para que pueda otorgar, en su nombre, testamento. Su estado no le permite hacerlo personalmente y pone toda su confianza en él y en doña Jerónima de las Cuevas, «persona de confianza y de buena conciencia» que fue la madre de su hijo... y que murió soltera. Entre los albaceas figura don Luis de

Castilla, al que había conocido en Roma. En el libro de entierros de la Parroquia de Santo Tomé, en las partidas de defunción correspondientes al mes de abril de 1614, hay una que dice: «en 7 del fallesció Dominico Greco. No hizo testamento. Recibió los sacramentos. Enterróse en Santo Domingo el Antiguo, dio velas».

(J. M. P. A.)

El caballero de la mano en el pecho, hacia 1580-1585

Óleo sobre lienzo, 81 × 66 cm
Madrid, Museo del Prado, inv. 809
Firmado en letras capitales:
Doménikos Thetokópoulos Epoíei

Este personaje de medio cuerpo puede considerarse arquetipo de un género de retratos que impresionan por su sobriedad. El caballero, de frente, viste de negro, destacando las puntas de encaje blanco en el cuello, que contribuye a enmarcar la cabeza con un leve halo de luz, y en el puño, con la única mano visible al pecho. Notas de color se descubren en la cadena que cae hasta la cintura y en los oros vibrantes de la guarnición de la espada. Los grises de las encarnaciones y las modulaciones cromáticas latentes en el fondo oscuro acaban de valorar la riquísima gama de matices que subyacen en el cuadro y que exigen contemplación atenta. Impresiona la rigurosa frontalidad con que se nos muestra este anónimo personaje (se han propuesto algunas identificaciones, siempre dudosas). La observación hecha por don Diego Angulo de que uno de sus hombros está caído, da pie a la hipótesis de que fuera manco. Por otra parte, la posición de la única mano visible (obsérvese cómo están colocados los dedos) ha hecho pensar que el caballero está dando fe de algo. No sabemos cuál era la intención del Greco, pero ante esta austera y enigmática figura es lógico que se hayan prodigado los comentarios, no solo desde un punto de vista estilístico, sino también literario. Cossío, en su gran monografía sobre el pintor publicada en 1908, fue tal vez el primero en enaltecer la belleza masculina del personaje, su noble elegancia, la sobriedad de su indumentaria, su aire aristocrático, su melancolía..., convirtiéndole en paradigma del perfecto caballero. No es preciso dejarse arrastrar por la fantasía para reconocer en este lienzo un irresistible poder de captación. Con todo su halo de misterio, este ser humano nos acerca al mundo que vivió el pintor en Toledo. La obra se cita por primera vez, en 1794, en la Quinta del duque del Arco, dentro del Real Sitio del Pardo. No está fechada, pero razones estilísticas y el hecho de estar firmada en letras capitales (según criterio seguido por el pintor en las obras italianas y en las primeras realizadas en España) aconseja situar el lienzo en torno a 1580.

El Greco, *Fray Hortensio Félix Paravicino*, 1610
Boston, Museo de Bellas Artes

La Adoración de los Pastores, 1598-1599

Óleo sobre lienzo, 346 × 137 cm
Bucarest, Museo Nacional de Arte
Firmado en caracteres griegos cursivos:
Doménikos Thetokópoulos epoíei
1596-1600.

En diciembre de 1596 el Greco se comprometió a realizar un retablo para el Colegio de Nuestra Señora de la Encarnación de Madrid, conocido vulgarmente como Colegio de doña María de Aragón en recuerdo de su fundadora. Esta institución, que fue seminario de agustinos, tuvo gran relevancia y prestigio en la villa. El importante conjunto alcanzaría decisiva importancia para asentar la fama del pintor en la Corte. El Greco llevó a cabo, en tres años, seis grandes lienzos que fuerzan a pensar en un retablo de dos cuerpos con tres pinturas en cada uno. No puede sorprendernos que la ejecución de un encargo de tal envergadura se retrasara. Hay motivos para suponer que la obra se haría entre 1598 y 1599. En junio de 1601 dio un poder a su criado y colaborador Francisco de Preboste para recibir en Illescas el importe de las pinturas.

El retablo debía figurar entre los conjuntos de mayor empeño realizados por el Greco. Tenía importancia por su composición arquitectónica, por sus adornos escultóricos y por los seis lienzos que lo decoraban. Fue una pena que en el siglo XIX el Colegio desapareciera como tal, sufriendo grandes cambios el edificio y, desde luego, desmontándose el gran retablo, sin que se conservase un descripción completa de cómo era. La construcción primitiva sufrió numerosas alteraciones, pero el recinto de la iglesia subsiste esencialmente, convertido hoy en hemiciclo del Senado. De los seis lienzos cinco se incorporaron al Museo del Prado y uno salió de España, figurando hoy como una de las joyas del Museo de Bucarest, después de haber pertenecido a las colecciones reales de Rumanía. Hay que celebrar por tanto que este cuadro haya podido regresar temporalmente, para ser exhibido como pieza magistral en el Pabellón de España.

Hace unos años nos ocupamos de esta obra y nos planteamos el problema de la distribución de los lienzos en el retablo que ha preocupado a diversos especialistas. Gómez-Moreno (1943) hizo una propuesta que luego rechazó Wethey (1962), pero que en lo fundamental hemos asumido. Este criterio se mantuvo por el profesor Pérez Sánchez en el catálogo de la exposición del Greco celebrada en el Museo del Prado en 1981. Los seis grandes lienzos se distribuían en dos niveles dentro de un retablo que tenía tres calles. El cuerpo bajo ofrecería en el centro el gran lienzo de *La Anunciación* (3,15 × 1,74 m) flanqueado por el nuestro de *La Adoración de los pastores* y el del *Bautismo de Cristo* (3,50 × 1,44 m). El cuerpo superior tendría, en el centro, la composición de *Cristo en la cruz entre la Virgen y San Juan* (3,12 × 1,69 m), flanqueado por *La Resurrección* (2,75 × 1,27 m) y *La Pentecostés* (iguales medidas que la anterior). Es lástima que nada podamos decir sobre la arquitectura del retablo, trazado por nuestro artista, que sin duda añadiría valores a este impresionante conjunto de lienzos.

La Adoración de los pastores de Bucarest se inscribe en una serie de interpretaciones de este tema que el Greco realizó desde su juventud. Aparece ya, antes de 1570, en el políptico de Módena y en una composición conservada en Kettering (Inglaterra). Estas versiones, realizadas en Italia, son de reducido tamaño. El asunto lo desarrolló en escala mucho mayor (2,10 × 1,28 m) en un altar lateral de la Iglesia de Santo Domingo el Antiguo, donde los personajes dibujados con cierta dureza rodean al Niño, verdadero foco de luz del cuadro, que centra la composición. La próxima versión digna de destacarse es la nuestra. Dadas las alargadas proporciones del lienzo, El Greco ha tenido que disponer las figuras de un modo distinto. Rodean al Niño un solo pastor, de espaldas, con el cordero, la Virgen, San José y un ángel, mientras que en segundo término dialogan dos personajes. Aquí ha desaparecido la extraña figura de San Jerónimo que se veía en Santo Domingo el Antiguo y adquieren relevancia unas ruinosas bóvedas que sirven para enmarcar la parte interior de la composición. Encima de ellas hay un rompimiento de gloria con ángeles llevando filacterias donde puede leerse «Gloria in excelsis deo pax in terra...». En el cuadro sigue siendo el Niño quien proyecta una luz sobrenatural sobre los personajes que le rodean. Otras luces contribuyen a exaltar los espacios que se prolongan hacia un fondo con árboles y ruinas. Los ángeles que sostienen las filacterias se caracterizan por su ingrávida esbeltez y, una vez más, comparados con los del rompimiento de Gloria del primerizo lienzo toledano, muestran la mayor libertad con que procede el Greco, exaltando los colores y las luces con pinceladas muy sueltas.

En el Colegio del Patriarca de Valencia se conserva una *Adoración de los pastores* que pudo realizarse un lustro después de la de Bucarest; de proporciones mucho mas reducidas (1,41 × 1,11 m), concibe toda la escena dentro de las ruinas con bóvedas, acentuándose el movimiento de algunos personajes. Que el tema siguió obsesionando al Greco durante sus últimos años nos lo prueban las versiones del Museo Metropolitano de Nueva York (variante de la del Colegio del Patriarca) y del Museo del Prado (3,20 × 1,80 m), impresionante y definitiva versión hecha para decorar su propio sepulcro y terminada uno o dos años antes de su muerte.

(J. M. P. A.)

El Bautismo de Cristo, 1608-1614
Óleo sobre lienzo, 330 × 211 cm
Toledo, Fundación Casa Ducal de Medinaceli, Palacio de Tavera

Este cuadro de grandes dimensiones, conservado en el toledano Hospital Tavera, también llamado de Afuera, nos evoca el último y conflictivo encargo importante que recibió el pintor. Las primeras relaciones con el Hospital datan de 1595; pero fue en 1608, seis años antes de su muerte, cuando el artista, que se encontraba ya viejo, formalizó un importante encargo del que se conserva copiosa documentación. Repasarla con detalle nos llenaría de tristeza porque demuestra en qué medida los compromisos adquiridos con el Hospital produjeron graves enfrentamientos y amargaron el último lustro de la vida del maestro. Después de su muerte, su hijo Jorge Manuel, que se había hecho cargo de los trabajos, seguiría con pleitos y dificultades hasta el momento mismo de su propia muerte en 1631.

Para la decoración de los altares de la Iglesia del Hospital Tavera se habían previsto una serie de lienzos. En el contrato de 1608 se especificaba que el pintor se encargaría de realizar el retablo mayor y los dos laterales, no sólo como pintor sino incluso como tracista y escultor. Se reconocía en el contrato la valía de Theotocopuli que «por hombre tan excelente en el... arte ha sido escogido»; pero dada su edad se admitía que su hijo pudiera sustituirle. A pesar de que es copiosa y farragosa la documentación relacionada con este encargo, los testimonios que poseemos sobre él no consienten clarificar el programa artístico que se pensaba desarrollar. Nos quedan tres pinturas interesantísimas destinadas a la Iglesia del Hospital: *La Anunciación* (que pertenece hoy al Banco Central-Hispanoamericano, aunque una franja superior se encuentra en Atenas), *El Apocalipsis*, que se exhibe en el Museo Metropolitano de Nueva York, y *El Bautismo de Cristo*, que permanece en el Hospital y figura en nuestra exposición.

Nuestro lienzo nos ofrece la más movida versión de un asunto tratado diez años antes en el retablo del Colegio de doña María de Aragón y que ahora pertenece al Museo del Prado. Aunque por las razones dichas al principio cabe la posibilidad de que Jorge Manuel colaborase en su ejecución, la obra es magnífica y se inscribe en lo que estilísticamente podría denominarse el «expresionismo extremo» del pintor. Teniendo en cuenta las proporciones alargadas del cuadro, El Greco ha distribuido el tema en dos zonas. La inferior muestra al Bautista derramando el agua con una concha sobre la cabeza de Cristo, que está arrodillado y en actitud orante. Unos ángeles alrededor se disponen a enjugar su cuerpo con unos paños verdes y carminosos. En la zona superior, la paloma del Espíritu Santo lleva nuestra mirada hacia un ámbito ocupado por la figura sedente del Padre Eterno con barba blanca y vestido también con albas túnica y manto. Se encuentra rodeado de querubines y ángeles. En la composición, El Greco ha modificado el esquema que nos había ofrecido en el lienzo del retablo de doña María de Aragón. Las figuras del Bautista y Cristo se conciben con mayor dinamismo, más inestables, insertándose éste en una oblicua que enlaza con las cabezas de los ángeles. Más significativo resulta todavía el desplazamiento, hacia un lado, del Padre Eterno; antes aparecía frontal, mayestático, inscrito en una especie de mandorla formada, eso sí, por ángeles y querubines. Dos lustros, aproximadamente, separan a las dos versiones. La que contemplamos (última y definitiva interpretación hecha por el Greco del Bautismo) expresa bien cómo el estilo del artista se modificó, cargando el acento en esas notas expresionistas que apuntábamos antes. La pincelada es ahora más fluida que en el lienzo del Colegio, y también son más audaces los contrastes cromáticos que se producen con la yuxtaposición de los verdes, cárdenos, blancos, azules y amarillos de los paños e incluso con las carnaciones, si nos fijamos en los cuerpos desnudos de San Juan y de Cristo. La figura arrodillada de éste nos hace pensar en el largo camino recorrido desde las obras realizadas al llegar a Toledo. Pensemos por ejemplo en el *San Sebastián* de la catedral de Palencia, dibujado con gran rigor y con un aire miguelangelesco mucho más acusado que el que nos muestra Jesús, cuyo cuerpo se modela con procedimientos estrictamente pictóricos y efectos de claroscuro. En el borde izquierdo del lienzo, en una zona que normalmente iría cubierta por el marco, han quedado las huellas de las pinceladas aplicadas a título de ensayo.

(J. M. P. A.)

Fray Juan Sánchez Cotán

Nacido en Orgaz (Toledo) en 1560, de una familia de labradores acomodados, Juan Sánchez Cotán es seguramente una de las figuras más significativas de la situación artística española en el tránsito del siglo XVI al XVII. Fue discípulo, al parecer, de Blas de Prado, artista importante fallecido en 1599, de quien todos los testimonios literarios afirman que fue de los primeros y mejores pintores de flores y frutas de su tiempo, aunque hoy no conozcamos de él sino obras religiosas y algunos retratos que reflejan el estilo y el carácter de lo que Felipe II había creado en El Escorial. De este maestro procederá, sin duda, el interés de Sánchez Cotán por la pintura de bodegón —de la que viene a ser, indiscutiblemente, el más grande maestro de su tiempo y uno de los más significativos en la historia universal del género—, así como las continuas referencias al arte del Escorial que se encuentran en su producción religiosa. En los últimos años del siglo XVI está establecido en Toledo, con una nutrida y prestigiosa clientela, trabajando abundantemente para iglesias de toda la Mancha, pintando retablos, lienzos de devoción, retratos, bodegones y paisajes. En 1602 decide ingresar en la orden de los Cartujos, y el inventario y testamento hecho en esa ocasión nos informan detalladamente de sus pertenencias y de los encargos que en aquel momento tenía pendientes. Poseía lienzos del Greco —que, sin embargo, nada influyó en su arte—, de Navarrete el Mudo, de Luca Cambiaso, así como copias de Tiziano y los Bassano, probablemente pintadas por él, demostrando con todo ello su vinculación al ambiente escurialense y su interés por el mundo veneciano, del que se encuentran ecos en su propia obra.

Trasladado a Granada, en cuya Cartuja tuvo lugar su profesión, el resto de su vida, hasta su muerte en 1627, transcurre entre esa ciudad y la Cartuja del Paular (Madrid), que conservan lo más importante de su obra, y donde dejó memoria de su extraordinaria bondad y humildad, que llegó casi a extremos de santidad, al decir de sus más antiguos biógrafos.

Como pintor religioso, Cotán se manifiesta siempre como un modesto e incluso retardatario representante de la devoción contrarreformística, impregnado de ecos de la tradición medieval y de ciertas formas iconográficas de tradición gótico-flamenca, interpretadas con gravedad escurialense, y cierta severidad ingenua, que en ocasiones (Virgen despertando al Niño, Museo de Granada) alcanza notable emoción íntima, gracias a un uso de la luz que parece anunciar el tenebrismo, y que se relaciona, en estricta dependencia, con los modos de Luca Cambiaso, el pintor italiano que tanto pintó en El Escorial.

Pero donde Cotán alcanza la más absoluta perfección y la emoción más honda es precisamente en sus Bodegones que, siendo los más antiguos que conservamos en la pintura barroca española, son también, seguramente, los más singulares y perfectos en su prodigiosa simplicidad monumental. El inventario de 1603 describe ya, con precisión, algunos de los que han llegado hasta nosotros, y en todos los que pueden señalarse como suyos aparece, con absoluta maestría, una severa y casi geométrica disposición de los componentes, y a la vez, una portentosa maestría en la representación de las cosas, prodigiosamente presentadas en todas sus calidades, corpóreas y táctiles, bajo la luz de un tenebrismo personal que destaca los objetos con una intensidad casi mágica. Aunque pueden, quizá, señalarsele antecedentes en ciertas naturalezas muertas lombardas —de fechas casi contemporáneas—, e ignoramos cómo eran las obras de este género de su maestro Blas de Prado, Sánchez Cotán ha de ser considerado el creador y maestro absoluto de lo mejor del Bodegón español. Las obras posteriores de Zurbarán o Van der Hamen, de él dependen en gran medida, y no superan la sabiduría y el fascinante encanto misterioso de las del monje pintor.

(A. E. P. S.)

Bodegón de caza, hortalizas y frutas
68 × 89 cm
Firmado: *Jn Sánchez Cotán f./1602*
Madrid, Museo del Prado

Adquirido recientemente para el Museo del Prado, este lienzo ha sido considerado siempre pieza capital en la historia universal de la naturaleza muerta y, desde luego, es la obra más significativa de su autor y, en cierto modo, la que define su personalidad. El hecho de hallarse firmado y fechado con entera precisión le presta, además, un interés suplementario, pues debe tratarse del lienzo que se describe en el inventario hecho en 1603 cuando el pintor ingresa en la Cartuja. Allí se describe, tras enumerar otros lienzos: «Otro lienzo, del cardo, donde están las perdices, que es el original de los demás, que es de Juan de Salazar».

Juan de Salazar, propietario del lienzo —y de algunos otros que se hallaban también en el taller de Cotán en el momento de hacer el inventario —era un conocido miniaturista toledano, que había trabajado para el Monasterio de El Escorial. Debía ser persona allegada a Cotán, pues le nombra, incluso, su ejecutor testamentario. Éste y otros asientos del inventario permiten conocer el funcionamiento del taller del pintor que, sin duda, al tener que repetir, a petición de una clientela de verdaderos «conocedores», obras pintadas con anterioridad, las había de pedir a sus propietarios para poder realizar las copias solicitadas.

Esta demanda —que supone popularidad y profunda estima— explica la frecuencia con que se encuentran copias, imitaciones y adaptaciones de las invenciones del maestro. De hecho, de este soberbio *Bodegón*, conocemos una copia fiel (*Colecciones Españolas*, A.M.S.A., Barcelona, 1966, p. 117, lám. XXIX) y el *Bodegón* del toledano Felipe Ramírez, firmado en 1628, que se conserva en el Prado, copia también, con exactitud, alguno de los elementos que aquí se muestran, asegurándonos que Ramírez —de quien casi nada se sabe— debió formarse en la órbita del pintor cartujo, quizás antes de que éste abandonase Toledo, o en todo caso estudiando con atención sus obras.

El magistral lienzo de Sánchez Cotán debió pintarse en Toledo, inmediatamente antes del ingreso en la Cartuja, en 1602. En él comparecen aves de caza (perdices, tor-

dos y gorriones) que suponen un factor de golosa sensualidad, que no suele prodigar el pintor y que incluso desaparecerá por entero en otros bodegones que suponemos posteriores a su entrada en religión. Muy especialmente el del Museo de Granada, pintado con toda seguridad ya en la Cartuja, resulta ejemplo magistral de simplicidad y austeridad cuaresmal, limitado a los solos elementos vegetales.

El modo de colocar los elementos crea una composición sumamente armoniosa, sin la monotonía que en otros pintores, españoles o italianos impone el obligado paralelismo de los elementos suspendidos.

La composición general del lienzo es la que será característica de los otros bodegones de Cotán y en los de sus inmediatos sucesores, como Ramírez, Loarte o el joven Van der Hamen. Un hueco del muro netamente dibujado —seguramente una «fresquera» o cantarera, habitual en las cocinas campesinas, abierta a las corrientes de aire, para mantener frescos botijos y cántaros, y oreados ciertos comestibles— encuadra con grave sobriedad los objetos que se muestran con toda su inmediata realidad táctil, bajo una iluminación intensa y dirigida que enlaza con el tenebrismo, pero sin que pueda establecerse conexión alguna con Caravaggio.

La rigurosa ordenación de los elementos consigue, en este caso como en otros del mismo artista, una estructura equilibrada y aun dinámica en su obligado reposo. El volumen imponente del cardo avanza hacia el espectador, rebasando el obligado marco del hueco, y contrapesa la verticalidad de los elementos suspendidos. Las frutas, y muy especialmente el grupo de peros, están dibujadas y modeladas «con precisión y seguridad durerianas», como de modo bien expresivo escribió don Diego Angulo, que lo consideraba igual o incluso superior a cualquier otro bodegón pintando en su tiempo, y no sólo en España.

(A. E. P. S.)

Fray Juan Sánchez Cotán, *Bodegón*, 1612-1627
Museo Provincial de Bellas Artes, Granada

Felipe Ramírez, *Bodegón (Cardo, uvas, perdiz y lirios)*
Museo del Prado, Madrid

José de Ribera

Nacido en Játiva (Valencia) en 1591, hijo de un zapatero de Valencia, nada sabemos de su primera educación, que se ha supuesto fuese en Valencia y en el taller de Francisco Ribalta, el artista más importante de la ciudad en los momentos del paso del siglo XVI al XVII Si así hubiese sido, lo aprendido en Valencia fue pronto desbordado por su conocimiento del ambiente italiano caravaggista, pues en fecha que ignoramos, pero antes de 1611, marchó a Italia, de donde no había ya de volver nunca.

Consta su presencia en Parma en 1611, y en 1615 y 1616 está establecido en Roma, donde goza ya de una cierta fama entre los jóvenes artistas adeptos del naturalismo caravaggista más radical. Los testimonios documentales y literarios lo describen como hombre de vida un tanto irregular, en contacto con el mundo bohemio y aventurero de los pintores nórdicos que habitaban en Via Margutta y seguían el modo caravaggiesco. De ese momento son sus admirables figuras de los Cinco Sentidos interpretados a través de modelos de muy directo y crudo realismo, pintados para un desconocido español que debió traerlos a España, donde fueron pronto admirados y debieron impresionar al joven Velázquez.

En 1616, cuando consta ya su pertenencia a la romana Academia de San Lucas, se traslada a Nápoles, donde casa de inmediato con la hija de Gian Bernardo Azzolino, pintor de prestigio en la ciudad. Ése es también el año en que el duque de Osuna llega a Nápoles para hacerse cargo del virreinato, y Ribera se convierte pronto en el artista protegido de los virreyes, tanto por su objetiva calidad como por su condición de español, que hace constar con repetida insistencia en sus firmas, añadiendo además la precisión de «valenciano» y aun de «setabense» en ocasiones. Su obra, extraordinaria, ejerce una influencia decisiva sobre los artistas napolitanos, contribuyendo a establecer un poderoso naturalismo tenebrista, personalísima interpretación del mundo caravaggiesco, desarrollado luego en una dirección de suntuosidad de materia y sensualidad inmediata. La personalidad de Ribera ha padecido de una deformación crítica, nacida en el romanticismo, que ha visto en él, apoyándose en las obras de su etapa más tenebrista, el intérprete de una religiosidad sombría, de santos mártires y penitentes, crudamente retratados por la violenta luz del caravaggismo, llegándose a escribir a su respecto palabras tan duras como las que le dedicó Teófilo Gautier, diciendo que sus obras «harían horrorizarse al verdugo», «feroces pinturas de matadero, que parecen realizadas para caníbales por un ayudante del carnicero», o las de lord Byron: «Ribera empapaba su pincel en la sangre de todos los santos».

En realidad, y a partir de 1632, al contacto seguramente con las obras de Van Dyck y Rubens presentes en Nápoles, así como por las notorias influencias neovenecianas, que llegan de Roma, su pintura abandona las sombras del tenebrismo y se hace cada día más luminosa y colorista, suntuosa y abierta, aunque en determinados asuntos, especialmente en los lienzos de penitentes, o en ciertas medias figuras de Filósofos o Apóstoles, se mantenga el gusto por el contraste de luz y de sombra, que se simultanea con una ejecución cada vez más suelta, pastosa y pictórica.

Sus obras para los virreyes conde de Monterrey (1631-1637) y duque de Medina de las Torres (1637-1644), así como su extensa labor para la napolitana Cartuja de San Martino, que se extiende desde 1638 hasta 1651, meses antes de su muerte, son sin duda lo mejor y más rico de su producción, abundando no sólo la pintura religiosa, sino también la mitológica y el paisaje, géneros escasamente cultivados en España. Su sólido dibujo, el carácter monumental de sus composiciones y la singular fuerza expresiva, apoyada siempre en un profundo conocimiento de lo humano y de la realidad circundante, hacen de él una de las personalidades más fuertes de su siglo, cuya verdadera importancia sólo en los últimos años comienza a ser entendida en toda su trascendencia.

(A. E. P. S.)

San Sebastián atendido por Santa Irene

206 × 152 cm

Valencia, Real Academia de Bellas Artes de San Carlos, Museo de San Pío V

Es *San Sebastián* uno de los santos más frecuentemente representados por Ribera —como por otros artistas del Barroco—, seducido sin duda por la posibilidad que el asunto ofrecía de tratar un desnudo masculino juvenil de signo apolíneo. Tanto en lienzos de figura sola como en escenas complejas en las que se narra el episodio de la piadosa matrona Irene que, acompañada de una sierva, atendió sus heridas al encontrarlo vivo después del suplicio de las flechas, cuando acudió a darle sepultura, creyéndolo muerto. Desde el *San Sebastián* que arrodillado alza la vista al cielo en el lienzo de Osuna (h. 1616) hasta el de medio cuerpo del Museo de Capodimonte, firmado en 1651 pocos meses antes de su muerte, pasando por las composiciones del Museo de Bilbao (h. 1621), del Ermitage de San Petersburgo (firmado en 1628), el destruido en Berlín (firmado en 1636) o el del Prado (de 1636 según la fecha recién descubierta), Ribera realizó a lo largo de su carrera una larga serie de interpretaciones del santo mártir, precedidas de un importante conjunto de dibujos preparatorios que muestran su interés por el asunto y la infinita variedad de soluciones compositivas y plásticas que le sugería el estudio del cuerpo desnudo suspendido de un tronco.

El lienzo de Valencia, desgraciadamente en deficiente estado de conservación, es la mejor de las versiones conocidas de una composición que muestra con dramática intensidad el momento en que Santa Irene extrae una de las flechas del martirizado torso del santo, ligado todavía al tronco del suplicio, desvanecido y exánime mientras la servidora en el segundo plano sostiene en sus manos el frasco con los ungüentos para sanarle. El esquema compositivo, con el cuerpo del santo marcando una acusada diagonal, así como el fuerte tenebrismo —acentuado quizá por el oscurecimiento de los fondos, debido a la alteración de los tonos— hacen pensar en obra de los primeros años de la década de los treinta, en fecha no lejana a lienzos como el *Martirio de San Bartolomé* de la Catedral de Nicosia, los *Monstruos* del Prado

José de Ribera, *Martirio de San Bartolomé*, 1630
Museo del Prado, Madrid

(1631) o la *Piedad* de las Agustinas de Monterrey (1634).

Muy marcada es por supuesto la semejanza con el *San Sebastián* del Museo de Berlín, que estaba firmado en 1636, aunque probablemente la composición de Valencia sea anterior. La postura del mártir, con el cuerpo suspendido de ambas manos y la cabeza echada hacia atrás, ha sido estudiada atentamente por Ribera en dos dibujos magistrales, uno conservado en el Ashmolean Museum de Oxford, que será de fecha relativamente temprana, quizá entre 1620-1626, y otro, del Museo de la Universidad de Indiana, en Bloomington (USA), que parece más tardío, después de 1626. Ninguno de ellos puede considerarse preparatorio para este lienzo, aunque los dos muestren el interés del pintor por estudiar los efectos de un cuerpo suspendido en tan tensa posición.

Nada se sabe de la procedencia primera del cuadro que, al parecer, apareció en Valencia a comienzos del siglo XIX, usado como lona para cubrir un carro huertano. Rescatado por un conocedor, fue restaurado por Vicente López, y adquirido por la condesa de Rafal y legado a su muerte a la Academia de San Carlos de Valencia, de donde pasó al Museo de Bellas Artes, volviendo a ser restaurado ya en nuestro siglo por José Renau, pintor y restaurador valenciano, padre del famoso cartelista y autor de fotomontajes.

Lo más probable es que el lienzo procediese de alguna iglesia o convento valenciano, saqueado en ocasión de la invasión francesa. No hay noticias precisas anteriores a esa novelesca aparición, pero es curioso que en el inventario del Marqués de Leganés de 1655 se mencionan dos versiones de San Sebastián. Una de formato apaisado tenía «dos y tercia varas de alto y tres menos algo menos» de largo, es decir, 190 × 220, dimensiones que si se hubiesen tomado con marco podrían convenir al ejemplar que hoy se guarda en San Petersburgo. El otro, de formato vertical, «con una mujer que le está sacando las flechas y otra besando un paño», «de alto tres varas y de ancho dos», es decir, de 249 × 166, que son próximas a las de este lienzo. Es posible que el cuadro del marqués de Leganés fuese un ejemplar de esta composición aunque resulte difícil determinar si se trataba de este mismo cuadro y sorprende la indicación de que la segunda mujer está «besando un paño», gesto que no aparece en ninguna de las versiones conocidas de este asunto.

La composición hubo de ejercer influencia en otros artistas de las generaciones sucesivas, y muy especialmente en Luca Giordano, que aprovechó la disposición general, con el cuerpo suspendido, en algunos dibujos suyos, especialmente en el bellísimo de la Albertina de Viena, y en el lienzo de la pinacoteca de Dresde.

El mal estado de conservación ha hecho desconfiar de su originalidad y algunos críticos han considerado que el cuadro de Valencia no sería otra cosa que la copia de un original perdido. Sin embargo, la clara superioridad de este ejemplar sobre los otros muchos conocidos (Iglesia de San Severino y Sosio, Nápoles; Roma, col. particular; convento de Carmelitas de Kensington; Pinacoteca Governativa de San Marino y colección Ruffo, en Roma), autoriza a mantener la atribución.

Celebrándose con simultaneidad a la exposición en que este lienzo se presenta, la gran exposición del Centenario del artista en Nápoles y en Madrid, que ha reunido la mayor parte de la obra del pintor, se ha creído oportuno presentar este lienzo aquí, como ejemplo singular de su personalidad, conscientes de los problemas que presenta.

(A. E. P. S.)

San Diego de Alcalá

131 × 106 cm
Firmado: *Joseph de Ribera / el español.*
Año 1646 (?)
Toledo, Catedral Primada

Aunque la firma está indudablemente rehecha y la fecha que hoy se lee quizá no sea la originaria, esta obra magistral ofrece una de las más recias y emocionantes figuras de Santos de la producción del artista en su madurez, cuando el dramático tenebrismo de sus años juveniles cede un tanto ante la avasalladora influencia del pictoricismo colorista que pudo estudiar en las obras flamencas de las colecciones napolitanas y en un renovado interés por las obras maestras del mundo veneciano.

Esta transformación se inicia hacia los años 1632-1634 y da sus mayores triunfos en los de 1635-1639, en los que los celajes luminosos y los efectos de suntuosidad colorista alcanzan un extraordinario desarrollo en sus telas, hasta entonces de un absoluto tenebrismo, de violentos contrastes de luz y de sombras.

En la década de los 40, Ribera mantiene esa vibrante sensibilidad pictoricista, y ofrece, cuando la exigencia del asunto o del cliente le obligan a tratar motivos de tradición tenebrista, una renovada interpretación del naturalismo caravaggista, con una materia densa y suntuosa empapada de luz, que se hace vibrante y llena de reflejos, incluso cuando se recorta sobre un fondo sombrío.

En esta magnífica figura, el rostro mantiene toda la fuerza apasionada de sus más conocidos *San Jerónimos, Apóstoles* o *Filósofos,* apoyada sobre un prodigioso análisis de lo real y concreto. Aunque el lienzo se concibe al aire libre, y aparecen en él rompimientos de celajes de un intensísimo azul, análogo a los que muestra en algunos de sus lienzos de 1635-1637, o en el *Bautismo de Cristo,* del Museo de Nançy (1634), Ribera ha querido dar más realce e intensidad a la expresión iluminada del lego franciscano, y para ello ha recortado su cabeza sobre una nube parda, que le suministra el necesario fondo sombrío. El hábito, formado por trozos de basta estameña cosidos con hilo blanco bien visible, es un prodigio de realidad táctil. La figura toda se hermana idealmente con otras figuras de santos de estos años, especialmente con la *Santa María Egipciaca* del Museo de Montpellier (1641) de dimensiones casi idénticas e idéntico apasionamiento contenido, o el *San Francisco de Asís* de la Galleria Pitti (1643), si bien en éste parece imponerse todavía el recuerdo del tenebrismo, al no existir el brillante y luminoso celaje que aquí se muestra.

La imagen de San Diego, santo lego franciscano, era muy frecuente entre la devoción española de la época, desde que en tiempos de Felipe II se atribuyó a su intercesión la curación del príncipe don Carlos, en Alcalá de Henares, donde se hallaba su tumba, lo que precipitó su canonización en 1588, a instancias del propio monarca español.

El lego había vivido en la primera mitad del siglo XV. Nacido en Andalucía, viajó como misionero a las Canarias recién conquistadas, siendo guardián del Convento de San Buenaventura en Betancuria (Fuerteventura). En Roma, adonde acudió en ocasión del jubileo de 1450, fue bien conocida su ardiente caridad en ocasión de la epidemia de la que le cupo ser testigo, realizando una labor admirable en la atención de los enfermos desde el convento de Santa María in Araceli, donde todavía se le venera.

La representación más habitual del santo es la del milagro de las flores, cuando los panes que porta para darlos a los pobres se convierten en rosas ante la insistencia y reproches del prior, y la impertinente inspección del hermano portero.

Éste es el momento elegido por Ribera, fundiéndolo con la conocida y permanente devoción del santo a la Cruz, sencilla y sin imagen, que portaba siempre consigo.

(A. E. P. S.)

Francisco de Zurbarán

Nacido en Fuente de Cantos (Badajoz) en 1598, hijo de un comerciante seguramente de origen vasco, sabemos que se formó en Sevilla con un desconocido Pedro Díaz de Villanueva, en cuyo taller ingresó en 1614, pero durante sus años de aprendizaje debió también conocer a Francisco Pachecho, y establecer lazos de amistad con Velázquez, exactamente de su misma edad.

Terminado su aprendizaje se estableció en Llerena, trabajando para la comarca de la Baja Extremadura y, en alguna ocasión, incluso para Sevilla, donde, en 1626, pintó una serie importante de lienzos para el convento de Dominicos de San Pablo. El éxito de estas pinturas, de intenso naturalismo y tenebrismo rotundo, hizo que, en 1629, el Ayuntamiento de Sevilla le reclamase pidiéndole se estableciese en esa ciudad, pues «no es la pintura el menor ornato de la República».

Esta excepcional situación provocó la airada reacción de la corporación de los pintores sevillanos que, capitaneados por Alonso Cano, pretendieron exigirle la realización de un examen, pero la protección del regidor le eximió de la prueba.

A partir de esa fecha, los encargos importantes se suceden y su prestigio aumenta extraordinariamente. En 1634, seguramente a sugerencia de Velázquez, es llamado a Madrid para pintar en el Palacio del Buen Retiro, en cuyo salón de Reinos deja dos lienzos de Batallas y la serie de los Trabajos de Hércules, hoy en el Prado.

A su regreso a Sevilla, enriquecida su experiencia con cuanto había visto en la Corte, emprende sus obras más ambiciosas y seguramente las de más alta calidad de toda su producción: el conjunto del Monasterio de Guadalupe (1638-39) y el de la Cartuja de Jerez (1638-39), que firma ya

ostentosamente como «Pictor Regis», es decir, como «Pintor del Rey». Son los años más felices de su producción, con composiciones de amplio porte, siempre interpretadas en clave naturalista, bajo la poderosa luz de un tenebrismo intenso, y llenas de delicados pormenores de naturaleza muerta. Dispone seguramente de un amplio taller y atiende múltiples encargos, de muy diversa calidad, iniciando incluso la exportación de series abundantes de lienzos al mercado americano. En la década de 1640-50, Sevilla vive una grave crisis política y económica, determinada por la sublevación de Andalucía en 1641 y la terrible peste de 1649, en la que muere Juan de Zurbarán, el hijo mayor del primer matrimonio del pintor —casado ya en terceras nupcias—, artista independiente él mismo y seguramente colaborador asiduo de su padre.

A la vez, y a partir de 1645, la aparición de Murillo, artista joven y bien dotado, cuya notoriedad va en aumento, parece relegar un tanto a Zurbarán, que se refugia en buena parte en los encargos americanos. Hay noticias de envíos, a Lima en 1647, y a Buenos Aires en 1649, de amplias series de Vírgenes, santos, emperadores, patriarcas, etc. En 1650 hay noticias de otro viaje a Madrid, y en 1658, volvemos a encontrar a Zurbarán en la Corte, testificando a favor de Velázquez para la obtención del hábito de Santiago que el rey desea otorgar al gran pintor y viejo amigo. Parece que en esta ocasión decide Zurbarán quedarse en Madrid donde, aparte de algún encargo importante para el convento de San Diego de Alcalá de Henares, realiza sobre todo abundantes lienzos de devoción privada, de tamaño pequeño y delicada ejecución, en los que el poderoso naturalismo tenebrista de sus obras juveniles se dulcifica un tanto. En Madrid falleció en 1664.

Artista de medios ciertamente limitados, dócil intérprete de la vida monástica y de la religiosidad de su tiempo, Zurbarán ha logrado un personalísimo modo de interpretar, a través de la realidad visible, la devoción cristiana y católica de la España del siglo XVII.

Su sensibilidad peculiar, apoyada en una prodigiosa capacidad de observación de las cosas, viene a recoger y madurar de modo magistral un movimiento popular, que la Iglesia Católica orientó y utilizó ampliamente: la recuperación de la

verosimilitud y la intimidad de la imagen religiosa, entroncando en lo profundo con lo que había sido el arte devocional de la última Edad Media, y recuperando, tras el paréntesis imaginativo y conceptual del manierismo, un lenguaje expresivo apoyado en la realidad más inmediata, con tipos populares, y donde los accesorios de la vida cotidiana adquieren una soberana evidencia, forzando al espectador a sumergirse en una atmósfera de tan intensa fuerza inmediata que permite pasar, idealmente, del mundo de la realidad al de la narración evangélica o hagiográfica, sin tránsito aparente.

Descubierto por la sensibilidad romántica, ha sido nuestro siglo —valorando sobre todo la simplicidad de sus volúmenes, la severa monumentalidad de sus hábitos monacales y la intensa vida espiritual que vibra tanto en los apasionados rostros de sus santos como en la serena quietud de sus místicas naturalezas muertas— el que le ha levantado a un primerísimo plano entre todos los artistas de su siglo.

(A. E. P. S.)

Fray Gonzalo de Illescas

290 × 222 cm
Firmado: *Fran de Zurbaran f.1639.*
Guadalupe (Cáceres), Comunidad
Franciscana del Real Monasterio

El Monasterio de Guadalupe conserva todavía, por fortuna, la totalidad del conjunto
de obras que Zurbarán realizó a partir de
1638 para decorar la Sacristía Mayor del Monasterio, con su oratorio.

El contrato para la realización de la maravillosa serie ha sido dado a conocer recientemente. Fue firmado en Sevilla el 2 de marzo de 1639. El monje fray Felipe de Alcalá,
vicario del Monasterio Jerónimo de Buena-
vista de Sevilla, firmó en representación del
prior de Guadalupe, de su misma orden, que
había enviado precisas instrucciones al respecto.

Zurbarán se comprometía a pintar siete lienzos para la Sacristía. En realidad existen hoy
ocho grandes pinturas compañeras decoran-
do los muros de la anchurosa sacristía. Uno
de ellos, la *Misa del Padre Cabañuelas*, está
firmado en 1638, lo que obliga a pensar,
que a la vista de esa espléndida obra, quizá
pintada a prueba, se decidió la comunidad
a encargar el conjunto al pintor de Fuente-
decantos, integrando el primer lienzo en la
serie.

Los pagos a Zurbarán por la ambiciosa obra
se escalonan en las cuentas del monasterio
des de 1638 (en la que se pagan 1.299 reales
por un cuadro que «se trajo de Sevilla», sin
duda el hecho «a prueba») hasta 1647, en la
que se le abonan unas pinturas de ángeles
que no han llegado a nosotros. El grueso de
la obra se le pagó entre abril y agosto de
1639. En esta última fecha percibe 15.700
reales, que deben corresponder a los siete cuadros grandes compañeros y a los del oratorio.
Se hallaba Zurbarán en esos años en la plenitud de su maestría. Su estancia en Madrid
en 1634 le había permitido conocer las colecciones reales y familiarizarse con cuanto
se hacía en la Corte, especialmente con la
obra de Velázquez, tan distinta de su sensibilidad, pero sin duda muy sugestiva para
sus ojos de pintor. Su prestigio había creci-
do enormemente con su participación en la
empresa real del Palacio del Buen Retiro.
En la firma que inscribe en el lienzo de la
Adoración de los Pastores del retablo de la Cartuja de Jerez, pintado en 1638, hace constar

Sacristía del Monasterio de San Jerónimo, Guadalupe

95

ya, con evidente orgullo su condición de «Regis Pictor».

Parece que, a pesar de la distancia, siguió manteniendo contacto con la Corte, o al menos con miembros de la vida palaciega, pues en el año de 1639, precisamente cuando está pintando los lienzos de Guadalupe, sabemos que gestiona el envío a Madrid de un equipo de doradores, a través de una carta al marqués de las Torres, superintendente de los Palacios Reales.

Probablemente en su taller habría una considerable cantidad de oficiales que le ayudasen a sacar adelante la importante cantidad de encargos que se agolpaban en su obrador en esos años. Entre ellos figuraría ya su hijo Juan, de 19 años. En 1638 casó su hija mayor, dotándola con una importante cantidad: 2.000 ducados, es decir, 22.000 reales. Ese mismo año consta que ha enviado importantes lotes de pinturas a ser vendidos en Lima, inaugurando así un tipo de actividad que se extenderá ampliamente en los años sucesivos. Y en mayo de 1639, cuando está trabajando en los lienzos del Monasterio Jerónimo, fallece Beatriz de Morales, su segunda mujer.

Las pinturas de Guadalupe, como las estrictamente contemporáneas de la Cartuja de Jerez, vienen a ser los frutos más maduros y sabrosos de la producción de un hombre en los años más fecundos e intensos de su vida. El Monasterio Jerónimo extremeño era uno de los centros de peregrinación mariana más conocidos de Castilla, señalado por una especial predilección de los reyes, desde que Alfonso XI, en 1330, fundara el santuario que en 1389 se erigió en Monasterio, poblándose con monjes jerónimos procedentes de Lupiana (Guadalajara). En tiempos más próximos, reinando Felipe III, se había engrandecido ampliamente, con un gran retablo mayor de Giraldo de Merlo con lienzos de Carducho y Cajés, y una nueva y solemne disposición de las tumbas reales a sus lados, al modo de lo hecho en El Escorial. La Sacristía, con su decoración, es la última gran obra que se emprende en el cenobio. Por fortuna ha llegado a nosotros virtualmente intacta, y los hermosos lienzos de Zurbarán que cubren sus paredes, cinco de un lado y tres en el otro, alternando éstos con dos grandes ventanas que dan luz al recinto, juntamente con las decoraciones al fresco de las bóvedas, y los riquísimos marcos de talla con cartelas que llevan, en erudito latín, la explicación de sus asuntos, constituyen un conjunto enormemente significativo de lo que fue la decoración monástica en su punto más alto de inspiración y grave adecuación a las exigencias dogmáticas.

Los ocho lienzos se dedican a personajes de la orden jerónima ligados directamente con el cenobio guadalupano. La orden, española por excelencia, no llegó a subir a los altares a ninguno de sus miembros, pero la tradición daba tratamiento de venerables a sus personalidades más destacadas, y en esta sacristía se recogen algunos de los monjes guadalupanos de la época «dorada» del convento, sin duda el siglo XV, desde 1408 a 1479. El que se representa en el lienzo que ahora se expone es fray Gonzalo de Illescas, que fue prior del monasterio, confesor del rey Juan II de Castilla y obispo de Córdoba, a ruegos del monarca. Murió en 1464 y está enterrado en el propio convento.

Zurbarán lo ha representado al modo tradicional de los retratos de doctores, sentados a su mesa, en actitud de escribir, con la pluma en la mano derecha, suspendido el gesto y mirando al espectador con mirada entre sorprendida y adusta. Tras la figura, y a través de una columnata abierta, se ve al propio monje en acto de repartir limosnas a unos mendigos en la puerta del convento. Un gran cortinaje cubre la parte superior derecha, de modo un tanto teatral.

Junto a la maravillosa verdad de la figura del venerable, sobresale especialmente en el admirable lienzo el portentoso bodegón que componen, sobre el espeso tapete de la mesa, los libros amontonados, el reloj de arena, la calavera, los tinteros, las salvaderas y las cuchillas de afilar las plumas. Sobre el antepecho de la columnata, el prodigioso detalle de la manzana sobre el libro se recorta en la luz del fondo con casi mágica intensidad.

La extraordinaria capacidad de Zurbarán para reproducir las cosas inertes con toda su verdad material y a la vez minuciosamente significativa, logra aquí un bodegón monástico, cargado de intención trascendente, donde la ciencia y el saber se hermanan con la conciencia de la inanidad de las cosas frente a la presencia del tiempo y de la muerte al modo de una *Vanitas* excepcionalmente intensa.

(A. E. P. S.)

Fray Jerónimo Pérez

204 × 122 cm

Inscripción en el ángulo superior derecho:

M. F. Gerónimo Pérez

Madrid, Real Academia de Bellas Artes de San Fernando, inv. 667

Uno de los conjuntos más significativos en toda la obra de Zurbarán hubo de ser el que reunió en Sevilla el Convento de la Merced Calzada, fundado en 1249 por San Fernando, apenas reconquistada la ciudad y reconstruido por entero de forma monumental, en los primeros años del siglo XVII, entre 1602 y 1612.

En el claustro menor, llamado de los Bojes, pintó Zurbarán a partir de 1628 y hasta al menos 1634 una serie de cuadros con la vida de San Pedro Nolasco, algunos de los cuales han llegado hasta nosotros. Al parecer este encargo, de evidente importancia —pues se contrataron veintidós cuadros, aunque seguramente no llegaron a pintarse todos—, fue de excepcional importancia para la consolidación o del prestigio del pintor en el ambiente sevillano. Hasta ese momento había vivido en Llerena y para la realización del encargo había de trasladarse a Sevilla, con todos sus ayudantes, obligándose el convento a darles alojamiento.

Junto a los cuadros del claustro, poseyó también el Monasterio una serie de retratos de frailes mercedarios de tamaño natural, y un *Cristo Crucificado con el Maestro Francisco Silvestre de Saavedra a sus pies*, instalados en la biblioteca del convento. No hay noticia documental de cuándo se contrataron estos lienzos y se ha pensado que pueden haberse pintado en sustitución de aquellos que no llegó a pintar de la serie de veintidós contratados en 1628, de los que parece no llegó a realizar más de doce, que son los únicos que se describen en las antiguas fuentes. De los lienzos de la biblioteca tampoco han llegado a nosotros todos. Especialmente importantes son los cinco que Godoy obtuvo del convento hacia 1802, y que pasaron a la Academia de San Fernando en 1808 cuando, por orden de Fernando VII, fueron incautados sus bienes.

Todos ellos están concebidos de modo análogo. El personaje representado se figura de pie, ligeramente escorzado, junto a una mesa o bufete donde suele ir un libro y un birrete doctoral, ya que todos los efigiados eran doctores de reconocida significación en los estudios teológicos. La calidad de los lienzos de la serie es un tanto desigual, lo que ha hecho suponer en ella participación del taller y también que no se realizasen de una vez, sino que se escalonasen a lo largo del tiempo, desde 1628, en que comienza la actuación de Zurbarán para el Convento, hasta quizá 1633, cuando su estilo se hace ligeramente más abierto y luminoso.

Salvo uno de los que conocemos —Fray Hernando de Santiago, que consta se hizo del natural—, todos los restantes no son verdaderos retratos sino imágenes en cierto modo «inventadas», y no podremos saber nunca si responden a los rasgos auténticos de los personajes —algunos muertos hacía mucho tiempo— o si, como parece más probable, se trata de rostros tomados prestados a monjes contemporáneos. La intensa vivacidad de las expresiones y la sensación de verdad que transmiten así lo hace suponer.

De entre ellos, este de fray Jerónimo Pérez que aquí se expone es uno de los más intensos y expresivos del conjunto, por la grave nobleza de su apostura y la soberbia calidad de la ejecución, que obliga a pensar en la mano misma del maestro en uno de sus momentos más afortunados.

El personaje retratado fue profesor de Teología y Filosofía en la Universidad de Valencia y vicario general de la Orden Mercedaria a mediados del siglo XVI. El duque de Gandía, Francisco de Borja —el futuro santo, tercer padre general de la Compañía de Jesús— lo eligió como profesor, en 1546, para el colegio jesuita que había fundado en Valencia, subrayando así su profunda sabiduría y erudición.

La figura del monje, casi frontal y con la capucha echada sobre la cabeza, sostiene en sus manos un libro manuscrito en el que escribe, presentado en audaz escorzo. Se ha supuesto que el texto sea el tratado sobre Santo Tomás de Aquino, que escribió en 1548 y constituye la más famosa de sus obras teológicas. Esa posición frontal y el llamativo escorzo del libro ha hecho que se piense que esta figura, tan impresionante e intensa, constituyese el centro de la galería de retratos, pues los restantes se orientan ligeramente hacia la derecha o hacia la izquierda, como indicando una convergencia de atenciones hacia un punto central, que habría de ser esta apasionada figura.

Si se ha definido a Zurbarán como el pintor de los monjes, pocas imágenes más adecuadas para ilustrar ese aspecto de su producción que este fraile de intensísima mirada, recortando la marfileña blancura de sus hábitos mercedarios sobre un fondo oscuro uniforme que parece expresar todo el apasionamiento casi febril de la religiosidad hispana de la Contrarreforma.

(A. E. P. S.)

San Antonio Abad

282 × 221 cm

Firmado: *Fran de Zurbarán*
facie/bat//1636

Sevilla, Colección particular

Esta imponente imagen constituyó, hasta la invasión francesa, el altar del crucero del lado del Evangelio en el convento de San José de Sevilla, de la orden de la Merced Calzada, emparejado con un *San Lorenzo* de iguales dimensiones conservado hoy en el Ermitage de San Petersburgo, que se hallaba en el altar del lado de la Epístola.

Firmados ambos en 1636, son magníficos ejemplos de su mejor momento, reciente todavía su impresión de lo visto en la Corte. La devoción a *San Antonio Abad* se centraba sobre todo en su protección frente a ciertas enfermedades de la piel, y muy especialmente contra el «fuego de San Antonio», conocido hoy como ergotismo, producido por un envenenamiento con el cornezuelo del centeno y muy frecuente en épocas de escasez, cuando faltaba el pan de trigo y se recurría a la harina de otro cereal. La aparición de llagas ardientes, que con frecuencia se engangrenaban, era el signo visible de la enfermedad. Los monjes de San Antonio, o Antoninos, trataban esas llagas con grasa de cerdo, criando para ello puercos que vagaban libremente por las ciudades y campos, y se reconocían por un cascabel, campanilla o cencerro colgado al cuello. Por ello, el cerdo ha venido a ser el atributo más constante en la iconografía del Santo Abad, cuya leyenda se sitúa en el siglo III y en la Tebaida, pero cuyo culto conoció un extraordinario desarrollo en la Edad Media europea. Problablemente, su emparejamiento con *San Lorenzo* en el templo sevillano de donde procede se deba precisamente al elemento del fuego, que los enlaza idealmente, pues San Lorenzo no sólo murió en la parrilla, sino que se le invoca para sacar almas del purgatorio y contra el lumbago, llamado a veces en el siglo XVII «dolor de la parrilla de San Lorenzo».

El hecho de que ambos santos, en los lienzos de la Merced, aparezcan con los ojos alzados subraya bien su carácter de mediadores entre los fieles y la divinidad, verdadera autora de las curaciones que a ellos se solicitaban.

El gran lienzo de *San Antón* es, sin duda, una de las obras ambiciosas del pintor, concebida con evidente monumentalidad y amplio desarrollo espacial. El rostro del santo, con la barba tratada de modo magistral, las fuertes manos rugosas y los espléndidos plegados de las bastas telas del hábito, son ejemplos magníficos de la maestría del pintor en la representación de lo concreto, con una soprendente calidad táctil. El poderoso efecto del tronco casi desnudo recortándose a contraluz parece proceder de recursos análogos vistos en Ribera, a quien Zurbarán hubo de admirar profundamente.

Pero en el bello paisaje parece seguro que hubo de inspirarse en motivos flamencos, interpretados a la luz de lo visto y estudiado en Madrid. La refinada gama de color de esas lejanías azulado-verdosas, sobre las que se recortan elementos en tonos pardo dorados y donde el agua, que corre bajo el puente, se deshace en plateada cascada, enlazan muy directamente con el modo con que el pintor había resuelto los paisajes y las lejanías de su serie de los *Trabajos de Hércules*, pintados en 1634 para el Palacio del Buen Retiro.

Como suele suceder con otras composiciones del maestro, de este santo nos han llegado algunas otras interpretaciones que, partiendo del esquema aquí conseguido y con ligerísimas variaciones, atestiguan la continuidad de sus modelos, utilizados una y otra vez en el taller, a veces con muchos años de distancia entre ellos.

El lienzo que fue de la colección Contini Bonacossi, hoy en los Uffizi, debe ser algunos años más tardío y ha eliminado el efecto riberesco del grueso tronco, dando más amplitud al paisaje y buscando un efecto general mucho más blando y diluido. El que forma parte de la serie de Santos Fundadores del monasterio de la Buena Muerte de Lima es sin duda obra de taller y modifica un tanto el gesto de las manos y enfatiza la aparición celeste de la Tau o cruz potenzada, que en el gran lienzo ahora expuesto no aparece, y es otro de los atributos del santo, siendo, ya en Egipto, de donde procede éste, símbolo de la vida futura.

(A. E. P. S.)

Diego Velázquez

Nacido en Sevilla en 1599 y muerto en Madrid en 1660, Velázquez es sin duda el más grande de los pintores españoles y una de las cimas absolutas de la historia universal del Arte.

Hijo de Juan Rodríguez de Silva, hidalgo de origen portugés —que se ha supuesto pudiese ser de familia de judíos conversos— y de una sevillana, Jerónima Velázquez, mostró desde muy niño excepcionales condiciones para la pintura. Tras un breve período en el taller de Herrera el Viejo, en 1611 entró en el de Francisco Pacheco, donde completó su educación en contacto con el círculo de artistas, hombres de letras, músicos y poetas que el pintor había reunido a su alrededor, concluyendo por contraer matrimonio con la hija del maestro.

Las primeras obras de su juventud demuestran un enorme interés por el naturalismo, del mismo tipo, aunque con técnica algo diferente, que lo que hacían Zurbarán o el joven Alonso Cano. En sus primeros tiempos cultivó la pintura religiosa, pero sobre todo ciertos cuadros de bodegón con figuras, de muy intenso tenebrismo, y un peculiar tipo de lienzo religioso, concebido como si se tratase también de bodegón, con la escena significativa colocada al fondo de la composición, en escala menor, tal como habían hecho algunos manieristas flamencos.

Ayudado por los amigos de su suegro, gentes en contacto con el mundo político que rodeaba al joven Felipe IV, recién subido al trono, Velázquez va a Madrid, donde se instala a partir de 1623. El éxito de un primer retrato del monarca le abre de par en par las puertas de la Corte, a la vez que le facilita un aprendizaje excepcional en las colecciones reales, poniéndole en contacto con el mundo de la nobleza palatina, y comenzando así una carrera de honores que,

desplazando a los restantes pintores cortesanos, le convierten pronto en el artista más influyente y estimado por el propio rey, e incluso culmina muchos años más tarde con la obtención del hábito de caballero de Santiago, título de nobleza por todos envidiado.

Su estilo se transforma, abandonando progresivamente el tenebrismo de su etapa sevillana y reduciendo su temática religiosa, dando entrada a los temas mitológicos —siempre raros en la pintura española—, desarrollando una prodigiosa capacidad para el retrato, que será, ya para siempre, su actividad principal.

Un viaje a Italia en 1629-1631 le pone en contacto con el ambiente del clasicismo y con el renovado interés por la pintura veneciana, que enriquece enormemente su sensibilidad y su capacidad. Allí realiza la Fragua de Vulcano y la Túnica de José, sus obras de carácter más clásico en el tratamiento de los desnudos, sumamente cuidadosas, además, en el estudio de la relación espacio-luz.

A su regreso, madura ya por entero su personalidad, realiza unas series de prodigiosos retratos de la corte, desde el rey hasta los bufones de Palacio, en los que deja un testimonio vivísimo de la realidad que le rodea, vista siempre con una grave serenidad, una técnica cada vez más ligera y un color más claro y aéreo.

En 1649 hace un nuevo viaje a Italia, con el encargo de adquirir esculturas y pinturas para la renovación del Alcázar, que Felipe IV desea transformar a la moda italiana «moderna». En este viaje, Velázquez retrata al papa Inocencio X en un retrato portentoso, que ejerció amplia influencia en Roma, y a su propio criado Juan de Pareja, culminando en ellos el proceso de libertad de su pincel que, arrancando de los venecianos, especialmente del viejo Tiziano, se hace virtualmente inmaterial.

A su regreso, durante los últimos años de su vida, en los que culmina su «cursus honorum» con la obtención —no sin dificultades— del hábito de Santiago, largamente deseado, realiza las obras culminantes de su producción, donde el «aire ambiente», es decir, la consecución total de la perspectiva aérea, llega a la más absoluta perfección. Las Hilanderas (Aracné y Minerva), asunto mitológico interpretado en clave realista, y las Meninas, retrato de la familia real, cargado de sutilísima carga

conceptual, en su juego de imágenes y reflejos que introducen al espectador dentro del cuadro, cuyos protagonistas —los reyes— están visibles sólo en el espejo, son, sin duda, las obras clave de toda su producción, que en estos años finales deja también algunas exquisitas obras mitológicas (la Venus del espejo o el Mercurio y Argos) de prodigiosa serenidad y belleza.

Es Velázquez, seguramente, el más puro pintor de toda la historia del arte. Su maestría técnica en el sugerir el volumen, la forma y el aire que los sustenta, a través de su pincelada deshecha y casi inmaterial, no tiene paralelo. Pero, a la vez, funde la claridad del clasicismo con el misterio y sugerencia de lo transitorio, característicos del Barroco. Su capacidad de penetración psicológica en los retratos logra, además, que tanto si se trata de un rey como de un rufián, la personalidad entera del retratado, su vida interior y su pensamiento mismo, se nos hagan inmediatos y transparentes gracias a la fuerza de su mirada y su pincel.

(A. E. P. S.)

La infanta María Teresa
127 × 98 cm
Viena, Kunsthistorisches Museum,
Gemäldegalerie, inv. 353

La actividad de Velázquez como retratista cortesano, encargado de recoger las imágenes de los miembros de la familia real para atender a las necesidades familiares y políticas, hizo que la familia imperial de Viena y sus lógicos sucesores, la Galería Imperial y el Kunthistorisches Museum, hayan podido atesorar una serie de retratos de mano del gran maestro, que sólo halla relativo paralelo con los reunidos en el Museo del Prado.

Allí se guardan tres prodigiosos retratos infantiles de la infanta Margarita Teresa, la protagonista de las Meninas, destinada a ser la esposa del emperador Leopoldo I, y el bellísimo que representa el malogrado príncipe Felipe Próspero, muerto a los cuatro años. Junto a ellos, éste, soberbio, que muestra a la infanta María Teresa, hija de Felipe IV y su primera mujer, Isabel de Valois, nacida en 1638. Cuando la infanta cumplió 15 años (hacia 1653) se comenzó a tratar de su matrimonio, y Velázquez hubo de realizar algunos retratos para ser enviados a las cortes de Viena, París y Bruselas. La infanta contrajo al fin matrimonio con el rey de Francia Luis XIV, y Velázquez estuvo presente en la entrega de la infanta en su condición de aposentador mayor de Palacio, y logró en ello la culminación de su carrera palaciega, tal como nos han dejado testimonio las páginas de Palomino, que describen con delectación la presencia del pintor en la solemne ceremonia, describiendo incluso el lujoso traje que vistió.

El retrato de la infanta que se conserva en Viena y ahora se exhibe aquí, es seguramente el que se pintó en los últimos meses de 1652 o en el comienzo de 1653, para ser enviado el 22 de febrero a la corte de Viena, a la vez que una réplica del mismo (seguramente el que hoy se conserva en el Museo de Boston) se enviaba a Bruselas al archiduque Leopoldo Guillermo.

Velázquez ha logrado en él uno de sus más bellos aciertos en esta etapa final de su carrera, en la que el pincel alcanza una sutileza extrema.

Es posible que el cuadro haya sido recortado por la parte inferior y por el lateral dere-

Diego Velázquez, *La Infanta María Teresa*, hacia 1652
Nueva York, Colección Lehmann

cho, pues todos los retratos de ese momento dejan ver el borde de la falda, que queda aquí cortado de modo abrupto.

La sutilísima armonía de tonos —blanco cremoso, con reflejos nacarados, plata y rosa— del traje se valora sobre el fondo verdosoazulado y el rostro, cubierto con el casi sólido maquillaje que era la moda en la corte española, se acompaña de la vibración del peinado —quizá una peluca— animado por los toques de los pequeños lazos rojos y de la ligera pluma de avestruz que se funde con los cabellos en una verdadera fantasía de fulgores casi de fuego de artificio.

La infanta, con gesto hierático, como corresponde a la rígida etiqueta palaciega, sostiene un pañuelo blanco casi transparente en su mano izquierda. La derecha se apoya sobre una especie de bufete o mesa, cubierta con un paño verdoso. La mirada tiene sin embargo un brillo intenso y una expresión de serenidad y curiosidad benevolente.

La técnica con que se logran los brillos de las telas y la manera de resolver las manos, casi sin materia y desde luego sin dibujo, es ya la que brillará, soberbia, en las *Meninas*, aunque el efecto general sea todavía de una relativa solidez, que en realidad se disuelve entre el juego de pinceladas ligeras y vibrante que se ciñen a las superficies en movimientos nerviosos y casi deshechos, y en ocasiones se detiene en minucias sutiles como el trenzado rosado que dibuja el amplio escote. Libérrimos son los toques que configuran el lazo sobre el pecho, o las cintas de las que penden los dos relojes sobre la amplia falda, así como múltiples toquecillos de empaste blanco que recubren todo el traje, consiguiendo al mirarlo a distancia un prodigioso efecto de verdad táctil.

Velázquez conocía bien el rostro de la infanta, a la que había retratado antes, cuando era todavía casi una niña, en el delicioso lienzo de la Colección Bach en el Metropolitan Museum de Nueva York, con el peinado lleno de unos sutilísimos lazos en forma de mariposas, que acompañan la tímida mirada de la niña.

(A. E. P. S.)

Diego Velázquez, *La familia de Felipe IV* o *Las Meninas*, 1656 (detalle) Museo del Prado, Madrid

Autorretrato

45 × 38 cm

Valencia, Real Academia de Bellas Artes de San Carlos, Museo de San Pío V

Este intenso y vibrante retrato, largo tiempo considerado como problemático por su aparente mal estado de conservación, se ha revelado, tras su restauración en 1987 y su exhibición en la gran exposición *Velázquez* del Museo del Prado en 1990, como el más auténtico autorretrato del gran pintor, a excepción, como ya había adelantado Elías Tormo a comienzos de este siglo, del incluido en las *Meninas*.

A través de distintos testimonios literarios, especialmente el de su suegro Pacheco, sabíamos que Velázquez se había autorretratado en un lienzo durante su primer viaje: «pintado con la manera del gran Tiziano y (si es lícito hablar así) no inferior a sus cabezas», y se pudo pensar que ese retrato fuese el que el propio Velázquez tenía en su casa al fallecer en 1660 con la indicación de que el traje estaba por acabar.

La edad que presenta en este lienzo y el carácter de cosa terminada y cerrada que sin duda tiene no permiten la identificación con el citado por Pacheco, aunque el estilo y la técnica sean, desde luego, deudores de las del gran Tiziano.

Otro *Autorretrato* poseyó el marqués de Leganés. Se describe en su inventario de 1655, viviendo todavía Velázquez, como «un medio cuerpo del retrato del pintor Velázquez, de su mano», pero sus dimensiones («una vara de alto por otra de ancho», es decir, 83 × 83), y el ser de medio cuerpo, impiden la identificación con este lienzo.

La historia externa del cuadro conservado en Valencia es un tanto compleja y aún no del todo clara. Durante mucho tiempo se creyó que el lienzo había sido comprado en Sevilla en 1729 por la reina Isabel de Farnesio, que lo regaló al músico napolitano Carlo Broschi Farinelli, que lo llevó a Italia.

Sin embargo, lo verdaderamente cierto es que en 1798 aparece en una relación de obras pertenecientes al Palacio Apostólico que el gobierno francés, invasor de los Estados Pontificios, puso en venta, primero en Roma y luego en Livorno, donde en 1799 fue adquirida con todo el lote por un don José Martínez, cónsul de España en Génova, que los hizo transportar a Madrid, seguramente para venderlos a su vez. Surgidas reclamaciones por parte del Vaticano, y tras largas y complicadas negociaciones, José Martínez devolvió al Vaticano tres obras significativas y fue, en 1818, reconocido propietario del resto. No hay noticias posteriores del lienzo, hasta que en 1835 un don Francisco Martínez Blanc, cónsul de España en Niza, y probablemente directo familiar de don José Martínez, lo donó, con toda su colección de pinturas (entre las que había bastantes más procedentes también de la colección sacada del Vaticano) a la Real Academia de San Carlos de Valencia, de donde pasaron al Museo. La procedencia italiana y su presencia en el Vaticano permiten aceptar como lo más probable, que sea obra de su segundo viaje a Italia, en los años 1649-50.

La técnica, tal como se ha revelado en la limpieza a que fue sometido en 1987, es de una soberana maestría y enlaza con toda naturalidad con la empleada en el retrato de *Juan de Pareja* de ese momento, e incluso con el de *Inocencio X*, con las lógicas diferencias, determinadas por el carácter oficial y solemne de éste último, y el tono mucho más íntimo y directo del *Autorretrato*, en el que el pintor se examina a sí mismo, con una mirada intensa, altiva e inquisidora, que nos dice mucho de su carácter, frío, distante y flemático —tal como nos lo describen los testimonios literarios—, pero profundamente inteligente.

Si se compara este *Autorretrato* con el que aparece en las *Meninas*, que es obra de 1656, es fácil advertir que no puede separarlos demasiado tiempo; sólo el que va de los cincuenta años que debe tener en el lienzo de Valencia, a los cincuenta y seis de las Meninas, un tanto cansado ya, pero igualmente enérgico en su mirar profundo.

De este retrato derivan, por obra de colaboradores o discípulos, los muchos pretendidos «autorretratos» que existen en distintos museos y colecciones, especialmente el de la Pinacoteca de Munich o el de los Uffizi florentinos, en los que el pintor aparece de medio cuerpo, pero en los cuales la cabeza repite ésta de modo más o menos fiel.

(A. E. P. S.)

Retrato ecuestre del conde duque de Olivares
313 × 239 cm
Madrid, Museo del Prado, inv. 1181

Aunque no esté fechado con precisión y no conozcamos las circunstancias de su realización, este monumental y aparatoso retrato corresponde con toda seguridad al mismo concepto y quizá al mismo momento que los retratos reales, también ecuestres, realizados para el Salón de Reinos del Palacio del Buen Retiro, es decir, en torno a 1634-1635 o ligeramente después, por las razones que diremos.

De modo análogo a lo que hizo en el *Retrato de Felipe IV*, pintado con ese destino, Velázquez no ha querido firmar el lienzo, pero ha dejado en un ángulo un papel blanco, que parece reclamar la firma y fecha. Como es sabido, Velázquez no solía firmar sus obras, sobre todo si habían de permanecer en lugares —el Alcázar o las propiedades de los nobles madrileños— donde era de sobra conocida su paternidad y donde difícilmente habían de ser confundidos con los de ningún otro pintor. Sólo en casos muy singulares, y por motivos fácilmente comprensibles, dada la excepcionalidad de la ocasión, dejó firmadas obras como la perdida *Expulsión de los Moriscos*, o el *Retrato del Papa Inocencio X*.

Este retrato muestra a don Gaspar de Guzmán, conde duque de Olivares, en el momento de su máximo poder, cuando tenía en sus manos las riendas de un Imperio que todavía era el más grande de la tierra, aunque comenzase ya a sentirse amenazado.

Nacido en Roma el 6 de enero de 1587, durante la embajada de su padre, el segundo conde de Olivares, recibió el nombre de Gaspar en honor al primero de los Reyes Magos, y tuvo una esmerada educación en la Universidad de Salamanca.

Al subir al trono el joven Felipe IV, en 1621, le llamó a su lado, y se convirtió bien pronto en el todopoderoso valido real, otorgándosele honores que lo antepusieron a la más antigua nobleza de «los grandes», recibiendo el título de duque, que fundió con el de conde, que ya tenía, y manejando toda la política española. Los estudios más recientes han perfilado bien la personalidad, compleja, de este personaje clave en la historia española, hombre evidentemente inteligente y con una prodigiosa capacidad de trabajo, que tenía una clara visión de las necesidades de España, pero que hubo de chocar con una red de intereses y de circunstancias que malograron sus esfuerzos, determinaron sus fracasos y le convirtieron en el hombre más odiado de su tiempo. En 1643, caído en desgracia, fue desposeído de todo su poder y desterrado de la corte, primero a Loeches y luego a Toro, donde murió en 1645.

El conde duque fue, sin duda, el primer protector de Velázquez y el que, como sevillano de origen, le introdujo en la Corte y propició sus éxitos madrileños.

El gran pintor le agradeció bien cuanto por él hizo, y nos ha dejado una serie de retratos suyos que nos permiten, como en el caso de Felipe IV, conocer bien los rasgos personales del personaje, desde los severos retratos de hacia 1624 (Museo de São Paulo, Hispanic Society de Nueva York, o Colección Várez Fisa) en que aparece en pie, vestido de negro, los de hacia 1635, de busto (Ermitage de San Petersburgo, Museo de Dresde, o Metropolitan Museum de Nueva York) o éste, soberbio, ecuestre, sin duda una de las obras más ambiciosas en su género.

Velázquez ha interpretado en este lienzo la soberbia y altivez del ministro, que, como señaló Marañón, parece ser un ciclotímico característico, con alternativas de euforia y exaltación, junto a fases depresivas profundas.

Sorprende ante todo en el retrato la presencia del hecho militar, y la presentación del valido como general victorioso. En realidad, Olivares nunca estuvo en un campo de batalla, pero, como se ha recordado muchas veces, ya en su tiempo afirmó Virgilio Malvezzi que si «no pelear en los ejércitos le excluye del nombre de gran soldado, el mandar en ellos le da el de gran general».

Se ha pensado que la batalla representada al fondo sea la de Fuenterrabía, entre españoles y franceses, hecho militar sucedido en 1638 en el que, aunque no asistió personalmente, se le vio directamente implicado, pues se debió a su iniciativa y allí envió dos compañías, siendo además —en claro gesto adulatorio— nombrado gobernador perpetuo de aquella ciudad.

Si efectivamente así fuese, habría que considerar que el lienzo se pintó con posterioridad a 1638, y por lo tanto bastante después que los lienzos del Buen Retiro, con los que tan estrecha relación mantiene.

Otro elemento que se ha aducido para situar la fecha de la ejecución antes de la batalla de Fuenterrabía, es la estrechísima semejanza de la actitud del conde duque y su caballo con la del general que aparece en la *Toma de Brisach* de Jusepe Leonardo, pintado para el Salón de Reinos del Buen Retiro, y ya colocada y pagada en 1635. La semejanza es evidente y directísima pero puede deberse, como han subrayado algunos críticos, a la utilización de una fuente común, seguramente el grabado de Antonio Tempesta, representando a Julio César, incluido en la serie de los Césares, que circuló mucho por los talleres de los artistas españoles, y que desde luego Velázquez conocía.

No obstante, debe observarse que la estampa presenta el César de perfil riguroso, mientras que en el lienzo de Leonardo como en el de Velázquez el gesto del general, que vuelve la cabeza al espectador, es idéntico. Si Velázquez pintó su lienzo después del de Leonardo —como probablemente habrá que pensar, pues es lógico que fuese la resonancia del episodio de Fuenterrabía la que determinase la realización de un retrato tan claramente adulador— ha de pensarse que Velázquez aprovechó la brillante solución del joven pintor aragonés, y supo hacerla suya hasta tal extremo que se ha pensado siempre que fue a la inversa, y que fue el artista menos conocido el que hubo de copiar al gran maestro.

Como ha señalado Julián Gállego, la pretensión del conde duque de presentarse aislado, a caballo y en corbeta, es ciertamente asombrosa. Esa actitud se había venido reservando a los monarcas, pues, como indica la *Emblemata* de Alciato, bien conocida de Velázquez, significa que «no sabe lisonjear». La representación ecuestre se reservaba siempre para los soberanos y, en limitadas ocasiones, a los generales victoriosos o con mando amplio. En la pintura española son hasta ese momento sumamente raros. Rubens había retratado a caballo al duque de Lerma, pero con el caballo al paso. Por esas fechas, Van Dyck pintaba también ecuestre a generales españoles como el marqués de Aytona, don Francisco de Moncada, pero en España sólo el conde duque se hace representar así, mostrando su imponente autoridad; vestido con la reluciente armadura damasquinada y luciendo una desmesurada banda roja, expresión de su condición de generalísimo.

Olivares era un tanto cargado de espaldas, y en el lienzo, al colocarlo con el cuerpo

girado y la cabeza vuelta, este defecto se disimula un tanto.

La técnica con que el retrato ha sido resuelto muestra a Velázquez en toda su perfección. Toda su superficie aparece salpicada de toques de una extraordinaria libertad, que configuran, cuando se mira la totalidad del lienzo a una cierta distancia, una unidad precisa, dotada de una portentosa vibración luminosa.

El bellísimo paisaje, hecho también de ligerísimos restregones que en ocasiones dejan casi al descubierto la tela consigue, en palabras de Palomino, que parezca «que se ve el polvo, se mira el humo, se oye el estruendo y se teme el estrago».

El caballo fue seguramente estudiado muy atentamente por el pintor, y se conserva en el Palacio Real un gran lienzo con un caballo blanco en la misma actitud, que fue toscamente repintado a fines del siglo XVII, para convertirlo en un Santiago. Ha sido restaurado luego dejando visible lo que Velázquez pintó.

El éxito del retrato y su carácter en cierto modo oficial hicieron que se copiase varias veces, y se conservan algunas versiones, todas de tamaño más reducido, salidas seguramente del taller del pintor por mano de sus oficiales.

La mejor es sin duda la del Metropolitan Museum de Nueva York, con el caballo blanco, en vez de alazán, obra seguramente de Martínez del Mazo.

(A. E. P. S.)

Diego Velázquez, *Retrato ecuestre del Príncipe Baltasar Carlos* (hacia 1634) Museo del Prado, Madrid

Alonso Cano

Nacido en Granada en 1601, hijo de un tracista y constructor de retablos de reconocido prestigio en Andalucía, Alonso Cano fue educado en Sevilla, entrando en el taller de Francisco Pacheco en 1616 y coincidiendo allí con Velázquez, que estaba concluyendo su aprendizaje. Debió también pasar por el taller de Juan Martínez Montañés, el más importante escultor sevillano del momento, pues su obra escultórica demuestra un perfecto conocimiento de los modelos y la técnica de aquel maestro.

Es Cano un caso ciertamente singular en la historia del arte español del Barroco, pues, como los maestros del Renacimiento italiano, cultivó por igual las tres artes mayores, dejando obras importantes en pintura, escultura e incluso en arquitectura.

Durante sus primeros años en Sevilla, de los cuales se posee muy escasa documentación, parece que trabajó con su padre en labores de retablística y en 1626 aparece obteniendo el título de «pintor examinado», que le habilitaba para abrir el taller de pintura de la ciudad. En los años sucesivos le encontramos ejerciendo una intensa actividad en el gremio, demostrando un extraordinario celo en defensa de las normas establecidas. Él fue el que encabezó la protesta frente al establecimiento en Sevilla de Zurbarán, exigiendo que se examinase.

En 1638, reclamado sin duda por el conde duque de Olivares, que le llama su «pintor y ayudante de Cámara», Cano va a Madrid, donde su estilo se enriquece al contacto con las obras de la colección real y con la amistad y familiaridad de Velázquez. El incendio del Palacio del Buen Retiro le brindó, además, ocasión de estudiar muy directamente la técnica de los lienzos antiguos, cuya restauración se le encomendó, y su actividad madrileña fue fundamentalmente de pintor.

Su vida fue particularmente agitada en esos años. En 1644 el asesinato de su mujer —del que llegó a estar acusado, dándosele tormento para obtener declaraciones— le hizo abandonar Madrid por un cierto tiempo, huyendo a Valencia, pero regresó pronto y continuó sus trabajos, contratando importantes retablos para Getafe y otras localidades próximas.

Pero en 1652 decide recibir órdenes sagradas y volver a Granada para ocupar una vacante de «racionero» en la Catedral, con la intención de dedicar su trabajo a la iglesia. La difícil relación con los restantes canónigos, y su retraso en cumplir las condiciones impuestas para su ordenación sacerdotal, provocaron una ruidosa ruptura con el Cabildo, que llegó a expulsarle de la Catedral. Vuelto a Madrid, la decidida protección de Felipe IV y su ordenación en Salamanca le devolvieron la prebenda, y desde 1660 hasta su muerte, en 1667, vivió en Granada dedicado a su actividad de pintor y de escultor, realizando obras de importancia al servicio de la Catedral.

Cano es un caso excepcional en el arte español. A pesar de su vida atormentada y de la violencia y arbitrariedad de su carácter, tal como lo describen sus biógrafos, su arte resulta, —especialmente en su madurez— de una serenidad, equilibrio y gracia verdaderamente clásicos. Su pintura se desenvuelve en una atmósfera clara y luminosa, lejos del tenebrismo que él mismo había cultivado en su juventud, y su escultura resulta de una delicadeza y gusto por la belleza y, en ocasiones, por lo frágil y lo gracioso, casi anunciador de ciertos componentes del Rococó, que transmite a sus sucesores en la Granada del siglo XVIII. Las obras principales de Cano, especialmente las de sus últimos años, tales como las de la Vida de la Virgen del Presbiterio de la Catedral de Granada (1652-1653), sus Vírgenes con el Niño o sus Inmaculadas Concepciones, muestran hasta qué punto el artista, a pesar de ser hombre de su tiempo y de conocer perfectamente las realizaciones expresivas y plásticas del Barroco contemporáneo, permanece fiel a un equilibrio mesurado de las formas y a unos ideales de belleza serena que parecen pertenecer más a un hombre de Renacimiento.

(A. E. P. S.)

Virgen de la Oliva
183 de altura. Madera policromada
Lebrija (Sevilla), Iglesia Parroquial de
Ntra. Sra. de la Oliva

Es ésta una de las obras juveniles de Cano que en cierto modo define con absoluta maestría lo que ha de ser su labor como escultor. De tamaño ligeramente mayor del natural, la Virgen se presenta majestuosa y erguida, con la cabeza cubierta por el manto que la envuelve cayendo hasta los pies, donde se recoge delicadamente, sugiriendo una silueta fusiforme —que ha de ser ya característica del maestro—, mientras sostiene al Niño Jesús desnudo, con gesto de presentarlo a la veneración de los fieles.

La bellísima imagen constituye el centro del retablo mayor de la iglesia, que fue contratado en 1629, por Miguel Cano, el padre del artista, que inmediatamente lo traspasó a su hijo.

Cano consigue con ello el primer gran encargo de su carrera, pues, sin duda, a él se debe también la traza arquitectónica, en cierto modo renovadora por el empleo de un orden arquitectónico colosal, rematado por un gran ático que alberga la imagen del Cristo, concebido todo en un tono de severa grandeza, nuevo en el panorama sevillano de su tiempo, donde aún se mantenía la idea de los retablos compartimentados en varios pisos sucesivos. Las pinturas de Pablo Legot que completan la obra del retablo no son piezas de verdadera importancia, pero las esculturas de Cano supusieron, tanto esta Virgen como las figuras de San Pedro y San Pablo que la acompañan en la parte superior, también una verdadera revelación.

El sereno equilibrio de la figura, la melancólica belleza de la Virgen, que mira a lo lejos con gesto ensoñador, y la delicada gracia del Niño, gordezuelo y sonriente, más bien parecen proceder de modelos del siglo XVI que de su más inmediato maestro Montañés, siempre de más grave y severo gusto. Frente al sentido barroco que Montañés va introduciendo, buscando efectos más dramáticos, empleando contornos quebrados y contrastes de zonas hundidas y salientes para buscar efectos de contraposición entre la luz y la sombra, Cano prefiere unificar los perfiles en una continuidad de líneas, fluyentes, con delicada naturalidad. Consigue así una silueta de serena elegancia, que lleva el

pensamiento hacia las obras de artistas como Herónimo Hernández, en cuya *Virgen de la O*, de 1575, en la parroquial de Ubrique, podría señalarse el más directo antecedente de esta hermosa invención de Cano. Incluso el detalle de cubrir la cabeza con el velo, a diferencia de las cabezas descubiertas de Montañés, que se complace en mostrar las cabelleras fluyentes en largas guedejas sobre los hombros, enlazan la Virgen de Cano con los prototipos de la tradición renaciente en la Baja Andalucía.

La policromía de la escultura, que al parecer fue realizada por Pablo Legot, debió sin embargo ceñirse muy directamente a las instrucciones y a las directrices de Cano, pues adquiere un refinamiento y riqueza que no tienen otras obras del pintor luxemburgués. Las carnaciones de la Virgen y el Niño son al óleo mate, de tono oscuro, y traducen muy bien la tersura y calidad de la piel. Las telas, con riquísima decoración, constituyen un soberbio ejemplo de la técnica elegida por Cano, sin duda la más compleja entre las empleadas en su tiempo. Buscando efectos de densidad y peso en las telas, que dibujan con sus pliegues el perfil solemne de la figura, Cano y Legot crean unos gruesos paños bordados, en los que se consigue el relieve aplicando una decoración de pasta de yeso encolado que se dora luego, recortando su efecto sobre un fondo de tono azul oscuro ligeramente punteado también de oro. La sensación de un rico y pesado brocado se consigue de modo admirable, y la caída de esa tela ayuda a obtener el sobrio y monumental efecto de silueta cerrada que la imagen ofrece.

No volverá Cano a crear otra imagen de tan grave y solemne grandeza. En lo sucesivo y sobre todo después de su estancia en Madrid, sus figuras se adelgazan, y sin perder un ápice de su elegancia melancólica se hacen más gráciles y delicadas, como muestra en pintura la *Inmaculada* que aquí se expone también y en escultura otras obras suyas bien conocidas, como la deliciosa *Inmaculada* del facistol de la Catedral de Granada, que tan amplia influencia hubo de ejercer luego en la escultura granadina hasta bien entrado el siglo XVIII.

(A. E. P. S.)

Inmaculada Concepción

202 × 130 cm

Granada, Colección particular

Ejemplo soberbio del arte de Cano en su momento de madurez, recién vuelto a Granada en 1653, tras su larga estancia en Madrid, esta *Inmaculada Concepción* muestra, en toda su plenitud, las más brillantes características del maestro.

Procede del convento franciscano granadino de San Antonio y San Diego, cuya escalera se citaba en el siglo XVIII como una de las obras más bellas de Cano visibles en la ciudad. Su prestigio debió ser muy grande, pues se conservan muchas copias fieles de la composición, que acreditan su popularidad.

Cano ha procurado ser fiel, en esta ocasión, al modelo iconográfico usual en la Sevilla de su juventud, tanto en escultura, a través de Martínez Montañés, como en pintura, gracias a Pacheco, Velázquez y Zurbarán. A diferencia de las *Inmaculadas* de Murillo, que ya en esas fechas comenzaba a desarrollar su personal interpretación, con la Virgen elevada a los cielos, portada por los ángeles y con la mirada alzada, Cano ha preferido una interpretación severa y silenciosa, con la Virgen recogida sobre sí misma, con las manos juntas en oración y la mirada baja.

Incluso en la elección del color de las ropas, Cano ha permanecido fiel a las interpretaciones más antiguas, con la túnica de carmín y manto azul, —que habían usado alguna vez Pacheco y el joven Velázquez— en vez de la túnica blanca y manto celeste que habían de popularizarse después, gracias sobre todo a Murillo y a los pintores de la escuela madrileña.

La silueta de la imagen, de perfil fusiforme aovado, es la característica de Cano, que emplea con frecuencia tanto en sus esculturas como en sus pinturas, aunque quizás sea en esta versión donde la muestra con más equilibrio y elegancia.

Resume Cano aquí todos los elementos que la iconografía tradicional asocia a la *Inmaculada*, tal como Francisco Pacheco exponía en su *Arte de la Pintura*, publicado póstumo en 1649, al identificar a la Inmaculada con la Mujer del Apocalipsis, tal como había ya hecho San Bernardo, frente a quienes veían en la Visión de San Juan más bien una expresión simbólica de la Iglesia.

Las palabras del Apocalipsis (12.1): «Y allí apareció una maravilla en el cielo: una mujer vestida con el sol y la luna a sus pies, y sobre su cabeza una corona de doce estrellas», proporcionan una imagen fácilmente objetivable.

Cano ha seguido a la letra el texto de San Juan, y ha tomado con exactitud la corona de estrellas, realzadas, además, por unos rayos luminosos, que irradian de la cabeza y que subrayan aún más la cualidad resplandeciente («vestida con el sol») de la Virgen. En la representación de la luna, que suele pintarse en su forma de creciente, Cano ha preferido hacerla en forma de globo transparente, siguiendo casi a la letra las palabras de Pacheco, que dice al respecto: «La luna, que aunque es un globo sólido, tomo licencia para hacello claro y transparente sobre los países; por lo alto más clara y visible la media luna con las puntas para abajo».

Los atributos de la letanía lauretana, que acompañan generalmente a la Inmaculada, están también distribuidos tal como Pacheco indica: «Los atributos de tierra se acomodan, acertadamente por el país, y los del cielo, si quieren, entre nubes. Adornase con serafines y con ángeles enteros que tienen algunos de los atributos».

Efectivamente, el pintor ha colocado en el paisaje de la parte inferior, la Torre (turris eburnea), el ciprés, la palma, el olivo, el «huerto cerrado» (hortus conclusus) y la nave sobre el mar, hábilmente fundidos con el espacio terrenal de delicada y amena belleza. Otros atributos los portan los angelitos con juguetona elegancia. Las azucenas, los lirios, las rosas y el espejo («speculum justiciae») se convierten así en elementos vivamente expresivos, desde el punto de vista plástico, y cargados de significado teológico. Sorprende, sin embargo, que en la túnica de la Virgen, que como hemos dicho es de color carmín, no siga Cano las indicaciones de Pacheco, que después de haber pintado a la *Inmaculada* de ese modo, aceptó luego la visión de Santa Beatriz de Silva que la vio «con túnica blanca y manto azul». Pudo seguramente más la memoria de lo visto en su juventud o quizá mejor la imposición del cliente, más apegado a la interpretación arcaica, que lo leído en las páginas de su antiguo maestro, que habían de convertirse en el repertorio más seguido por los pintores de la segunda mitad del siglo, en ése y en muchos otros temas iconográficos.

(A. E. P. S.)

Antonio de Pereda

Hijo de un modesto pintor de Valladolid, Pereda nació en esa ciudad en 1611 y huérfano muy niño pasó a Madrid, donde se formó con Pedro de las Cuevas, un pintor hoy desconocido, pero que tuvo en su tiempo prestigio extraordinario como maestro y educador de jóvenes artistas. La protección de Juan Bautista Crescenzi, noble italiano influyente en la Corte y uno de los introductores en Madrid del naturalismo caravaggiesco, le permitió completar su formación en la dirección de las novedades naturalísticas y en la devoción a la tradición veneciana. En 1635 participó en la decoración del Salón de Reinos del Palacio del Buen Retiro con un hermoso lienzo del *Socorro a Génova,* hoy en el Prado, pero la muerte de su protector truncó su posible carrera de pintor cortesano, volcándolo hacia la clientela religiosa, para la cual hubo de trabajar en los sucesivo con considerable éxito. En las décadas de 1640 y 1650, quizás el período más fecundo de su producción, realiza una serie de importantes lienzos de altar, una abundante cantidad de pinturas de devoción, de tamaño menor, sin duda para oratorios privados, y un conjunto notabilísimo de naturalezas muertas, de maravillosa calidad técnica y virtuosísima materia, que representan, en este género especial, el definitivo alejamiento de la sobria y severa ordenación de las composiciones de este carácter en etapas anteriores, dando entrada a una sensualidad ya plenamente barroca.

Especial significación tienen, en el conjunto de su obra, los lienzos de Vanitas, en los que su prodigiosa maestría en la reproducción de la calidad de las cosas inanimadas se pone al servicio de un espíritu, muy contrarreformístico y barroco, de meditación sobre la inanidad de los bienes del mundo.

En toda su obra, pero más especialmente en las naturalezas muertas y en las Vanitas, la observación del pormenor y la rigurosa preocupación por traducir con fidelidad las distintas texturas de las cosas señalan una fortísima tradición flamenca, que revela un estudio atento de la pintura de los Países Bajos, especialmente la del mundo de artistas del romanismo al modo de un Martin de Vos, a la vez que una familiaridad con la rica textura, suntuosa y sensual, de los venecianos. Parece evidente que hubo de conocer y admirar el arte de Ribera, del que toma los tipos de sus San Jerónimos y ciertos efectos de acentuación luminosa de signo tenebrista, atenuado siempre por su devoción veneciana.

La obra religiosa de Pereda muestra siempre un tono un tanto arcaico por su composición severa y rigurosa, que en los últimos años de su actividad intenta asimilar algo de la espectacularidad y dinamismo del barroquismo que avanza. Sin embargo, permanece ajeno por completo al movimiento rubeniano que algunos de sus contemporáneos se apresuran a asimilar.

Pereda, como algunos otros artistas españoles de su siglo, constituye una prueba evidente de cómo las exigencias de la clientela y una cierta timidez y falta de preparación intelectual —era analfabeto, si hemos de creer a sus biógrafos— limitan enormemente sus posibilidades.

La extraordinaria capacidad pictórica, que muestran sus obras juveniles, y sus condiciones para la pintura «de aparato» visible en las obras que realizó en sus primeros años al servicio de palacio, se malogran un tanto en la cansada repetición de prototipos piadosos reclamados por una clientela poco exigente.

Sólo en las obras de naturaleza muerta, que son sin duda la parte más original de su obra —y la que corresponde mejor a la sensibilidad moderna, por su altísima calidad de pura pintura— y en algunos lienzos devocionales de pocos elementos y tono más directo, en los que se impone su prodigioso sentido del natural, alcanza Pereda el altísimo nivel que sus excepcionales condiciones parecen reclamar. Murió en Madrid en 1678.

(A. E. P. S.)

Alegoría de la Vanidad del Mundo
140 × 174 cm
Viena, Kunsthistorisches Museum,
Gemäldegalerie

Es ésta, sin duda, la obra más significativa,
segura y en cierto modo arquetípica, de Pereda como pintor de *Vanitas*, pues el famo-
sísimo *Sueño del Caballero* de la Academia
de San Fernando, de análogo carácter aunque de técnica considerablemente distante,
presenta muchos problemas de atribución,
que ya han sido subrayados en muchas ocasiones, y hacen posible que haya de cam-
biarse su identificación y tomarse en consideración su atribución al pintor Francisco
de Palacios (h. 1622-1652) discípulo de Velázquez, escasamente conocido y del que se
conservan unos *Bodegones* en la Colección
Harrach de Viena, firmados en 1648, que
apoyan y justifican la identificación del famoso lienzo de la Academia con el *Desengaño del mundo* que se menciona en el testamento de Palacios, redactado en diciembre
de 1651.

El lienzo de Viena, que aquí se expone, coin-
cide por su técnica, modelo humano y carácter todo con obras de Pereda firmadas y
fechadas en 1636 y 1637 (*Inmaculadas* del Museo del Prado y de los Filipenses de Alcalá
de Henares) e incluso con aspectos bien visibles en su *Socorro a Génova* de 1635 del
Museo del Prado, y ha de considerarse de
fecha muy próxima, quizás anterior a 1635,
pues la directa alusión a la casa de Austria
—evidente en la presencia del retrato de Carlos V y por su antigua pertenencia en las
colecciones imperiales austriacas— obligaría
a situarlo antes de la muerte de su protector, Juan Bautista Crescenzi, fallecido en dicho año, ya que tras su muerte se le cerra-
ron las puertas de Palacio.

Es significativo también al respecto que Lázaro Díaz del Valle, a quien se deben unas
biografías de artistas que utilizó Palomino
y que se precia de ser amigo del propio Pereda, da a entender que un «Desengaño del
mundo», «con unas calaveras y otros despo-
jos de la muerte, que son todo a lo que puede
llegar el arte de la pintura», se pintó antes
que el *Socorro a Génova*, que está perfectamente documentado entre 1634-35.

El lienzo es una alegoría de la vanidad de
los bienes del mundo, insistiendo como es
obligado en la presencia del tiempo devora-

Antonio de Pereda, *El sueño de un caballero*
Real Academia de Bellas Artes de San Fernando, Madrid

dor, presente a través de dos relojes, uno, lujosísimo, de torre, seguramente alemán o flamenco, y otro de arena; y de la muerte triunfadora, perfectamente manifiesta gracias a los cráneos, que señorean la composición, colocados sobre los libros, testimonio del saber, y junto a las ricas armaduras y el lujoso mosquete, y presente también, de modo más sutil, a través del grueso cirio apagado, emblema tradicional de la vida, mientras está encendido, consumiéndose, y de la muerte, una vez apagado.

Los placeres y bienes del mundo sobre los que triunfa la muerte se expresan perfectamente con las joyas y el dinero que hablan de riquezas, los placeres sensibles a través del pomo de perfumes, y el amor, con los pequeños retratos de damas, que corresponden al tipo de retrato de faltriquera, de naipe, o amatorio, al que se refiere Palomino. Las alusiones al poder, a la nobleza y al dominio del mundo se hacen explícitas a través de las armas, ya recordadas, y de modo muy directo gracias al ángel o genio, de amplias alas, que sostiene en su mano izquierda el bellísimo camafeo con el rostro del emperador Carlos V, y señala con la derecha el globo terráqueo.

Hay en ello, seguramente, algunas complejas alusiones a la Casa de Austria, en probable paralelo con el mundo clásico romano. Así parece sugerirlo la presencia de una medalla del emperador Augusto, apoyada precisamente sobre el rico reloj astronómico. La composición se ordena en dos bloques. Uno, el de la derecha, está constituido por un rico bufete «vestido» de terciopelo, con gruesos galones de plata, sobre el cual se amontonan las glorias y riquezas que expresan el poder y la vanidad. El otro, por una mesa rústica de madera carcomida que soporta los cráneos, sobre los libros, las armas y armaduras abandonadas y el cirial apagado. Es, con evidencia, el reino de la muerte y la inanidad, subrayado además por la inscripción que puede leerse sobre ella, junto a la calavera, que en el centro y junto al reloj de arena dirige su admonitoria mirada vacía al espectador: «NIL OMNE» (Nihil omne: todo es nada).

El único elemento común a ambos planos son los naipes, que parecen caídos del primero al segundo, y que podrían expresar, según la propuesta de Julián Gállego, el paso permanente de la vida a la tumba. Es curioso —y quizá tenga explicación en el lenguaje emblemático de las cartas de juego— el que en la primera mesa solo haya espadas y en la segunda, bastos.

El lienzo está pintado con la técnica más precisa, directa y minuciosa que puede imaginarse. Los objetos metálicos especialmente brillan con una dureza portentosa, y las calidades y consistencia de las distintas materias se traducen con una perfección inspirada en los modos de la tradición flamenca. A la vez, las telas, en especial las del rico manto del ángel-genio, de quebrados pliegues y suntuoso colorido veneciano, se resuelven de modo idéntico a los de las citadas *Inmaculadas* de 1636 y 1637.

Este género de pintura, de tan evidente sentido admonitorio, adquiere un especialísimo significado en el contexto de la España del siglo XVII, que inicia su decadencia y ve tambalearse el deslumbrador imperio construido por el Emperador y su hijo Felipe II. La llamada a la reflexión moral y el desencanto, cuya única salida y sentido es la fe religiosa, de cuya pureza se hace España depositaria y garante, dan a la pintura de *Vanitas* española una especial presencia en el horizonte de este siglo.

Pereda es sin duda uno de sus más intensos cultivadores y aunque el *Sueño del Caballero* de la Academia haya de ser visto hoy como problemático, este lienzo de Viena y otra versión del mismo asunto, pintada bastantes años más tarde y conservada hoy en los Uffizi, basta para confirmar su maestría y la hondura de su pensamiento, seguramente al dictado de algún teólogo mentor que se inspiraría en lecturas piadosas y en grabados flamencos y holandeses que, como el *Finis coronat opus* de H. Hondius de 1626, manejaban el mismo repertorio de imágenes significativas.

(A. E. P. S.)

Bartolomé Esteban Murillo

Bautizado en Sevilla el 1 de enero de 1618 y muerto en la misma ciudad en 1682, Murillo es uno de los artistas españoles de más amplia y sostenida fama popular, aunque en nuestro siglo haya sufrido un cierto olvido en los círculos cultos e «intelectuales», ante la acusación de sentimentalismo excesivo lanzada contra él, a la vez que se supervaloreaba a Zurbarán, en el que se querían ver valores de «modernidad», advertibles sólo desde la perspectiva del siglo XX.

Murillo es, desde luego, el pintor de la delicadeza femenina e infantil, y encarna un tipo de devoción seguramente burguesa y sentimental, que se complace en lo amable y lo tierno, rehuyendo toda violencia incluso cuando quizá fuese necesaria, como en las escenas de la Pasión de Cristo o de martirio de santos, que apenas gustó de representar. Es, por excelencia, el intérprete de la Inmaculada y del Niño Jesús, pero es, además y sobre todo, un extraordinario pintor, dueño de una técnica prodigiosa y un excelente colorista.

La vulgarización excesiva de algunas de sus composiciones, a través de la litografía en color o de copias de calidad ínfima, ha hecho mucho daño a la imagen de este artista excepcional que sólo ahora, depurado su catálogo y estudiada su personalidad al margen de todo apasionamiento y atendiendo a sus solas cualidades pictóricas, ciertamente excepcionales, puede ser valorado en su justa medida.

En el siglo XVII, fue Murillo el artista español más conocido y estimado fuera de nuestras fronteras. La colonia de comerciantes y banqueros flamencos establecidos en Sevilla supo ver bien en él una sensibilidad muy de acuerdo con los gustos y emociones de la burguesía naciente, y buscó sus obras

sacándolas de la península muy pronto. Su prestigio a lo largo del siglo XVIII fue extraordinario y ejerció una considerable influencia en ciertos aspectos de la pintura inglesa, desde Gainborough o Reynolds hasta Romney. Todavía en el siglo XIX su famosa Inmaculada de los Venerables, hoy en el Prado, fue el lienzo más caro pagado nunca cuando el gobierno francés lo adquirió en 1852 para el Louvre, donde permaneció hasta 1940.

Huérfano muy niño, Murillo se educó con Juan del Castillo, un modesto pintor devocional, y debió estudiar con atención las obras de Zurbarán y de Ribera, visibles en Sevilla, pues sus primeras obras importantes muestran una clara resonancia del naturalismo tenebrista, aunque vaya introduciendo ya composiciones de más compleja estructura y sentido poco a poco más luminoso.

Su contacto con la citada colonia de mercaderes flamencos —y también genoveses— de Sevilla y algún viaje a la Corte, enriquecen extraordinariamente su horizonte, su técnica y sus recursos que, a partir de 1655, hacen culminar su estilo en composiciones abiertas y dinámicas con unas formas más ligeras, más vaporosas y pictóricas.

El viaje a Madrid le permitió también conocer a Velázquez, visitar las colecciones reales e incorporar a su obra numerosos elementos flamencos y venecianos, que van enriqueciendo su propia sensibilidad.

Hasta su muerte, en 1681, va evolucionando hacia una técnica cada vez más delicada y grácil, que se expresa con soberana perfección en sus últimas Inmaculadas —tema en el cual ha creado prototipos de extraordinaria repercusión— o en las deliciosas escenas de pilluelos (Munich, París, Dulwich College), sin duda las más vivaces imágenes de la vida callejera pintadas en España, llenas de gracia y picardía, aunque evidentemente rehúyan la expresión dramática del dolor o la miseria, al presentar el lado amable y —no por ello menos cierto— de la triste realidad de su tiempo, sin amargura alguna.

Como retratista —género que también cultivó con maestría—, su contenida elegancia evoca a Van Dyck y a ciertos modelos nórdicos, flamencos e incluso holandeses, bien conocidos en Sevilla. Y también, en ocasiones, cultivó la pintura de

paisaje, no sólo como fondo de composiciones religiosas, sino incluso en lienzos independientes.

Murillo es, sin duda —aparte Velázquez—, el más «moderno» de los pintores españoles de su siglo. Su técnica lleva a sus últimas consecuencias lo aprendido de Flandes y de Italia, especialmente de Génova. Pero su admirable y casi prodigiosa intuición de puro pintor le hizo ir más allá de lo aprendido y crear una téccnia de ligereza y vaporosidad singulares, sin perder nunca su personal tono de delicadeza e intimidad, sin paralelo en nuestro arte, y con un profundo poder de identificación con un sector muy significativo de la sociedad y la Iglesia de su tiempo, que había abandonado ya los rigores de la contrarreforma severa, y se abría a una interpretación más amable y «burguesa» del hecho religioso.

(A. E. P. S.)

La Sagrada Familia del pajarito

144 × 188 cm

Madrid, Museo del Prado, inv. 960

Es ésta una de las composiciones más populares de Murillo, sin duda por el delicado encanto doméstico que la composición transmite. La sensación de silenciosa paz, de apacible ternura, en la penumbra casera del taller del carpintero, invade una composición en que la utilización de la luz es todavía heredera del tenebrismo, aunque se suaviza un tanto, rehuyendo los contornos excesivamente duros.

Pintada probablemente hacia 1650, la composición pudo inspirarse en la famosa *Virgen del gato* de Federico Baroccio, conservada en la Galería Nacional de Londres. La composición del pintor italiano fue grabada por Cornelius Cort en 1577, y las estampas circularon ampliamente por toda Europa. Su presencia en España está asegurada por diversas copias, pero la composición de Murillo parece haberse inspirado más en el lienzo original que en la estampa, que, como es lógico, invierte la disposición. Una copia o versión del lienzo, con la inscripción *Federicus Baroccius Urbinis* se conservaba hace años en Écija (Sevilla) y no sería difícil imaginar que fuese la que el pintor vio y le sirvió de punto de partida para su lienzo.

Murillo se ha interesado especialmente por la relación niño-animalito. Como en la composición de Baroccio —artista de sensibilidad bien próxima a la del pintor sevillano—, un niño con un jilguero en la mano derecha atrae la atención de un animalillo que, en dos patas, alza la cabeza pendiente del pájaro, ante la sonrisa serena de quienes le contemplan.

En el lienzo de Baroccio el niño que sostiene el pájaro es San Juanito y el animal, un delicioso gato rubio, mientras que Murillo hace protagonista al Niño Jesús y convierte al gato en un perrillo menudo y juguetón. Algún otro elemento de la composición del pintor de Urbino pasa también al lienzo sevillano, especialmente el canasto de costura, que da pretexto para un excelente fragmento de naturaleza muerta.

La composición, escalonada y triangular en Baroccio, se hace mucho más serena en Murillo, que elige la disposición horizontal, pero el esquema diagonal que va del animal al rostro de San José que sostiene al Niño y contempla su juego sonriente se remite al modelo italiano. La Virgen, separada del grupo principal, se emplea ahora para cerrar la composición por la izquierda, entretenida en preparar el ovillo de lana mientras sonríe con serena complacencia.

Murillo ha encontrado en el maestro de Urbino y en su obra una especie de hermano espiritual. El sentido de la «gracia», la ternura, la expresión de los sentimientos y los «afectos», por encima de los rígidos contenidos dogmáticos de carácter teológico que habían preocupado más en otro tiempo, son componentes definitivos del arte de Baroccio como del de Murillo, casi con un siglo de distancia.

Pero la sensibilidad del artista italiano es siempre un tanto distanciadora: el escenario de su lienzo es una sala del Palacio de Urbino, perfectamente identificable, y la luz es clara, luminosa y vibrante reveladora del color. Murillo, todavía inmerso en la tradición del naturalismo riberesco, se interesa más por el escenario humilde del taller del carpintero, y presenta con toda su simplicidad el instrumental del taller o la rústica devanadera de donde la Virgen toma el hilo de lana. La luz es todavía la intensa y dirigida del tenebrismo, aunque dulcificada un tanto para lograr que los fondos no se sepulten en la sombra devoradora, sino que palpiten tenuemente en una acariciadora penumbra.

La obra fue sin duda adquirida por Isabel de Farnesio en Sevilla, en ocasión de la estancia de la Corte en la ciudad entre 1729 y 1734, y fue muy pronto popular y estimada. Juan Antonio Salvador Carmona (1740-1805) la grabó, y su hermano Manuel Salvador utilizó las figuras de *San José y el Niño*, aisladas en una estampa dedicada al santo, con ciertas variantes en el fondo.

También fue copiada con frecuencia, y en una colección particular madrileña se guarda una pequeña copia de delicada calidad atribuible a Maella o a José Camarón, que atestigua el interés que su carácter íntimo y delicado despertó en los artistas del siglo XVIII.

(A. E. P. S.)

43.

Gallegas en la ventana

123 × 101 cm

Washington, National Gallery of Art, Widener Collection, 1942.9.46

Expresa admirablemente este lienzo un aspecto de la producción de Murillo, quizá el más atractivo y por desgracia el más ausente en colecciones y museos españoles.

Junto a su extensa producción religiosa, Murillo realizó, especialmente en su madurez, un conjunto singular de obras de carácter popular que ofrecen un panorama vivísimo de la vida callejera sevillana de su tiempo, a través de un prisma amable y «gracioso» que, sin rehuir la expresión de la miseria y de la adversidad, presenta sus personajes, casi siempre niños o jóvenes, gozando con los elementales placeres que pueden brindarles unas frutas o unos dulces, quizá robados, el juego de los dados, los pequeños beneficios de la humilde venta ambulante, o los de una picardía engañosa, de la que puede ser víctima una anciana u otro niño menos avispado.

Los niños de Murillo, golfillos o pícaros de la Sevilla en crisis, no son sin embargo dramáticos o sombríos, como quizá los pudiese haber imaginado un «realista crítico» de nuestros días. Son seres amables, vitales, llenos de instintiva delicadeza y gracia, en los que la especial disposición del artista hacia lo amable y lo sereno se manifiesta abiertamente.

Este tipo de pintura, que responde ya a una sensibilidad burguesa, «moderna» y anunciadora de aspectos del siglo XVIII, hubo de interesar especialmente a una clientela de comerciantes, banqueros y hombres de negocios, especialmente flamencos y holandeses, que poblaban Sevilla, al calor del oro de América, y es bien significativo que fuesen esos lienzos los que antes salieron de España, vendiéndose algunos de ellos en Amberes y Amsterdam, en vida todavía de Murillo, siendo ellos, probablemente, los que más contribuyeron a acuñar el prestigio universal de Murillo a fines del siglo XVII y en todo el siglo XVIII.

Pocos años después de la muerte del artista, Palomino decía que «hoy día, fuera de España, se estima un cuadro de Murillo más que uno de Tiziano ni de Van Dyck».

Junto a las famosas representaciones de niños mendigos del Museo de Munich o de la Dulwich Gallery, son bien notables estas *Mujeres a la ventana* de Washington, llamadas a veces *Gallegas*, desde que el grabador del siglo XVIII († 1808) Joaquín Ballester lo grabó, en estampa que tituló *Las gallegas*. Cuando en 1828 se expuso en Londres, se llamó *La cortesana española*, y en 1864 se prefirió el de *Muchachas españolas a la ventana*. En cualquier caso, y si se recuerda que en el siglo XVIII la denominación de «gallega» parecía llevar ciertas connotaciones de facilidad amorosa (Angulo ha recordado al respecto un refrán: «Moza gallega, sin seguirla se entrega»), cabe pensar que Murillo ha querido representar aquí unas mozas fáciles —«mozas del partido», se decía en el XVII— que desde la ventana de la casa acechan al que pasa, con sonrisa provocativa y sensual. El gesto risueño de la que se acoda en el antepecho y la risa contenida de la que se cubre la cara con el pañuelo proyectan la atención del espectador hacia afuera, hacia lo que las mujeres contemplan con burla. Aunque se ha llamado en ocasiones *Celestina y su hija*, no parece que la edad de la mujer que ríe y su aspecto risueño encajen con la visión tradicional de Celestina, vieja, fea, brujesca, hipócritamente presentada como beata llena de rosarios y cruces.

Si la intención de Murillo ha sido la de representar el amor venal, lo ha hecho de modo bien distinto a la tradición, e incluso con un aspecto gozoso y divertido, que no deja de resultar sorprendente en un artista tenido siempre por específicamente devoto.

Quizá no haya que ver en él ninguna intención especial y moralizadora, sino simplemente el deseo de fijar una imagen grata y vivacísima, de la realidad circundante, avanzando una vez más en la dirección del amable realismo burgués que triunfará en el siglo siguiente.

Se ha subrayado repetidas veces cómo Goya, en su lienzo hoy en la colección March —que claramente representa a Celestina y una mujer en el balcón—, ha podido inspirarse en el cuadro de Murillo, que pertenecía en su tiempo al duque de Almodovar, consejero de la Academia de San Fernando, y que, como hemos dicho, había sido grabado por J. Ballester. Es curioso además el hecho de que exista al menos una copia —probablemente romántica— de la composición de Murillo, ampliada de tal modo que la muchacha no aparece apoyada en el alféizar de una ventana, sino sobre la balaustrada de un balcón, lo que acentúa aún más el parecido con la composición de Goya.

Si Goya lo vio, como parece lógico dadas las semejanzas y la accesibilidad de la composición en su tiempo, el parangón de ambos lienzos es sumamente expresivo para subrayar las diferencias de intención y de tratamiento.

Frente a lo que en Goya es clara evocación literaria, cargando el acento en la contraposición entre la carne joven, opulenta y sensual de la muchacha, y la turbiedad, sombría e hipócrita, de la vieja Celestina, vista a través de la tradición escrita, Murillo parece haberse limitado a pintar —con palabras de Angulo— «unos ojos enamorados y una sonrisa, no sé si levemente maliciosa, casi de levedad quinteriana».

(A. E. P. S.)

Francisco Salzillo

Francisco Salzillo Alcaraz nació en Murcia el 21 de mayo de 1707. Eran sus padres Nicolás Salzillo y Gallo, escultor de origen italiano, y su esposa, Isabel Alceraz Gómez, casados en 1699 en la parroquia de San Pedro y cristianos fervorosos. De su padre, nacido en Santa Maria de Capua, reino de Nápoles, imaginero establecido en Murcia, donde trabajó con éxito hasta su muerte en 1727, recibió Francisco las primeras lecciones del arte. No es cierta la afirmación de Ceán Bermúdez de que Francisco Salzillo (a quien llama Zarcillo) no tenía en Murcia «modelos que imitar ni maestros», ya que en la ciudad existía una gran escultura presalzillesca, propia del apogeo cultural señalado por Manuel Pérez Villamil (en sus conferencias de Murcia y Madrid en 1912): «La época de mayor esplendor y fecundidad de las artes murcianas empieza a fines del siglo XVII y se desarrolla en el XVIII, que es el siglo de oro de la cultura murciana, en el cual surgen de su suelo las grandes instituciones de enseñanza y beneficiencia, se restauran sus principales monumentos, se abren sus mejores vías de comunicación, se aumenta los regadíos de su huerta y se pueblan como antesalas del cielo sus templos grandiosos, con los ángeles y santos de Salzillo». Como escribe el profesor Gómez Piñol (Salzillo, Exposición Antológica, Murcia, 1973), «existió en Murcia una importante escultura presalzillesca... diversificada en cuanto al origen y carácter de sus artistas y obras más significativas»; y, además, «no debe olvidarse la existencia de ejemplares importantes procedentes del siglo XVI, entre los cuales habría que citar con preferencia las imágenes del gran escultor jesuita domingo Beltrán, cuya serie de creaciones para el colegio de San Esteban... constituía un repertorio de la más excelente escultura». Allí, precisamente, estudió Salzillo y allí se despertó una sincera vocación religiosa, que probablemente hubiera seguido, pues entró de novicio en el convento de los dominicos, donde residió al menos siete años (cf. José Sanchez Moreno: Vida y obra de F. S., Murcia, 1945 y 1983) de no fallecer su padre en 1727 y tener que tomar, a los veinte años, las riendas de la familia compuesta por su madre y seis hermanos.

Entre los escultores locales que precedieron a Francisco está en primer lugar su padre, napolitano afincado en Murcia desde 1695; el estrasburgués Nicolás de Bussy, que trabajó en Murcia enntre 1688 y 1704; el francés Antonio Dupar, llegado en torno a 1711; más los artesanos procedentes de Orihuela, especialmente ensambladores de retablos como J. Caro. A partir de 1737 aparece Jaime Bort, el genial autor de la fachada de la catedral, donde trabaja al frente de un importante equipo, hasta 1748, cuando ya Salzillo es famoso en Murcia. No olvidemos la influencia que el cardenal Belluga y, algo después, Floridablanca tuvieron en el desarrollo artístico de la capital.

Francisco continuó trabajando en el taller, ya reputado, de su padre en la calle de las Palmas. Ya en su noviciado había trabajado para los dominicos. Hacia 1728 se sitúa su primera escultura importante: el San Antonio de Padua para la iglesia de San Antolín, a la cual sigue una lista impresionante de imágenes para la Catedral (a las que se añadió el soberbio San Jerónimo de 1755 al cerrarse el monasterio de La Ñora y que muchos consideran su obra maestra), y para las parroquias e iglesias murcianas de San Antolín, San Bartolomé, Santa Catalina, Santa Eulalia, San Miguel (auténtico museo salcillesco), San Nicolás (con dos medallones en relieve en las fachadas), San Pedro, el Carmen, San Antón, las Agustinas (con el arrebatador Triunfo de San Agustín sobre el altar mayor), Capuchinas (con la preciosa pareja de San Francisco y Santa Clara), Madre de Dios, San Juan de Dios, convento de Verónicas (hoy desafectado), Santa Clara (con un delicioso San José y una encantadora Purísima), Santa Ana (con la majestuosa, pero muy de la región, imágen titular) Santo Domingo, La Merced, etc. La iglesia de Jesús está convertida en una exposición permanente de la Dolorosa, sendas imágenes de San Juan (aquí presente) y La Verónica, y los pasos de La Cena, Oración del Huerto (con el célebre Ángel), Prendimiento, Flagelación y La Caída, algunos combinando la talla entera y la imagen de vestir, que forman en la maravillosa procesión matinal de Viernes Santo. En el museo adjunto se pueden admirar figuras de Belén y varios modelos de barro.

Fuera de la capital, pero en su término municipal, se conservan obras de Salzillo en Aljezares, Baniajuán, la Raya, Nonduermas y Era Alta. En la región trabajó para Alcantarilla (imágenes destruidas), Alcaraz, Aledo, Alicante, Almería (Catedral, San Indalecio, destruido), Callosa de Segura, y en especial, Cartagena, la ciudad más rica en imagenes de Salzillo después de su ciudad natal: iglesias de Santa María de Arriba (hoy Catedral), con las dinámicas tallas de los cuatro Patronos; de San Miguel, de Santa María de Gracia (todas destruidas), y del Sagrado Corazón (antes San Diego). Hay asimismo tallas salzillescas en Cieza, Chinchilla, Dolores, Fortuna, Jumilla, Lorca (riquísima en imágenes de Salzillo antes de la guerra civil), Moratalla, Mula, Orihuela, Ricote, San Pedro del Pinatar y la celebre Virgen de las Angustias de Yecla. Esta lista, no exhaustiva, da idea de la intensa actividad de Salzillo y su taller en la región. Evidentemente, también trabajaron para oratorios y casas particulares, y su estilo, muy difundido e imitado, multiplica las atribuciones, más o menos ajustadas.

Ese estilo sabe unir, con pasmosa gracia, el encanto napolitano que heredó de su padre y el naturalismo propio de la escultura española (y en especial, andaluza) de los siglos XVII y XVIII. En una piedad popular, que cabría comparar con la de Murillo, accesible instantáneamente a los devotos, Salzillo, católico fervoroso, alcanza una de las cumbres de la escultura española del siglo XVIII. Excelente en sus contados trabajos en piedra, es, ante todo un genial tallista, con sus figuras tan movidas y expresivas, ricamente policromadas. Para lograr sus efectos no vacila en mezclar imágenes de vestir y otras de talla en su célebres pasos, y de emplear lienzos encolados, en vez de madera, para las vestiduras de algunos de sus santos o grupos.

Francisco Salzillo, *San Jerónimo*
Museo de la Catedral, Murcia

Pero lo que cuenta para él y su público es el resultado y la adecuación para la visión procesional (a la que aún dan más aire los accesorios que sus camareros añaden, árboles, ramas, flores, alimentos, vajillas, etc.) o para la veneración en el camarín de un altar mayor.

Varios años siguió habitando Francisco la casa paterna, hasta que pasó, con su mujer e hijos, a otra que adquirió en la calle de Vinadel (hoy desaparecida). Tras un niño que murió a los pocos meses, el matrimonio logró una hija, María Fulgencia, nacida en 1753. No tuvo, pues, taller familiar que dirigir. Su esposa falleció en 1763, lo que le produjo gran aflicción. La tradición popular la propone como modelo de algunas Vírgenes salzillescas, en especial la Dolorosa de vestir de la iglesia de Jesús; para lograr su expresión dolorida se sigue afirmando en la región que dio un disgusto ficticio a su mujer, para verla llorar y alzar los ojos al cielo.

Desde 1756 fue nombrado escultor del Concejo. El conde de Floridablanca, murciano ilustre y ministro de Carlos III, intentó llevárselo a la Corte, lo que no consiguió. Francisco estaba radicado en Murcia, en sus costumbres y devociones (era católico y muy practicante) y en la dirección de su taller, en el que sólo quedó de la familia su hermano Patricio, y para el que contrató a numerosos oficiales y aprendices, destacando entre los primeros los hermanos José y Roque López, que en ocasiones se alzan a su altura. Aunque artista oficial y trabajador incansable, Salzillo no amasó una fortuna personal; vivía acomodadamente, pero sin alardes de opulencia. De modo que, tanto el inventario de sus bienes como las disposiciones hereditarias, sólo arrojan unas pocas casas y campos y una breve suma de dinero, en buena parte destinada a limosnas y misas.

Murió el 2 de marzo de 1783 y fue enterrado, según sus deseos, en el convento de Capuchinas, en cuyo crucero estaba la tumba, que, profanada en 1936 como todo el monasterio, perdió sus restos.

(J. G.)

San Juan Evangelista

Madera tallada y policromada, 178 cm de altura

Real Cofradía de N.º P. Jesús Nazareno, Museo Salzillo

Se trata de una de las mejores creaciones de Salzillo y una de las que dan mayor altura estética a la procesión de la mañana del Viernes Santo que organiza anualmente la Cofradía de Nuestro Padre Jesús. Como *La Verónica* de la misma cofradía, es talla entera, sin aditamento de vestidos, cabellos ni ojos, aunque la gubia del artista le da a su postura y traje una admirable movilidad. De aventajada altura, aumentada por su exhibición callejera en su peana, parece caminar majestuosamente por las calles de Murcia, recogiéndose con la mano derecha su espléndido manto rojo y dorado, mientras extiende la izquierda en un ademán de explicación y como de preparación hacia las imágenes que la siguen, la *Dolorosa* y *Nuestro Padre Jesús*, ambas de vestir. La pierna izquierda se adelanta en un paso decidido y firme subrayado por el pie, de buen tamaño y nada idealizado, de pescador o de labriego, que se asienta fuertemente en el suelo, mientras la pierna y el pie izquierdos, descubiertos al alzar, con el manto, su túnica azul, también dorada, inician el movimiento de andar, levantando ligeramente el talón. La cabeza, juvenil pero enérgica, erguida sobre un cuello alto y musculoso, está orientada en el mismo sentido que la mano izquierda (derecha del espectador), comunicando su concentrada expresión de gravedad dolorosa, exenta de aspavientos y gesticulaciones, hacia los espectadores de ese lado, reservando a los del opuesto el «contraposto» de la pantorrilla desnuda y la abullonada caída de las telas de túnica y manto, que arrastra ligeramente, dando mayor firmeza a la escultura. También el pelo, largo y levemente rizado hasta caer sobre el hombro, equilibra el contraposto indicado. Salzillo ha sabido combinar el movimiento de la obra y su solidez estática: va, exactamente, al «paso de procesión» conveniente para su dignidad y la de las imágenes que la siguen, y representa un majestuoso contrapunto al dinamismo de los pasos o escenas que la acompañan. La policromía es muy viva en las telas, roja y azul, tachonadas de oro, y delicada sin excesos en cabeza, manos y pierna. Este após-

tol pudiera ser, en su gallarda apostura, un huertano del país.

Como ha señalado con acierto el catálogo de la exposición del segundo centenario de la muerte del escultor (Murcia, mayo-junio 1973, bajo la dirección del profesor Gómez Piñol), «compositivamente destaca sobre todo el valor de captación de ''un instante'', conseguida por medio de la disposición de brazos y piernas contrapuestos en un movimiento abierto y sutil lleno de ingravidez». El citado comentario concluye que «el *San Juan* alcanza plenamente los objetivos y ambiciones propios del barroco, si bien ha de ser incluido en las corrientes francesas no sólo por los supuestos estéticos que denota, sino también por su concepción casi cortesana, muy opuesta al misticismo y talante religioso inherente a los restantes pasos de Salzillo». Estas afirmaciones han de compaginarse con lo que observa José Sánchez Moreno en su *Vida y obra de F. S.* (págs. 60-61 de la edición de 1983); recordando la hipótesis de Espín Real de que Salzillo recibiera lecciones del marsellés Dupar, considera Sánchez que «bien pudo conocer y tratar a Dupar, pero en modo alguno recibiría de él lecciones, aunque en algún caso se detuviera a estudiar la manera característica del francés, del cual acaso asimilara enseñanzas de orden exclusivamente técnico... Estimo que, en rigor, más que antecedentes puede hablarse de coincidencia accidental con el modo de ciertos franceses». Añadiremos, por nuestra parte, que Dupar, marsellés como Pierre Puget (1622-1694) cuyo *Milón de Crotona* desentonaba en Versalles, está muy cerca del barroco italiano, especialmente de Bernini, con cuya pasmosa gracia para transmitir en un movimiento envolvente las cuatro «fachadas» tradicionales de una escultura admiramos en el *San Juan* de Salzillo, ideal en su tranquilo dinamismo para el movimiento procesional. Pero, al mismo tiempo, su andar es el del *Apolo del Belvedere* tan elogiado por Winckelmann.

Acaso lo que puede parecer, a simple vista, más francés de esta figura sea la polícroma elegancia de sus vestidos, dignos de la corte de Luis XIV o Luis XV en esa brillante riqueza; pero, paradójicamente, el clasicismo inherente a la escultura o la corte de Francia imponía (incluso a Puget, tan barroco) la blancura del mármol, reservando el color a la pintura y a las artes aplicadas.

Es curioso que una primitiva versión de la

imagen del discípulo amado en el retablo mayor del Convento de Santa Ana, en Murcia, ofrezca más viva policromía que las restantes tallas del mismo, incluida la santa titular en su labor de educadora de la Virgen. Gómez Piñol observa (cf. Catálogo, 40) que en la fisonomía del apóstol «subyace el tipo que años más tarde alcanzará su más acabada plasmación en el San Juan de la Cofradía de Nuestro Padre Jesús». El retablo de Santa Ana puede fecharse en los años cuarenta del siglo XVIII. El *San Juan* del Jesús es de 1756, misma fecha que la *Dolorosa* de vestir y los cuatro exquisitos angelotes que la rodean. *La Verónica* es del año anterior. Por el *San Juan* se pagaron 1.900 reales, precio superior a la *Verónica* (1.600) y muy superior a la cabeza y manos de la *Dolorosa* (675) y los angelitos pasionarios (1310) según consta en los libros de cuentas.

Todos los autores que se han ocupado de escultura murciana (Ceán Bermúdez, Baquero, Torres Fontes, Sánchez Moreno, Pardo Canalís, López García, F. Ponte, García Alix, etc.) han destacado entre sus obras esta figura de San Juan, obra señera de la talla polícroma española.

En el Museo Salzillo, contiguo a la iglesia de Jesús, hay varios bocetos en barro, entre ellos uno de *San Juan Evangelista*, aunque no parece relacionarse con la talla vecina. En la Capilla del Calvario, de Lorca, hay una *Dolorosa* y un *San Juan* de la Hermandad de la Misericordia, hechos en 1778, de incierta atribución al escultor.

(J. G.)

Luis Paret y Alcázar

Luis Paret y Alcázar nació en Madrid el 11 de febrero de 1746 y fue bautizado en la iglesia de San Martín, donde se le impusieron los nombres de Luis, Pablo y Saturnino. Eran sus padres Paul Paret, de origen francés, nacido en Theys, en el Delfinado, no lejos de Grenoble, y María del Pilar Alcázar, madrileña, con la que se había casado el año anterior, pocos meses después de llegar de su país. Al nacer este hijo, Paul adquirió la nacionalidad española. Descendía de una familia de herreros de buena posición, pero, al ser el séptimo de los hijos de Jean-Baptiste Paret, acaso la fragua no le diera grandes esperanzas de prosperidad y emigró a España, quizá en el séquito del marqués de la Ensenada, a la sazón ministro de Felipe V, o animado por la familia de Louis Michel van Loo, que trabajaba en la corte de Madrid desde 1737. Ese mismo año de 1746 subía al trono de San Fernando el hijo de Felipe V, con el nombre de Fernando VI, aficionado a las artes y fundador de la Real Academia de San Fernando. Y nacieron Francisco de Goya y Ramón Bayeu, que habían de competir con Luis en el cultivo de la pintura, siendo la fama del primero la causa del inmerecido papel secundario que suelen otorgar a Paret los historiadores del arte. Fundada la Academia en 1752 y siendo Van Loo su primer director de Pintura, no es de extrañar que Paret, cuya vocación artística se había ya manifestado suficientemente, fuese admitido como alumno en 1757, siendo su primer profesor el fraile trinitario Bartolomé de San Antonio y su maestro en la Academia el importante pintor Antonio González Velázquez. En 1760 concurre a un premio de Segunda Clase con un dibujo que representa al Rey Bermudo de León cediendo su corona a su sobrino, Alfonso el Casto, y otro con la Aparición de San Isidoro a San Fernando, consiguiendo medalla de plata. También quedó en segundo lugar en el concurso de tres años después, esta vez en la categoría de Primera Clase, aunque mereció el voto favorable de Antón Rafael Mengs. Pero el infante don Luis de Borbón, hijo de Felipe V y de Isabel de Farnesio, su segunda esposa, y hermanastro del rey, se interesó por su trabajo y le otorgó una beca para que perfeccionase sus estudios en Roma, donde permaneció dos años y medio, practicando la pintura y la lengua griega, en la que firmó sus cuadros en varias ocasiones. Allí pudo conocer a maestros españoles (como Preciado de la Vega) italianos (como Panini y Batoni) y franceses que trabajan en Roma (como Hubert Robert, Durameau o Natoire).

De regreso en Madrid en junio de 1766, gana en la Academia por unanimidad el primer premio de la Segunda Clase, representando la Visita de Aníbal al templo gaditano de Hércules y Daniel en la cueva de los leones, lo que le valió la medalla de oro. El principal biógrafo de Paret, Osiris Delgado (1957), piensa que no aspiraría al concurso de Primera Clase por consejo del profesor francés Charles F. de la Traverse, que también influyó en su formación. Ese mismo año pinta el precioso cuadrito Baile en Máscara (Prado), que firma en latín, lengua que también conocía (además del francés y el italiano, lo que le dotaba de un plurilingüismo raro en los artistas españoles), y donde revela su delicada maestría rococó, con un garbo que puede recordar a Joseph Flipart, a su vez influido por Pietro Longhi, y que mereció ser grabado por Juan Antonio Salvador Carmona. Para Janine Baticle (en un artículo de 1966) pudo tratar al francés Augustín Duclos, joyero del rey de España y hasta viajar a París, donde conocería a Gabriel de Saint Aubin. En todo caso, tanto en sus cuadros y dibujos como en trabajos posteriores, Paret se manifiesta buen conocedor de la orfebrería y arquitectura ornamental.

En 1770 representó en un gran lienzo una fiesta hípica celebrada en Aranjuez y titulada Las parejas reales (Prado), en la que intervinieron el príncipe de Asturias (más tarde, Carlos IV), el infante don Luis Antonio (para quien pintaría, a la acuarela,

en 1774 una Cebra copiada del natural (Prado) y el infante don Gabriel, el más culto y refinado de los hijos de Carlos III, que encargó a Paret una réplica de ese cuadro, hoy en colección británica. El pintor seguía recibiendo la protección del infante don Luis, a quien su hermano Carlos III, sucesor de Fernando VI a la muerte de éste en 1759, destinaba a ceñir la mitra de Toledo y ser cardenal primado de España. A ello no se doblegaba don Luis, que prefería los placeres del siglo, en cuyas intrigas mezcló a su pintor Paret. Éste fue desterrado de España como «cómplice de sus amoríos» por una Real Orden del virtuoso monarca y llegó a Puerto Rico a fines de 1775, permaneciendo en América hasta 1778, en que se le conmutó la pena por la de extrañamiento a cuarenta leguas de la Corte. Paret se instaló en Bilbao, donde casó con Nieves-Micaela Foudinier. El infante, por su parte, contrajo matrimonio en 1776 con una dama zaragozana, María-Teresa Vallabriga (de cuya unión nacieron un hijo, que ése sí que sería cardenal de Toledo, y dos hijas, la mayor de las cuales sería condesa de Chinchón, famosa por ser la esposa de don Manuel Godoy, príncipe de la Paz, y modelo de uno de los mejores retratos femeninos de Goya) y se retiró de la Corte a su palacio de Arenas de San Pedro, donde murió en 1785. Paret solicita entonces el levantamiento de su destierro, lo que le fue concedido, regresando a Madrid, donde a la muerte de Carlos III, a fines de 1788, pasará al servicio de Carlos IV, aunque no dejará del todo sus trabajos vizcaínos.

Tales avatares permitieron a Paret pintar temas de Puerto Rico (entre ellos su precioso retratito vestido de «jíbaro», Museo de Arte e Historia de San Juan, 1776) y del País Vasco, en particular unas vistas de los puertos del Norte, encargadas por el rey en julio de 1786, que cuentan entre los más bellos paisajes de la pintura española. También ejecutó pinturas religiosas al temple para la bóveda de la capilla de San Juan del Ramo, en la parroquia de la Asunción de Viana, Navarra (1785), así como lienzos de altar, trazas de retablos, orfebrería y una preciosa colección de fuentes públicas, de gran elegancia, para la ciudad de Pamplona. Nombrado vicesecretario de la Academia de San Fernando en 1792, Paret falleció en Madrid el 14 de febrero de 1799. Entre sus

Luis Paret, *Carlos III comiendo ante su corte*
Museo del Prado, Madrid

obras destacan el delicioso retrato de su mujer (Prado), la Tienda *(Museo Lázaro), lejano eco de la* Enseigne de Gersaint *de Watteau, que conocería por estampa, el* Ensayo de una comedia *(Prado),* La comida de Carlos III, *la* Jura de Fernando VII como príncipe de Asturias *(Prado), el* Paseo del Prado, *frente al* Jardín Botánico *(col. part. Vizcaya), su lánguido* Autorretrato en el taller *(col. part.* id*), el no menos elegante* Retrato de un marino *(col. part.* id*), la misteriosa y como cristalina* Circunspección de Diógenes *(Academia de San Fernando, Madrid), algunos lienzos de altar para iglesias y oratorios vizcaínos y navarros, delicadísimos de ejecución con sus tonos aporcelanados, pero de escaso fervor religioso, como los dos cuadros* Aparición del arcángel a Zacarías *(1786) y* La Visitación *(1787) de la citada iglesia parroquial de Viana, algunos pasteles (como el* Retrato de Leandro Fernández de Moratín*), algunos cuadritos de capricho como* La hechicera y los enamorados *(Acuarela 1784 col. part. Barcelona) o* La carta *(óleo sobre tabla, c. 1772, col. Varez Fisa, Madrid), varios floreros y las acuarelas sobre cartulina del* Álbum de pájaros *pintado por encargo del infante don Luis. Especial interés poseen sus cuadros de* Vistas de puertos oceánicos *o los paisajes del* Arenal de Bilbao *(National Galery, Londres y col. part. Barcelona). Es Paret el más delicadamente francés de los pintores españoles y, en su época, tan sólo Goya lo supera.*

(J. G.)

Vista del puerto de Pasajes
Óleo sobre lienzo 82 × 120 cm
1786
Madrid, Patrimonio Nacional, Palacio de la Zarzuela

Adherido al bastidor hay un papel, con una nota: «Guipuzcoa. Vista del Puerto de Pasages tomada por el frente a la embocadura y desde la parte interior del mismo Puerto, en ocasión de marea baja». Es posible que la indicación sea del mismo pintor.

A raíz de la muerte del infante don Luis, que motivó el perdón real para Luis Paret, «cómplice de sus amoríos», en 1785, Carlos III ordenó al pintor, en fecha de 4 de julio de 1786, que «pasando a los puertos del Océano pintase las vistas de ellos», lo que fue ejecutando hasta 1792, «en que, hallándose en esta Corte, se dignó S. M. conferirle la Vice-Secretaría de la Academia» de San Fernando, como se lee en la necrología escrita a la muerte del artista por la propia Academia de Bellas Artes. Este encargo entraba dentro de la política, a la vez cultural y utilitaria, de la Ilustración y viene a ser una derivación artística de los mapas, planos y láminas de fortificaciones y flora, tan numerosos en la época.

Supone Jose Manuel Arnáiz (cf. *Pintores de la Ilustración*, Madrid, 1988, pág. 250) que estas vistas debieron de ser más de quince, a razón de las dos estipuladas por año, más otras dos fechadas en 1783 y 1784, más la dedicada a Josef Patras en 1785, que representa la *Torre de Luchana*, que, al ser algo mas pequeña que las destinadas al rey para decorar la Casita del Príncipe de El Escorial, permite sospechar que Paret hiciera otras versiones para coleccionistas particulares. J. Baticle subraya las líneas del horizonte más bajas que en los paisajes o marinas de J. Vernet, como en el caso que aquí nos interesa, en donde un cielo con ligeras nubes, a la holandesa, ocupa bastante más de la mitad del cuadro. Efectivamente, cabe considerar este encargo español como consecuencia de los *Ports de France* de Joseph Vernet, a quien el príncipe de Asturias (Carlos IV) había encargado seis marinas de horizonte más alto. A partir de 1783, es decir, antes de la fecha de la orden real, Paret se había puesto a pintar vistas del Arenal de Bilbao, más las de Bermeo, Luchana y acaso otras. A vista de tan primorosos paisajes, el rey debió de ordenar la ejecución de dos por año, a razón de 15.000 reales por pareja.

Paret comenzó la serie con *La bahía de la Concha, El puerto de Pasajes* y *Vistas de Fuenterrabía*. Es característica de estos cuadros el estar animados, como las marinas holandesas o italianas, por numerosos personajes de pequeño tamaño, que les prestan una gran vitalidad y pintoresquismo. Acaso en ello Paret siguió el ejemplo de los paisajes de Michel-Ange Houasse (París, 1680 - Arpajon, 1730), pintor de Felipe V y autor de vistas de los Sitios Reales y de animadas escenas campestres, aunque de figuras, proporcionalmente, mayores que las de Paret y menos variadas, ya que en cuadros como *El astillero de Olaveaga*, la *Concha de San Sebastián* o *Puerto de Pasajes* se mezclan personajes de diversas clases sociales.

En este aspecto, *El Puerto de Pasajes*, con la dama elegante que parece aprestarse a desembarcar hacia el primer plano es, casi, un Watteau. Muy hábilmente, el pintor descentra, hacia la derecha del espectador, la vía de agua que sale hacia el océano, entre los dos montes peñascosos que sirven de defensa a este puerto natural y en cuyas faldas se ven los caseríos de los dos barrios de esta villa guipuzcoana, Pasajes de San Pedro y Pasajes de San Juan. Queda así un horizonte, aunque más bajo que en Vernet (cf. con la *Vista de Sorrento*, también llamado *La góndola italiana*, que posiblemente Luis XVI regaló al príncipe de Asturias, Prado), muy pintoresco y movido. Ante el promontorio más centrado, con un torreón en defensa de la bocana, se recortan navíos de varios portes, de los que parecen proceder las barcas más pequeñas que transportan a los paseantes o viajeros, y cuyos vivos colores destacan sobre el azul límpido del agua.

El transparente firmamento, de luminosidad digna de un Van Goyen, se enrojece hacia la izquierda, por donde debe de ponerse el sol, cuyo reflejo ilumina la iglesia de San Pedro, al pie del monte opuesto. Pasajes de San Juan queda más en la sombra, pero una oportuna humareda y un rayo de sol hacen destacar el citado torreón fortificado. Las velas de los barcos brillan a la luz crepuscular, y de todo el conjunto se desprende una deliciosa sensación de calma, no turbada por el alegre movimiento de los personajillos, actores en este magnífico decorado. El cuadro lleva la firma L. PARET en la esquina inferior derecha.

(J. G.)

Francisco de Goya

Francisco José de Goya y Lucientes nació en Fuendetodos, aldea cercana a Zaragoza, capital de Reino de Aragón, el 30 de marzo de 1746. Eran sus padres el dorador José Goya y su mujer, Gracia Lucientes, vecinos de Zaragoza, que incidentalmente residían en Fuendetodos, donde Gracia tenía parientes y Francisco pasó su primera infancia; a los pocos años regresaron a Zaragoza, donde el niño aprendió las primeras letras en las Escuelas Pías, a cuyos padres estimó toda su vida; allí tuvo de condiscípulo a Martín Zapater, con quien había de mantener desde Madrid una nutrida correspondencia, entre 1775 y 1779, que nos ha informado sobre el carácter y modo de vivir del pintor. También asistió a la escuela de dibujo fundada por el escultor Juan Ramírez y al taller del pintor José Luzán y Martínez, donde se dedicó a copiar estampas de maestros famosos italianos y aprendió los rudimentos de su arte.

En 1763 realizó su primer viaje a Madrid, para optar a una beca en un concurso de la Real Academia de Bellas Artes de San Fernando, sin éxito; volvió a presentarse al concurso de 1766 con el mismo resultado negativo. Visto lo cual, decide ir a Italia, donde reside entre 1770-71, principalmente en Roma. Consigue una mención honorífica en un concurso convocado por la Academia de Parma, al que se presenta como alumno de su paisano Francisco Bayeu. Este relativo éxito le facilita en Zaragoza los encargos del Cabildo del Pilar, para pintar un fresco en el Coreto de la basílica, y del marqués de Sobradiel, de unos óleos para su oratorio particular, así como decoraciones en las pechinas de las cúpulas de varias iglesias de la región. En 1773 se casa con Josefa Bayeu, hermana de los pintores Francisco, Ramón y Manuel. En 1774 se le encargan

Francisco Goya, *Autorretrato*, 1785
Colección del Conde de Villagonzalo, Madrid

las pinturas murales, al óleo, sobre la Vida de la Virgen, para la Cartuja de Aula Dei, en las afueras de Zaragoza, su obra más extensa, en la que se aprecian ecos de lo visto en Italia. Ese mismo año se instala con su esposa en Madrid, donde, gracias, a la influencia de su cuñado Francisco, comienza a trabajar, como cartonista, en la Real Manufactura de Tapices de Santa Bárbara, hasta 1792.

En 1778 realiza sus primeros grabados al aguafuerte y dos años más tarde ingresa como académico en la de San Fernando, que lo había rechazado como estudiante cinco lustros antes. En 1781 el Cabido del Pilar de Zaragoza le encarga la decoración de una cúpula dedicada a la Regina Martyrum y las cuatro pechinas de virtudes que la sostienen, dentro de un proyecto general dirigido por Francisco Bayeu; ello provocará ciertas desavenencias entre ambos cuñados, al oponer reticencias el Cabido a la admisión de las pinturas de Goya. El éxito conseguido sobre Bayeu y los restantes pintores famosos de la Corte con el lienzo de altar para la nueva iglesia de San Francisco el Grande, de Madrid, con el tema de San Bernardino de Siena, predicando, entre cuyos devotos se autorretrata orgullosamente, consuela a Goya de las decepciones zaragozanas e inicia una brillante carrera que culmina en su nombramiento de pintor del rey Carlos III en 1786, y a la muerte del monarca, pintor de cámara de Carlos IV en 1789. De él, de su esposa, la reina María Luisa y de sus familiares hace numerosos retratos. En 1784 ha nacido su hijo Francisco Xavier, único sobreviviente de los varios que tuvo (y que algunos elevan a veinte, aunque no pasarían de cinco).

En el transcurso de un viaje a Andalucía, Goya cayó gravemente enfermo en 1792 y pasó la convalecencia en casa de su amigo, el coleccionista Sebastián Martínez, en Cádiz. De resultas, quedará totalmente sordo, lo que interioriza su pintura, sin detenerla. Muere F. Bayeu en 1795. Goya es nombrado teniente-director de la Academia, y en 1799, primer pintor de Cámara. Entre 1769-97 vuelve a Andalucía, acompañado a la duquesa de Alba, que acaba de quedar viuda, y gozando de la intimidad de su finca en Sanlúcar, de la que trae dibujos de tema libre, que inician su carrera de dibujante genial. Realiza pinturas

en el oratorio de la Santa Cueva de Cádiz, que lo preparan para su obra maestra en decoración religiosa, los frescos de la ermita de San Antonio de la Florida, en Madrid, en 1798. Al año siguiente publica su serie de aguafuertes Los Caprichos *y en 1800 pinta su gran lienzo* La familia de Carlos IV, *cúspide de su carrera aúlica.*

En 1802 fallece su amiga la duquesa de Alba, que tanto le animó en su enfermedad. En 1805 su hijo Xavier contrae matrimonio con Gumersinda Goicoechea; a esta boda, que tendrá como fruto, en 1806, Marianito Goya y Goicoechea, único nieto del pintor, asiste una pariente de la novia, Leocadia Zorrilla, quien, a la muerte de Josefa Bayeu en 1812, será el ama de llaves y compañía de Goya hasta su muerte en Burdeos, durante diez y seis años.

Tras la abdicación de Carlos IV sube al trono su hijo Fernando VII, quien ha de abandonarlo a favor de José Bonaparte, apoyado por las tropas napoleónicas que han invadido España y contra las cuales comienza, en Madrid, el 2 de mayo de 1808, la Guerra de la Independencia. A partir de 1810, Goya comienza a grabar los Desastres de la Guerra, *que nunca publicará. Al regreso de Fernando, tras la retirada de los franceses, Goya pinta* El Dos de Mayo *y* Los Fusilamientos, *en 1814, seis años después de estos sucesos. Pinta asimismo numerosos retratos del rey, en los que no se oculta su mutua antipatía. Sin embargo, graba y publica la serie de grabados* La Tauromaquia, *tema del agrado del soberano absolutista, cuya corte resulta al pintor insoportable, por lo que se aloja en una casa de campo, la Quinta llamada del Sordo, que adquiere en 1819, y donde sufre una grave enfermedad, de la que le salva el doctor Arrieta. En esa casa pinta, para los Escolapios, la obra maestra de la pintura religiosa del siglo XIX,* La última comunión de San José de Calasanz, *y decora los muros de dos salas con terribles murales al óleo, llenos de pesimismo alucinatorio, por lo que se suelen conocer como «las pinturas negras», paradójicamente realizadas durante el trienio liberal (1820-23) provocado por el levantamiento de Riego, que impone la Constitución de Cádiz, que Goya jura en la Academia. En ese período, el artista realiza sus primeras litografías y una nueva serie de grabados, llamada* Los Proverbios *o* Los Disparates. *Repuesto*

Fernando VII como rey absoluto por acuerdo del Congreso de Viena y la expedición francesa de la «Cien Mil Hijos de San Luis», que terminara con las cortes liberales de Cádiz en la batalla del Trocadero, Goya, tras esconderse a comienzos de 1824 en casa de su amigo aragonés, el padre Duaso, aprovecha la amnistía dada con motivo del 16° aniversario del Dos de Mayo y se presenta al rey, solicitando su permiso para viajar a Francia, para restaurar en un balneario su quebrantada salud. Concedida la licencia, el pintor de cámara emprende incontinenti el pesado viaje que lo lleva, tras una breve estancia en París, a Burdeos, adonde le ha precedido doña Leocadia Zorrilla, y residen varios españoles amigos.

Repuesto de una enfermedad, Goya emprende sus geniales miniaturas sobre marfil, «más cerca de Velázquez que de Mengs», educa en el arte de la pintura a Rosarito, hija de doña Leocadia, hace litrografías soberbias (como Los Toros de Burdeos) *y numerosos apuntes del natural con lápiz litográfico, siendo su silueta, coronada por un alto sombrero de copa, y su cuaderno de dibujos familiares a los bordeleses. En 1826 vuelve a Madrid, para gestionar su pensión de retiro a favor de su hijo Xavier; es entonces cuando Vicente López, sucesor como pintor de cámara, hace su famoso retrato. Acaso realiza un segundo viaje a Madrid en 1827. Enfermo nuevamente, muere en Burdeos la noche del 15 al 16 de abril de 1828, a los ochenta y dos años de edad.*

(J. G.)

Retrato del conde de Fernán Núñez
Óleo sobre lienzo, 211 × 137 cm
Madrid, Colección particular

El VII conde de Fernán Núñez, don Carlos José Gutiérrez de los Ríos y Sarmiento, nació en el año 1779 y murió a los cuarenta y tres años, a consecuencia de una caída de caballo. Casó con doña María Vicenta Solís Laso de la Vega, en 1798: Goya retrató a los jóvenes esposos en 1803 (según firma y fecha que figuran en ambos cuadros) en dos lienzos semejantes, que revelan dos caracteres diferentes: el del duque arrogante y decidido, el de la duquesa tímido y algo infantil. Ambos retratos son magistrales, pero la elegante energía de don Carlos domina sobre el encogimiento de doña Vicenta, por lo que suele parecer el primero de mayor calidad, pese a las primorosas transparencias del segundo. De hecho, la joven esposa no tardó en ser abandonado por el marido, de quien lleva sobre el pecho una miniatura a modo de medallón, ya que el conde, diplomático y embajador en Londres, quería a la duquesa de Híjar, doña Fernanda Fitz-James Stuart, y se fue a vivir con ella, dejando a su mujer, que lo amaba tiernamente. Aunque ambos van vestidos con cierta chulería, la majeza de Vicenta se reduce a su traje y mantilla y a posar en el campo, sentada en un altillo, bajo un árbol, mientras que don Carlos tiene un traje de montar elegante, pero llevado con mucho desenfado, y su enorme sombrero de dos picos y sus finas botas de piel negra, armonizando con la oscuridad de su capa de terciopelo, recortan su silueta ante un amplio paisaje velazqueño, entonado en grises azulados y verdes, acaso de la Sierra de Madrid, dándole un aire desafiante y casi heroico. Es curiosa la semejanza de postura y atavío de este retrato con el de John Lord Stuart, pintado por sir Thomas Lawrence en 1795, ocho años antes de que el de Fernán Núñez; Stuart (posible pariente de la amada por don Carlos, a su vez relacionada con la familia de la duquesa de Alba) lleva traje de majo español, con chaquetilla negra y alta montera al estilo de los «embozados» del cartón goyesco, y se envuelve en su capa todavía con mayor arrogancia; el cielo, anubarrado y casi tormentoso, da a su figura un escenario «sublime», pero quita efectividad en la silueta, que en Goya alcanza, sobre el fino paisaje en tonos claros, una presencia casi alu-

cinante. No hay duda de que el paisaje del Lawrence es de las cercanías de Madrid, ya que se distingue perfectamente el monasterio de San Lorenzo de El Escorial, sin que nadie hasta la fecha haya subrayado este hispanismo. Goya no pudo ver ese cuadro, aunque acaso una estampa al aguatinta, en su segundo viaje a Andalucía en 1796-1797, cuando hizo las pinturas de la Santa Cueva de Cádiz, ya que su amigo don Sebastián Martínez era gran coleccionista de grabados y los ingleses solían reproducir al aguatinta los cuadros de sus pintores famosos. El retrato de Lawrence está en la colección Marquess of Bute y sus medidas (230 × 146) no andan lejos del de Goya.

Volviendo al conde de Fernán Núñez, éste fue también embajador en París, y durante la Guerra de la Independencia se mantuvo en una situación ambigua como la de su pintor, ya que fue montero mayor de José I Bonaparte mientras colaboraba con la rebelión de los patriotas. A la restauración de Fernando VII asistió a las sesiones del Congreso de Viena. Complacido, el rey le ascendió a duque del mismo título en 1817. En Londres se reunió con su amada, hija del IV duque de Berwick y casada con el XI duque de Híjar, del que se apartó, enviudando en 1817. De su matrimonio con doña Vicenta Solís, duquesa de Montellano y del Arco, celebrado en 1798, tuvo dos hijas, Casilda, que murió en la infancia y Francisca, que sería condesa de Cervellón por matrimonio con don Felipe Ossorio, conde de ese título. Al morir el duque de Fernán Núñez en 1822, a los 43 años como se ha dicho, dejó consignado en su testamento que su mujer sabía al casarse que el corazón de su marido era de otra, Fernanda, duquesa de Híjar. La duquesa viuda de Fernán Núñez buscó consuelo casándose en segundas nupcias con el teniente de Artillería don Filiberto-José Mahy y yéndose a vivir a Francia, con casa en París y castillo en Tours, donde falleció en 1840, disponiendo el traslado de sus restos al panteón familiar en la sacramental de San Isidro de Madrid. Francisca, hija de los duques de Fernán Núñez, heredó el título y su palacio en la calle de Santa Isabel de Madrid, donde subsiste, muy restaurado y adquirido por la RENFE (Cf. «El retrato de la primera duquesa de Fernán Núñez de Goya», en la revista *Feria de Fernán Núñez*, 1975).

(J. G.)

La marquesa de Lazán
Óleo sobre lienzo, 193 × 115 cm
Madrid, Fundación Casa de Alba, Palacio de Liria

La fecha de este retrato oscila entre 1800 (Gudiol) y 1804 (Gassier-Wilson). Este cuadro, uno de los retratos femeninos más hermosos de Goya, fue en cierto momento atribuído a su ayudante Esteve por Martín Soria. Ya lo cita Yriarte en 1867, así como el conde de la Viñaza y Z. Araujo Sánchez. Aureliano de Beruete y Moret lo recoge en su *Goya, pintor de retratos* (Madrid, 1916, n. 154). August L. Mayer lo cataloga como el n.º 330 (versión española, Madrid, 1923). Xavière Desparmet Fitzgerald en su *Catalogue raisonné* (París, 1928-1950), con el n. 447. Gassier-Wilson (París, 1970), con el n. 811; y José Gudiol (Barcelona, 1970), con el n. 423.

Camón Aznar lo incluye entre las pinturas de Goya en 1799 (Camón, *Goya*, tomo III, pág. 119) (Zaragoza, 1984, obra póstuma), comentando que «vibra (en) este retrato de sangre impetuosa, con el busto saliente... y los brazos mórbidos, con el rostro voluptuoso, de chata nariz y aletas impulsivas. Su cuerpo firme se envuelve en agrisadas sedas suntuosas, con adornos y reflejos dorados. Retrato de excepcional belleza, en él se unen la arrogancia de la retratada sin durezas técnicas ni énfasis teatral, como sucede en los retratos franceses contemporáneos. Un armiño de tactos blandos teatraliza el fondo, tan adensado. El pincel de brillos alados consigue, sin embargo, una materia y una atmósfera de espesa trabazón y una unidad cromática de oros y grises complejos». Transcribo el acertado comentario del profesor Camón por ser el que con mayor elocuencia y exactitud enjuicia este cuadro maravilloso, terrible rival pictórico del famoso de María del Pilar Cayetana, duquesa de Alba, en la colección ducal, como pudo apreciarse en la exposición *El arte en las colecciones de la Casa de Alba* (Madrid, Fundación Caja de Pensiones), de cuya visita recuerdo el entusiasmo de los pintores actuales. Doña Gabriela Palafox y Portocarrero era hija de la marquesa de Montijo, como su hermana doña María Tomasa, marquesa de Villafranca, la dama sentada en un sillón pintando a su marido del retrato del Museo del Prado (n.º 2.448), expuesto en 1805 en la Academia de Bellas Artes de San Fernando, de donde la retratada era miembro, y que Goya firma y fecha en 1804, siendo posiblemente contemporáneo del de la marquesa de Lazán. Casó ésta con el hermano mayor del general don José de Palafox, duque de Zaragoza por su defensa de Zaragoza en 1808 (retrato a caballo por Goya en 1814, Prado, n.º 725).

El retrato de la condesa de Lazán nos sorprende por su aspecto de aparición repentina, surgiendo de la sombra del fondo por un vivo rayo de luz que hace brillar su rostro gracioso y feroz a la vez (suma del erotismo goyesco), su abundante seno, levantado por el alto cinturón a la última moda francesa, y su traje de seda blanca, bordado en oro, dejando en sombra parte de la falda, con unos increíbles efectos de dorado oscuro en las cenefas, a modo de guirnaldas, de la parte baja. Las mangas cortas dejan lucir unos brazos redondos y firmes; el izquierdo pende a lo largo del traje, posando levemente en el muslo la mano pequeña y gordezuela; menos acertada es la derecha, por el aspecto, como de garra, que le impone la postura de ese brazo, apoyado en el alto respaldo de un sillón sobre cuyo asiento brilla una piel de armiño, acaso perteneciente al forro del manto que, sujeto a los hombros, cubre con su anverso la parte baja derecha de la figura, dándole mayor esbeltez. La postura, indolente y garbosa, con las piernas cruzadas, apoyada en la izquierda y dejando asomar el exquisito chapín derecho, responde a la sensualidad erótica de esta figura juvenil. A no dudar, es una de las creaciones más geniales del retratista aragonés, expresión de su idea del «eterno femenino».

Como su hermana, la académica, doña Gabriela pertenece al grupo ilustrado, en el que su madre, María Francisca de Sales y Portocarrero, era figura muy sobresaliente, presidenta de la Junta de Damas y casada a los catorce años con don Felipe Antonio Palafox, marqués de Ariza, liberal y reformista. Un hermano de la de Lazán, el conde de Teba (retrado por Goya, colección Frick, N. York), escribió un «Discurso sobre la autoridad de los ricos-hombres y cómo la fueron perdiendo hasta llegar al punto de opresión en que se hallan hoy,» y la de Montijo tuvo que intervenir para que no fuera desterrado por Godoy. Ella misma se había distinguido en su salón por sus ideas religiosas muy fervientes, que fueron tachada de jansenistas, por lo que se le abrió un proceso. También había chocado con la autoridad a propósito de la polémica entre la citada Junta de Damas y el intento gubernamental de imponer un traje nacional femenino. En 1805 la condesa fue obligada a salir de la Corte y a retirarse a sus posesiones de Logroño, donde moriría en 1808, en vísperas de la guerra que encumbraría a su pariente, el general zaragozano, ilustrado como toda la familia pero que tuvo que modificar sus ideas ante la invasión napoleónica, como la propia Lazán.

(J. G.)

El paseo de Andalucía, 1777
(también conocido por *La Maja
y los Embozados*)
Lienzo, 275 × 190 cm
Museo del Prado, Inv. n. 771

Goya entró por vez primera en 1774, como pintor de cartones para servir de modelos a los tejedores, en la Real Fábrica de Santa Bárbara, de Madrid, y salió de ella, ya muy descontento de su papel de intermediario entre el encargo y la realización en el lizo, que cortaba su libertad en aras de las dificultades de los temas y de los tapiceros, que pese a ello se quejaron repetidas veces de la imposibilidad de tejer los cartones de Goya. Tenían razón, bajo su punto de vista: los cartones de Goya, con sus primores de detalle y de colorido, su luminosidad y sus libertades técnicas, como son veladuras, transparencias y empastes, eran mucho más difíciles de tejer que los de los hermanos Bayeu y demás cartonistas apreciados, entre los que el único que se acerca a Goya es, a veces, José del Castillo. Los temas eran propuestos por los arquitectos palatinos (aunque en ocasiones se aprecia cierta libertad en la ejecución), y las dimensiones, muy variadas, teniendo en cuenta los espacios que tenían que cubrir en palacios y Sitios Reales, a veces altos y estrechos (como *El niño del árbol* de 262 × 40 cm) para un rincón, otras bajos y alargados (como *Perros en trailla* de 112 × 170), a veces grandes para una pared entera y otras del tamaño de un cuadro de salón.

Goya realiza su primera serie de nueve en 1775 para la pieza de comer de los príncipes de Asturias en el palacio de San Lorenzo del Escorial, con escenas de caza. Seguidamente prepara los cartones para la pieza de comer del palacio del Prado, diez entre 1776 y 1778, con escenas populares de mayor colorido y naturalidad que los precedentes. Entre ellos aparecen los primeros *manolos* y *majas* de Madrid, como en *La merienda en San Antonio de la Florida* o el *Baile a orillas del Manzanares*, con referencias precisas a un lugar de las afueras de la Villa y Corte, mientras en los demás, aunque en sus trajes parecen seguir el vestuario madrileño, no se advierten referencias geográficas, salvo en *La riña en la Venta Nueva*, en que algunos personajes llevan zaragüelles valencianos, o en *La Maja y los embozados* que por su título original,

El paseo de Andalucía, parece referirse, más que a una avenida de ese nombre, a un lugar boscoso andaluz, a favor de lo cual abonan los trajes de toreros de los personajes masculinos en torno a una garbosa majita, con el mantón anudado a la cintura, que se ha pretendido fuera la duquesa Pilar Teresa Cayetana de Alba con sus «cortejos» que se miran con aire de desafío.

En un claro de bosque, una joven, que centra la composición, habla con un galán con montera alta y calzones brillantes, profusamente decorados. La capa con que se emboza deja ver un perfil grosero y brutal y el pelo recogido en una redecilla, y por debajo, una rica faja de seda y una chaquetilla al parecer de terciopelo negro, con un largo estoque sujeto bajo el brazo. Las pantorrillas poderosas se acusan bajo las finas medias con espiguilla. Este «dandi del pobre», como diría Klingender, parece reacio a la cariñosa invitación de seguir paseando que le dirige la menuda y graciosa majita, que le ase del brazo mientras señala con su mano derecha el camino a seguir; sobre la chaquetilla negra con caireles dorados y la falda negra, rematada en volantes amarillos y defendida por un elegante delantal también negro, destaca el rojo vivo del mantón, atado a la cintura. Al apuntar hacia el paseo, apunta también a otro chulo, sentado en tierra, con calzones rojo y oro junto a los que asoma otra espada muy larga, por debajo de la capa corta, que le cubre hasta los ojos, que miran fijamente hacia el otro majo, bien escondidos bajo el ala del sombrero de picador. Se diría una referencia a las costumbres que prohibió el ministro Esquilache, que provocó el motín de Capas y Sombreros de 1766. Otros dos hombres, vestidos con parecido lujo popular, el uno con montera y el otro con tricornio, miran también a la pareja, dejando el rostro en una penumbra. Al fondo, bajo los árboles, asoma la montera de otro paseante, y en el rincón derecho se ve a una mujer con toca blanca y falda amarilla, abanico en mano. De esta escena campestre se desprende un misterioso vaho de clandestinidad y peligro.

La descripción que el propio Goya da de esta obra, al entregarla al arquitecto real Francisco Sabatini, el 12 de agosto 1777, no deja dudas sobre el lugar andaluz: «... Representa un paseo de Andalucía que lo forma una arboleda de pinos, por donde ba un Jitano y huna Jitana paseando y un chusco

que está sentado con su capa y sonbrero redondo, su calzón de grana con chareteras y galones de oro, media y zapato corespondiente, parece aberle echado alguna flor a la Jitana, a lo que el acompañante se para para armar camorra y la Jitana le insta a que ande; ay dos amigos del de el sombrero redondo acechando aber en qué para. Estas cinco figuras están en primer termino y otras tres que están más lejos». Goya valora este cuadro en cinco mil reales de vellón, la mitad que *La viña en la Venta Nueva*, que es más grande. De este tapiz hay dos ejemplares en El Escorial. Goya hace constar que todo el envío se ha hecho «de orden del señor don Francisco Savatini, Caballero del orden de Santiago, Brigadier de los Reales ejércitos de Su Magestad y su primer Arquitecto», pero no parece que el tema fuese obligado y el pintor califica este lote de «unos quadros (y no cartones) de mi invención». Con ello reclama su categoría de pintor e inventor, lo que se desprende de la calidad de esta pintura.

(J. G.)

La maja desnuda

Lienzo 98 × 191 cm (error, por 91, de la edición de 1985)
Madrid, Museo del Prado, Inv. n. 742

Al figurar en el catálogo del Museo con el n. 742, en cuya ficha consta como *Pareja de la maja vestida*, n. 741, a cuyas noticias remite, el visitante puede tener la impresión de que ésta es anterior a la que aquí nos interesa, de lo cual no hay certeza, ni siquiera probabilidad. Según Aureliano de Beruete, la primera referencia documental de ambos cuadros figura en un inventario de los de don Manuel Godoy, con el n. 122: «Dos cuadros... representa uno una Venus sobre el lecho, otro una maja vestida, autor Francisco Goya». Ese inventario sería de 1803. El catálogo del Prado se refiere al otro de los cuadros de Godoy, fechado en 1º de enero de 1808, donde figuran como *Gitanas*, indicando que quizá las encargó dicho personaje. Beruete niega esa posibilidad, ya que Godoy había comprado esos cuadros, quizá en la sucesión de la duquesa de Alba, muerta en 1802, en unión de otros, como la *Venus del espejo* de Velázquez (Aureliano de Beruete: *Goya, pintor de retratos*, Madrid, 1916, pág. 65). Fréderic Quilliet, autor del catálogo o inventario de 1808, tres meses antes de la caída de Godoy, las incluye entre pinturas de segunda zona, de escasa categoría. (Cf. Gassier-Wilson: *Goya*, París, 1970, números 743-744). Ramón Ezquerra del Bayo (en *La Duquesa de Alba y Goya*, Madrid, 1928) pensaba que las majas representaban a la duquesa de Alba, pintada del natural en 1797, durante la estancia del pintor en el palacete que Cayetana poseía en Sanlúcar de Barrameda. Hay que reconocer que el ambiente que se trasluce de los dibujos que Goya tomó allí (del llamado *Álbum de Sanlúcar*) e incluso el tema de la mujer recostada en mullidas almohadas están en consonancia con los dos cuadros; la copia de un dibujo perdido de esa colección tiende, según Gassier, a apoyar esa hipótesis, aunque no la comparta personalmente. «Ces *majas* courtes et charnues n'avaient rien à voir avec la duchesse» (Esas *majas* pequeñas y opulentas no tenían nada que ver con la duquesa) escribe en otro libro (P. Gassier, *Goya*, pág 74, Ginebra, 1975).

Antonina Vallentin (en *Goya*, versión española de M. de Hernani, Buenos Aires, 1957, pág. 185) desmiente esa leyenda pertinaz: «La tradición se ha empeñado en relacionar las dos majas con el nombre de la duquesa de Alba. La duquesa era muy capaz de hacerse pintar desnuda. Pero la maja tendida sobre el canapé verde (sic) apenas tiene, en su cuerpo desnudo y liso, veinte años. La duquesa tiene treinta y ocho (en 1800). La maja tiene muslos cortos y la duquesa es más bien alta».

También hay disparidad de criterios sobre la procedencia de ambas pinturas. Se dice que estaban colocadas una encima de la otra, la «vestida», como tapa de la «desnuda», como era uso en las tabaqueras galantes del XVIII francés; oprimiendo un resorte, la primera caía descubriendo el desnudo. Eugenio d'Ors (en *Tres horas en el Museo del Prado*, Madrid) piensa que la vestida es «más voluptuosa, si cabe» que la desnuda. En todo caso, según el estilo pictórico, se diría que la desnuda es anterior, por su factura delicada y sus tonos pálidos, herencia del rococó francés; y la vestida, posterior, por su colorido más vivo, empastes más fuertes, pinceladas largas y sueltas. Pero sabemos que Goya es capaz de usar simultáneamente dos maneras distintas para un mismo tema (ver la diferencia entre los dos lunetos presentados a la junta de Fábrica del Pilar de Zaragoza, como mitades para el proyecto de cúpula de *Regina Martyrum*, 1780, Museo Pilarista). Las cabezas son distintas. En la ficha de la desnuda en el catálogo del Museo del Prado se recoge una opinión del antiguo director de esa pinacoteca, el académico Álvarez de Sotomayor, que «señaló el defecto en la inserción de la cabeza, cual si se hubiese añadido sobre cuerpo pintado valiéndose de otro modelo». Una hipótesis más que añadir a la leyenda ducal. Pero Mariano de Goya, nieto del pintor, afirmaba que la modelo era una mujercilla protegida por un fraile amigo de Goya, el padre Bari. Lo cual, para Ezquerra del Bayo fue una leyenda propagada por el propio pintor al declarar ante la Inquisición. Es el cuento de nunca acabar... En todo caso, no hay que olvidar que Cayetana falleció en 1802 y las dos majas (según J. Gudiol) serían, de hacia 1800-1805. Respecto a la hipótesis de Sotomayor, hay que apuntar que los exámenes radioscópicos no revelan que debajo de la actual hubiera otra figura.

Al perder Godoy el favor real, se ordena el secuestro de sus bienes, entre ellos las dos majas. Una Real Orden de 1813 adjudica ambos lienzos a la Real Academia de Bellas Artes de San Fernando, donde no ingresan hasta 1816. Mientras tanto, Goya es denunciado ante el Tribunal de la Inquisición como autor de dos cuadros obscenos, «una mujer desnuda sobre una cama» y «una mujer vestida de maja sobre una cama». Goya es llamado a declarar en 1815, y la denuncia debió de quedar sin efecto, ya que los cuadros entran en la Academia al año siguiente, aunque *La maja desnuda* quedó en reserva, sin exponerse al público durante muchos años. Ambas figuraron en la exposición de pinturas de Goya, en 1900, tras de lo cual ingresaron definitivamente en el Museo. *La maja desnuda* inspira a Vicente Blasco Ibáñez una novela de 1905, lo que muestra la enorme popularidad que alcanza ese lienzo en cuanto es expuesto, llegando a figurar, durante la 2.ª República, en los sellos de correos. Decía cierto crítico que, según la política de los regímenes españoles, el emblema del país pasa de ser *El caballero de la mano al pecho* del Greco a *La Maja desnuda*.

El citado catálogo del Prado describe a esta maja como «acostada en una otomana tapizada de azul; sábana blanca, como las almohadas». Pierre Paris (*Goya*, París, 1928) se hace eco de las discusiones sobre la supremacía estética de una u otra maja, que están lejos de agotarse todavía. «Los críticos suelen sacrificar la maja desnuda a la vestida —escribe París—. El único que la ha defendido a mi conocimiento y creo que con razón es E. Bertaux. Es cierto que la última es una pintura magistral y nada igual a la atrevida habilidad del pintor para revelar los encantos que oculta bajo traidoras batistas, a velar, bajo castas, pero engañosas apariencias, la incitación o el recuerdo de la voluptuosidad... Pero, como ha señalado Bertaux, la otra maja es quizá el desnudo más sabroso que hay en el mundo.» El colorido es de un refinamiento extraordinario, en tonos grises y azules, que realzan los exquisitos rosados del cuerpo desnudo. La tersura de la piel hace de esta *maja* sobre el lecho de terciopelo azul una perla en su estuche. Respecto a la propia palabra maja significa, según el Diccionario de la Real Academia de la Lengua, «la persona que en su porte, acciones y vestidos afecta un poco de libertad y guapeza, más propia de la gente ordinaria que de la fina», y, como adjetivo, puede significar también «ataviado, compuesto, lu-

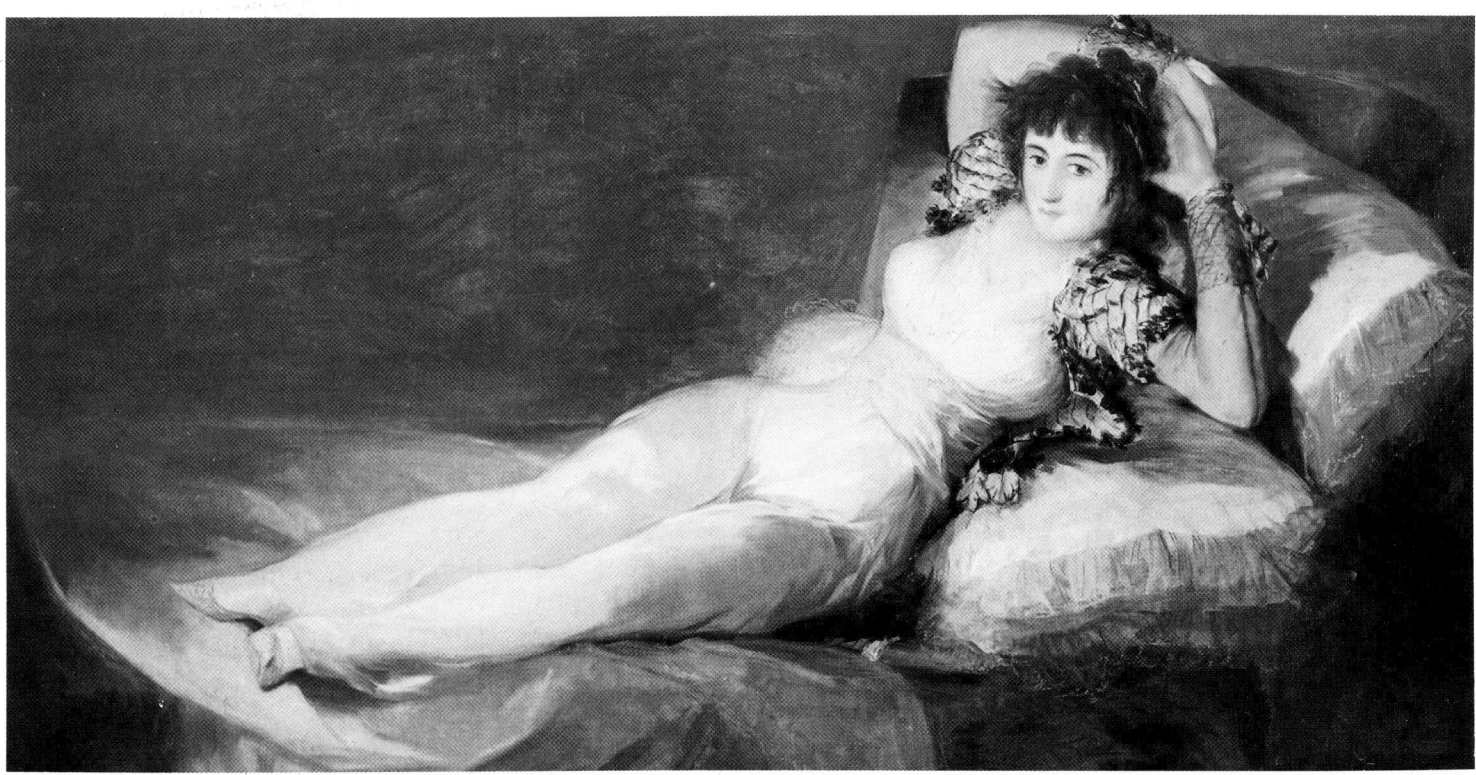

Francisco Goya, *La maja vestida*
Museo del Prado, Madrid

joso», así como «lindo, hermoso, vistoso». La palabra no aparece en el *Tesoro de la Lengua Castellana o Española*, de Sebastián de Covarrubias (Madrid, 1611), pero sí hallamos «maya», refiriéndose a las de mayo festejadas en dicho mes, todavía y, pese a las prohibiciones del conde de Aranda (1769), en algunos municipios cercanos a Madrid, en especial en Colmenar Viejo, en que se ensalzan en un trono callejero, al que se llevan ofrendas. Carmen Martín Gaite (*Usos amorosos del dieciocho en España*, Madrid,

1972, pág. 261) sin dar por válida esa etimología de maja-reina, dice: «Lo cierto es que las majas reinaron en la calle, que fue allí donde pisaron fuerte...». Joan Corominas (*Diccionario crítico etimológico de la lengua castellana*, Madrid, 1954, compendiado en 1967) da la primera definición de majo, «tipo popular español achulado que afecta elegancia y valentía», como aparecido en 1734, apuntando que es «voz popular de origen incierto..., quizá sea derivada de majar (fastidiar) por la impertinencia del chulo». La

palabra estaba en uso en Madrid, en especial a través de los *Sainetes* de Don Ramón de la Cruz, por lo que suele confundirse maja con madrileña popular y descarada. Vemos que Goya llama «gitana» a la que hoy llamamos «maja» (ver comentario a *El paseo de Andalucía* en esta misma exposición). (Para el estudio más amplio de la «maja» en general y de las dos «majas» de Goya en particular ver mi estudio ya citado, Alianza editorial, Madrid, 1982).

(J. G.)

Vicente López

Vicente Januario Ignacio López Portaña nació en Valencia el 19 de septiembre de 1772 en la parroquia de los Santos Juanes, en cuyo archivo de bautizos figura como hijo de Cristóbal López Sanchordi y Manuel Portaña Miró. Su padre era pintor adornista y su abuelo paterno, Cristóbal López Planells, pintor también. El abuelo materno parece que era sedero, Agustín Portaña Roig. Cuando Vicente tenía dos años falleció su madre y poco después casó en segundas nupcias su padre con Isabel Inglés, de quien nacerá un hermanastro, José López Inglés, que años más tarde sería conónigo en Játiva. Al morir Cristóbal López en 1778, Vicente pasó a depender de su abuelo, que alentó su vocación artística y fue su primer maestro.

En 1785 ingresó en la Academia de Bellas Artes de San Carlos, donde recibió las lecciones de fray Antonio de Villanueva, nacido en Murcia en 1714, pintor afamado en Valencia, nombrado Individuo de Mérito de dicha Academia tres años después del ingreso de Vicente; éste, además de pintar, dibujaba teniendo como modelos los vaciados de estatuas clásicas regalados por el conde de Claret, lo que está en las raíces de su excelente dibujo clasicista. En 1789 ganó el primer premio de la sección de pintura con el tema de «El joven Tobías curando a su padre» y otro premio de primera clase por dos cuadros de temas del Antiguo y el Nuevo Testamento, lo que le vale una beca para la Academia de Bellas Artes de San Fernando, en Madrid, donde recibe las enseñanzas de Gregorio Ferro y de su paisano Mariano Salvador Maella, bajo cuya dirección y estilo realiza el tema «Los Reyes Católicos recibiendo una embajada de Fez» (in situ), quedando el primero en este concurso. Recibe el diploma de mejor

alumno en 1794 y regresa a Valencia, de cuya Academia de San Carlos es miembro de mérito desde el año anterior por el retrato de su presidente, don Joaquín Pareja (Museo de San Pío V). Un cuadro grande de San Antonio Abad que le encarga al cabildo de la catedral (in situ) le atrae una gran reputación que provoca muchos encargos de cuadros devotos, donde, hasta cierto punto, sigue la tradición de Juan de Juanes. Asegurada así una desahogada posición, casa con María Piquer, hija del doctor Jacinto Piquer, en 1795, y se instala en la céntrica calle del Mar. Suele identificarse a Jacinta con las imágenes de la Virgen que pinta su marido. A la muerte de José Camarón y Boronat en 1801, le sucede en la presidencia de la Academia cuando sólo tiene 29 años. En esa fecha nace su primer hijo, Bernardo, que será también pintor, como el segundo, Luis, nacido en 1802.

Con motivo de la visita a Valencia de la familia real, la Universidad encarga a Vicente López un gran lienzo conmemorativo (Museo del Prado) que le merece el título de pintor de cámara, recibiendo el encargo de copiar obras de Juanes y Ribalta para las reales colecciones, pues Carlos IV no consintió que se le enviasen los originales.

El levantamiento del 2 de mayo de 1808 apenas afecta a López, salvo en la viñeta de la unión de Inglaterra y España para un mapa dedicado a su amigo, el marqués de la Romana, en 1809. Al regreso de Fernando VII visitando Valencia, López se encarga de pintarle un gran retrato, que le vale la confirmación de su cargo de pintor de cámara. Con gran agrado del monarca, repite su retrato varias veces, y pasa a ocupar el puesto de primer pintor de cámara, al cesar Maella por afrancesado. López se traslada a la Corte, ingresa en la Academia de San Fernando, da clases de dibujo a la reina Isabel de Braganza y entre 1823-1826 colabora con el marqués de Ariza en la dirección del nuevo Museo del Prado. Sus dos hijos, Luis y Bernardo, discípulos y colaboradores de Vicente, ingresan en la Academia en 1824 y 1825. En 1829 retrata a la reina María Cristina, que quedará de gobernadora a la muerte de Fernando VII, en 1833. López ha sido retratista de las cuatro esposas del rey, de su hija y sucesora, Isabel II, y de la hermana de ésta, Luisa Fernanda, siendo profesor de

ambas y sufriendo la única alarma de su vida cuando los generales Concha y León intentaron tomar el Palacio Real, el 7 de octubre de 1841, dada la devota admiración que el pintor tenía a la familia real. En 1847 Isabel II le concedió la Gran Cruz de Isabel la Católica, con tratamiento de Excelencia: «La excelencia que yo desearía será la de mi Arte, que son todas mis glorias y delicias», escribe López a su amigo Quintanilla.

No sale de España salvo un viaje de cuatro meses a París, después de la convalecencia de una grave enfermedad, en 1844. Toda su vida la dedica a pintar, alcanzando sus mejores obras en la madurez, con menos detalles suntuarios y mayor penetración psicológica. Uno de los últimos es el General Narváez (Palacio Real), pintado en 1849. A los pocos meses su salud se debilita. Muere el 22 de junio de 1850, a los setenta y ocho años de edad, poco después de escribir a su paisano Settier: «En ti me despido de todos mis paisanos. Tú les dirás que siento no morir entre ellos, en la hermosa Valencia».

(J. G.)

Retrato de la reina María Cristina de Borbón, 1865

Óleo sobre lienzo, 96 × 74 cm
Madrid, Museo del Prado, n. 865
(Casón del Buen Retiro)

El rey Fernando VII se casó cuatro veces: primera, en 1802 con María Antonia de Nápoles; segunda, con Isabel de Braganza en 1816, tras ocho años de viudez; vuelve a enviudar en 1818 y al año siguiente se casa con María Josefa Amalia de Sajonia; muerta la reina en 1829, el rey, que necesita un sucesor, se casa con María Cristina de Borbón, que le dio dos hijas, Isabel y Luisa Fernanda, siendo la primera proclamada reina de España al morir su padre, tras abolir la Ley Sálica, que prohibía la corona a las mujeres, en septiembre de 1833. Durante la minoría de edad de su hija, María Cristina se hizo cargo de la regencia, como reina gobernadora, y plantó cara a su cuñado, don Carlos María Isidro, que no aceptaba esa derogación. Así comenzaron las Guerras Carlistas entre los partidarios de este infante y los cristinos, de talante más liberal. El general Espartero la obligó a abdicar y la sucedió en la regencia. María Cristina contrajo matrimonio morganático con don Agustín Fernando Muñoz, al que concedió el título de duque de Riansares, quien falleció en 1873. La reina murió a su vez en agosto de 1878.

María Cristina de Borbón había nacido en Nápoles en 1806, siendo prima de Fernando, de la rama napolitana. Su maduro novio estaba muy enamorado de ella, a juzgar por sus cartas, donde le dedica repetidamente el epíteto de «pichona». Al casarse en 1829, Fernando tenía cuarenta y cinco años y la novia veintitrés, mujer de aspecto agradable, aunque no fuera una belleza. Era hija de don Francisco I de Borbón-Nápoles y de su esposa, la reina María Isabel, a quien se parecía algo. A éstos los retrató López (Academia de San Fernando y réplicas del Palacio Real y del duque del Infantado). A María Cristina la retrató repetidas veces (Museo del Prado, del que existen tres réplicas, y Ayuntamiento de Valencia) en el año de sus desposorios, 1829. Pese a la ocasión, la novia real parece ensimismada y algo melancólica. En el retrato del Museo del Prado (Casón del Buen Retiro), lleva un suntuoso traje argentado, con un aderezo de diaman-

tes de enorme riqueza y diadema de lo mismo, coronada de plumas rosadas. La media figura permite apreciar unos rasgos amables, brazos bien torneados y levantado pecho. Es uno de los retratos de más fino colorido pintados por López, que encadena con la tradición de los retratos agrisados de Velázquez y de Goya. El virtuosismo del pintor en la representación de joyas, encajes y telas ricas se aprecia aquí en todo su esplendor. El tono azulado del vestido, bordado en plata, armoniza con la finura de las blondas y el tono vivo de las plumas.

A Vicente López le tocó vivir en unos años de tensión política que no se refleja en su pintura. Al contrario de sus contemporáneos, Goya o Maella, no trasluce en su biografía los acontecimientos históricos que culminan en el motín de Aranjuez que provoca la abdicación de Carlos IV, la invasión de España por las tropas napoleónicas con el destierro de Fernando VII a Valencay, la nueva época de reinado de este monarca, de 1814 a 1820, el trienio liberal provocado por el alzamiento de Riego, con la jura de la Constitución por el rey, la vuelta al absolutismo gracias a la nueva invasión francesa, esta vez de signo conservador, con la restauración de la monarquía absoluta, y el terror blanco, el decenio reaccionario, la muerte de Fernando VII tras la abolición de la Ley Sálica y la proclamación como reina de España de su hija Isabel II bajo la tutela de la reina gobernadora, el comienzo de las guerras carlistas, la sublevación en 1941 de los generales Concha y León (que parece ser el único sobresalto de la biografía del pintor, temeroso por la suerte de la joven reina y su hermana), etc. Vicente López vive pintando a las personas reales y a toda la aristocracia, antigua o advenediza, de esa Corte vulgar; generales, como Narváez, financieros, como Remisa, prelados como Fernández Varela (comisario general de cruzada), eclesiásticos prominentes, como el canónigo Liñán, artistas como Goya, Isidro González Velázquez, políticos como Calomarde, diplomáticos como Valldorf, damas linajudas como la duquesa de Vistahermosa o la condesa de Calderón, músicos como Félix López, etc: toda una sociedad señalada, más que su fisonomía o su expresión, como en los retratos de Goya, por sus trajes, insignias y joyas, que demuestran su alta posición en la Corte o en la sociedad. López no pierde la calma, pinta apurada y detalladamente y nos

deja una galería de figuras y figurones cuyo papel se revela en sus vestidos; en general, más que individuos son prototipos de una clase dominante. Eso sí, López no tiene rival en la representación de encajes, bordados, terciopelos y sedas, brazaletas, condecoraciones, aderezos de diamantes y plumas, etc. Nunca deja nada a medio hacer, y si peca, siempre será por exceso.

Como pintor religioso sigue el ejemplo de Ribalta y, mucho más, de Maella Bayeu y Juan de Juanes, con imágenes devotas algo superficiales, pero tan irreprochables en su dibujo y acabado como sus retratos; su color es sólido más que refinado. Como señalaba August L. Mayer, López es el representante del estilo «biedermeier» en España, con un meticuloso cuidado en la ejecución. Como decía Beruete, quizá no fue un gran artista, pero sí un pintor excelente. Maurice Serullaz y Gabriel Rouchés, críticos franceses, lo comparan a Ingres.

(J. G.)

2780.

Federico de Madrazo

Federico de Madrazo y Kuntz nació en Roma en 1815 y murió en Madrid en 1894. Fue el hijo primogénito de José de Madrazo y Ventura, nacido en Santander en 1781, de padres hidalgos aunque no ricos, y que estudió la pintura en Madrid, Academia de San Fernando, con Gregorio Ferro y Cosme de Acuña; a los dieciocho años pinta el retrato de Manuel Godoy, quien lo recomienda al ministro Ceballos, que le otorga una beca para ampliar sus estudios en París y Roma. En París, donde residió dos años y medio, fue alumno de Louis David, jefe de la escuela neoclásica, que le infundió la admiración de la antigüedad greco-latina, que cultivó en el Museo. Pasa luego a Roma hacia 1806, y dos años más tarde llegan los reyes destronados de España, Carlos IV y María Luisa, acompañados de Godoy. José de Madrazo es nombrado pintor de cámara (título que confirmará en 1816 el rey Fernando VII) en la pequeña corte del Palacio Barberini. Según Valentín Carderera, fue arrestado un mes en el Castillo de Sant'Angelo, por haberse negado a admitir a José Bonaparte como rey de España, en 1809. Parece que en 1812 pintó un cuadro sobre la Disputa de griegos y troyanos por el cadáver de Patroclo, con destino al palacio del Quirinal, restaurado para Napoleón, conjunto destruído cuando Pío VII recuperó el edificio en 1815. Pintó también La muerte de Viriato, cuadro que no se atrevió a exponer en Roma, ocupada por los franceses, por su tema independentista, y que presentó en Madrid en 1818 (Academia de San Fernando), siendo el discutido parangón de la nueva escuela. Casado en Roma en 1814 con Isabel Kuntz Valentini, hija el pintor de Silesia Tadeo Kuntz, allí nació en 1815 su primer hijo, Federico, bautizado en San Pedro del Vaticano y apadrinado por el príncipe Federico de Sajonia. Más tarde nacieron Pedro (Roma 1816), Luis y Juan (Madrid, 1825 y 1829, respectivamente.) José de Madrazo residió en Madrid desde su regreso, en 1819, hasta su muerte en 1854, como dictador del buen gusto clasicista, director del Museo del Prado desde 1838 a 1857, director de la Academia de San Fernando, primer pintor de cámara a la muerte de Vicente López en 1850 y secretario de Isabel II en 1840.

Su hijo mayor, Federico de Madrazo y Kuntz, llegó con sus padres a Madrid en 1819, a los cuatros años de edad. Su biógrafo Eugenio de Ochoa afirma que «sus primeros juegos fueron verdaderos estudios y preparaciones para su arte. Rodeado de lápices y pinceles, su mano infantil se acostumbró a manejarlos, como otros niños manejan sus juguetes; rodeado de una preciosa colección de obras didácticas, históricas y literarias, con ellas aprendió a leer... Su educación artística fue... la más completa, la más feliz posible. A los catorce años pinta, con ayuda paterna, una Resurrección del Señor inmediatamente adquirida por la reina María Cristina. Su Continencia de Escipión le vale, en 1813, el ingreso en la Real Academia de San Fernando. El año siguiente, con motivo de la enfermedad del rey, cuidado por su esposa, pinta El amor conyugal o María Cristina, cuadro adulador, de estilo «biedermeier», que fue expuesto en el Museo del Prado por orden del regio enfermo y litografiado en el real establecimiento dirigido por Madrazo padre. Esa obra motiva el encargo de decorar la real residencia de Vista Alegre, y el título de pintor de cámara supernumerario.

Hace dos viajes a París, en 1833 y 1837. Ya no encuentra allí a David, pero sí a Ingres, con quien traba amistad y que le influye mucho en su concepto del retrato. Madrazo pinta los de Ingres y el barón Taylor, así como el cuadro de historia El Gran Capitán en Ceriñola (1835-6) que logra gran éxito en Madrid y París. El rey de Francia, Luis Felipe de Orleans, le encarga Godofredo de Bouillon, rey de Jerusalén. Otro cuadro del mismo personaje, Godofredo en el Sinaí, le vale medallas en París y Madrid.

En 1840, cuando va a Roma, a los veinticinco años, ya le precede su reputación. Entusiasmado por el movimiento de los nazarenos en el estudio de Overbeck, pasa una época nazarenista, cuyo fruto mejor son Las Santas Mujeres en el Sepulcro (1841), que le atrae los elogios de Ingres, pero que preocupa a su padre.

En 1842 pone casa en Madrid donde, a la muerte de don José (1854) se juzga su heredero artístico. Protesta porque no se le nombra director del Prado, cargo atribuido al pintor de cámara jubilado Juan Antonio de Ribera, a cuyo fallecimiento, en 1860, Federico será director, hasta 1868, renunciando al cargo durante el movimiento republicano y recuperándolo en 1881 hasta su propia muerte en 1894, en que se instala su capilla ardiente en la rotonda del Museo, decorada con el Cristo de Velázquez y una Inmaculada de Murillo.

Su actividad principal fue el retrato, en donde alcanzó una excelencia comparable con la de Ingres, a quien aventaja en calidad de materia y sentido del color. Pintó unos seiscientos retratos; de ellos, casi setenta, de personas reales. De Isabel II, de quien fue primer pintor de cámara, realizó veintiocho. Entre los personajes retratados por Federico de Madrazo figura lo más selecto de la sociedad de la Corte. También realizó, entre 1832 y 1858, unos cuarenta retratos en dibujo, a la manera de Ingres o Chassériau, aunque menos infalibles que los de éstos. Ese «corpus», en el que se encuentran Larra, Bretón, Eugenio de Ochoa, Carlos L. de Ribera, Claudio Lorenzale, Espalter, etc., es menos conocido de lo que merece. Litógrafo experto, funda con su cuñado Ochoa la revista El Artista en 1835 y colabora en la Revista de teatros entre 1841 y 1845. Como director del Museo del Prado se le debe la incorporación de los cartones de tapiz de Goya (estudiados en 1870 por Cruzada Villaamil), y la instalación en una de sus salas del plafón del techo del Casino de la Reina, obra de Vicente López. (Se cuenta que, en 1867, acudía al museo tanto público que los domingos se interrumpía la circulación y hubo que colocar a sus puertas dos parejas de la Guardia Civil.) A su muerte se instaló en una sala el busto de tan constante director.

Sus hermanos también fueron artistas: Luis, pintor de talento, autor del más bello cuadro nazareno español, el Entierro de Santa Cecilia (Museo de Granada, 1852); Juan, arquitecto, restaurador de la Catedral de

León y autor de la fachada de la iglesia de las Calatravas en Madrid; Pedro, escritor, crítico y experto en arte, autor de los Catálogos del Museo del Prado de 1843 y 1872 y colaborador de muchas revistas, desde El Artista *o* No me olvides *hasta la* Ilustración Española y Americana *y* La ilustración Artística. *Casado con Luisa Garreta, Federico de Madrazo fue padre de Raimundo, también pintor famoso, de Ricardo y de Cecilia, Isabel, Luisa y María-Teresa. La penúltima se casó con su tío Luis. La primera, con el pintor catalán Mariano Fortuny, siendo madre de Mariano Fortuny y Madrazo, también pintor, fotógrafo e inventor de varios procedimientos de impresión de tejidos y de iluminación de escenarios. El último vástago pintor de esta dinastía fue el segundo Federico de Madrazo, nieto del primero, hijo de Raimundo y de Carlota de Ochoa y amigo de la alta sociedad intelectual de la «Belle Époque» de París.*

(J. G.)

Federico de Madrazo, *El duque de Osuna*, 1836
Colección particular, Madrid

Retrato de la condesa de Vilches, 1853

Óleo sobre lienzo, 126 × 89 cm
Madrid, Museo del Prado (Casón del Buen Retiro), inv. 2878

Decía Antonio Marichalar que la condesa de Vilches es «nuestra Gioconda del siglo XIX». Su intensa mirada, que se fija en el espectador con cierta irónica coquetería, su semisonrisa en la boca perfecta, su simétrico peinado que enmarca la cara entre sus cortinas de «bandeaux», sus hombros y sus brazos redondos y lisos como el marfil, el largo y elegante óvalo del rostro apenas apoyado en la mano derecha, mientras la izquierda sostiene con descuidada gracia el mango negro del «abanico de plumas y de oro», la riqueza elegante de su traje de volantes turquesa, las escasísimas joyas (dos pulseras), en contraste con los alardes de pedrerías de los retratos de Vicente López (véase el de la reina María Cristina de Nápoles, en esta misma exposición), y la postura serpentina, arrellanada con gracia infinita en el butacón de terciopelo, como pendiente de nuestra conversación o admiración, hacen de doña Amalia del Llano el prototipo de una nueva mujer: la romántica tardía de la época isabelina, protagonista de una sociedad sensible y poética, en la que reina no sólo por su belleza y elegancia, sino también por su talento. Como escribía Concha de Marco, la condesa de Vilches, autora de las noveles *Berta* y *Ledia* de las cuales «más vale no hablar», «brilló por su talento y su belleza en la corte de Isabel II».
Bajo la influencia de Ingres, a quien trata y retrata en París, Federico de Madrazo crea un seductor tipo de dama a la española, a la vez reservada y coqueta, sirena pudorosa, encarnación del eterno femenino y que (siguiendo la exacta paradoja wildeana «*Life imits Art*») va a provocar en la sociedad alta y media de nuestro país un tipo especial de mujer, alta y esbelta, de cutis pálido, mirada dulce pero que impone distancias, lozanía de la mata de pelo generalmente morena, rectitud noble y fina de nariz, brazos torneados, busto lozano pero no opulento ni excesivo, elegancia natural que se extiende al tocado (y no lo contrario, como en la generación precedente), aire amable e inteligente, y una combinación exquisita de altivez y naturalidad, de pudor y de insi-

nuación. Mujeres inteligentes, artistas o poetisas, cantantes y escritoras como Carolina Coronado, Cecilia Bohl de Faber («Fernán Caballero»), Gertrudis Gómez de Avellaneda, Sofía Vélez, la marquesa de Rambures, pintando, la señora Coello de Portugal, la señorita Bassecourt, la marquesa de Espeja, la primita Rambaut de Kuntz, la marquesa de Montelo, Leocadia Zamora, la señora de Girona, la niña María Bosch (más tarde benéfica urbanista), etc. Este tipo de dama española ya palpita en algunos retratos de maja-duquesa de Goya: la de Alba, la de Benavente, la de la Solana, Joaquina Candado, la condesa de Lazán, Josefa Palafox pintando, etc., pero sin esa reserva que da a las retratadas por Federico de Madrazo una gracia sin desafío ni descaro popular.
Como Ingres, cuida la «pose», que en la condesa de Vilches tiene un aire oriental (como los de la Madame Davaucay, de Madame Rivière, Madame de Rothschild, Madame Moitessier), algo así como una sospecha de medievalismo «nazareno» contagiado de las miniaturas musulmanas, un inconfesable parentesco con las odaliscas y sultanas. No es cierto que López sea nuestro Ingres, como se ha dicho a la ligera. Nuestro Ingres es Federico de Madrazo, algo más aburguesado, menos pomposo, menos de ese gran mundo de Winterhalter, con el que también se le compara; en una palabra, más simpático, más íntimo, y con un regusto a Velázquez en la casi secreta riqueza de la pasta pictórica, que no busca efectos facilones. Es Federico el gran maestro del retrato romántico español y el creador de un tipo femenino que sucede al majismo de la nobleza goyesca con exquisita discreción, sin alardear de nada, pero guardando sus efectos. Sus retratos masculinos no son inferiores, pictóricamente hablando; pensemos en el muchacho Federico Flores, en el general duque de San Miguel, en Ventura de la Vega, en el duque de Osuna... Pero no pueden alcanzar esa misteriosa seducción de la virtud.

(J. G.)

Raimundo de Madrazo

Raimundo de Madrazo y Garreta nació en Roma en 1841 y falleció en Versailles en 1920. Fue el hijo primogénito del gran pintor Federico de Madrazo y de su esposa Luisa Garreta y el nieto mayor de José de Madrazo e Isabel Kuntz. Casó dos veces; primeramente, con Carlota de Ochoa, hija de Eugenio de Ochoa, colaborador de su padre, y a su muerte, con Marie Hahn, hija del compositor francés Reynaldo Hahn. De las primeras nupcias nació un hijo varón a quien impusieron el nombre de su abuelo, Federico, pero que la frivolidad reinante en el París fin de siglo, de que fue figura destacada, bautizó con la repetición de la última sílaba, «Cocó», que en el argot parisiense significa amiguete. Raimundo, príncipe heredero de las artes, con una facilidad para pintar que lo haría colaborador y casi rival del esposo de su hermana Cecilia, el reusense Mariano Fortuny, estudió en Roma, París y Madrid. Admirador, como su padre, de Ingres, copió el diseño de las vidrieras proyectadas por éste para la Capilla de San Fernando (erigida en el lugar donde el rey Luis Felipe sufrió un accidente sin graves consecuencias), y para la de San Luis en Dreux, panteón de la familia de Orleans (1842-1844), de un estilo «nazarenista» amortiguado.

Pronto abandonó los temas serios, dedicándose a un tipo mundano de pintura, para aficionados ricos, el «tableautin» a la manera de Fortuny o Meisonnier, así como al retrato, en el que logró grandes éxitos. Expuso en las Universales de París, 1878 y 1881, logrando medallas y condecoraciones. En su pintura, de un virtuosismo y una facilidad sorprendentes, siguió a su padre y a su cuñado, aunque, como escribe Bernardino de Pantorba, no llegó ni al uno ni al otro. Como Fortuny, tenía una clientela internacional, en especial de los Estados Unidos, con una soltura de pincel que se aprecia en sus retratos, de un parecido sorprendente, casi fotográfico, pero con menos alma que los de su padre.

Fue pintor de la reina de España, María Cristina de Habsburgo, de la que trazó varios retratos, entre ellos uno, ovalado, de la cabeza, muy suelto al modo de Boldini o Laszlò, y otro de media figura, con traje de noche, de amplio descote (los dos en Aranjuez). Su principal cliente fue don Ramón de Errazu, financiero nacido en México y muerto en París, que donó al Museo del Prado una admirable colección de pinturas, entre ellos su elegante retrato con pantalón gris y chaqueta negra (París, 1879), así como el desnudo Después del baño. El Museo de Sevilla posee dos maravillosos retratos del niño Joaquín Irureta, hijo de doña Manuela de Errazu, hermana de don Ramón. El Museo del Prado, el sorprendente de la marquesa de Manzanedo, digno de su rico marco de un recocó finisecular, que entona con el fondo azul, el traje malva, blanco y negro, con rosas de té amarillas, en un atrevido cromatismo y con un pasmoso estilo de reproducción de la realidad (París, 1875). Los personajes de Raimundo, que alcanzan la exactitud de la fotografía con increíble desenvoltura, tienen a veces una presencia física turbadora, como de figuras de cera, carentes de alma. De ello se libran las pinturas que hizo sobre su linda modelo Aline Masson, tales como Aline con traje sastre, casi masculino, y Aline con mantilla de blonda, que figura en esta exposición.

Excelente amigo y admirador de su cuñado Fortuny, pintó con él, «al alimón», el lindo cuadrito que representa a su hermana Cecilia en el jardín de su «carmen» granadino (Casón del Buen Retiro). Pintó, como Fortuny, paisajes andaluces, generalmente sevillanos, como El Alcázar o El patio de San Miguel.

Raimundo de Madrazo derrocha su extraordinaria vena pictórica realizando cuadritos con temas dieciochescos o galantes, al uso de los nuevos ricos americanos que acudían a París, donde prefería exponer. Cuadros adecuados para una alta burguesía, cosmopolita y frívola, que apreciaba la brillantez de la ejecución y la paladeaba como un postre delicioso, sin buscar mayores profundidades. No llega nunca a ser pintor «kitsch» porque, a última hora, lo salva su pasmosa técnica, su habilidad de improvisación. Pero es una vocación que traiciona la majestuosa seriedad de las obras de su padre, tío y abuelo.

Su hijo «Cocó» (Federico) también tenía talento, como se aprecia en el retrato de su amigo el poeta Jean Cocteau, de suelta pincelada. Pero fue un «dilettante» que vivía la vida de esteta como su mejor obra de arte, figura indecisa al iniciarse las vanguardias y que dejó perderse su pintura. Fue amigo del genial escritor Marcel Proust, que alguna vez lo cita y que admiraba las telas estampadas por el primo carnal de «Cocó», Mariano Fortuny y Madrazo, el «Fortuny de Venecia», que vestía a las damas del gran mundo e iluminaba con su «cúpula Fortuny» los escenarios de las grandes óperas y ballets. El biógrafo de Proust, G. D. Painter, dice que Federico de Madrazo y Garreta componía algo de música y cantaba un poco, todo ello bastante mal, pero que pintaba mucho y bien. Pese a ello, Painter sospecha que «Cocó» fue el modelo usado por Proust para el escultor Ski, personaje poco simpático de A la recherche du temps perdu.

(J. G.)

Raimundo de Madrazo, *Después del baño*

La modelo Aline Masson con mantilla blanca

Óleo sobre lienzo 65 × 52 cm
Madrid, Museo del Prado
(Casón del Buen Retiro), inv. 2621

Es una de las muestras más frescas del enorme talento pictórico del autor, que se deja en este cuadro de fantasías dieciochescas y pinta a su joven modelo tal como la está viendo, con su mantilla de blonda y su mantón rojo y blanco, con aire de naturalidad y una portensa técnica, casi impresionista, pero a la española, siguiendo el modelo de su padre, Federico, y hasta cierto punto, las huellas de Velázquez y de Goya. Española-francesa, tan sincera y risueña, que deja de ser «españolada» y se confunde con las muchachas de la feria de Sevilla.

Hay que reconocer que lo que hoy llamamos españolada fue una muestra de la afición del público internacional hacia un concepto de nuestro país que se basaba en la visión de España que ofrecían los mismos españoles (a comenzar por el propio Fortuny, que en su obra más célebre, *La Vicaría*, emplea elementos propios de esa idea: trajes goyescos en una sacristía, majo y manola repantigados en un banco, etc.), y que lograba grandes éxitos en las exposiciones parisienses en las obritas anecdóticas de Jiménez Aranda o Lezcano que, sirva de ejemplo, alternaban con Raimundo de Madrazo en las salas de la Exposición Universal de 1889: si añadimos que de éste se presentaban nada menos que siete retratos de damas del gran mundo (duquesa de Alba, duquesa de Lécera, etc.), notaremos hasta qué punto ambos géneros (la dama española y la españolada) gozaban del favor del público.

En 1875 se estrena en la Sala Favart de París la ópera *Carmen* de Georges Bizet, la más genial creación del género español, basada, por lo demás, en una famosa novela de Prosper Merimée, amigo y contertulio en Granada de la condesa de Teba y de la futura emperatriz Eugenia. El llamado «baile nacional» español aparecía frecuentemente en los escenarios de París y de otras capitales europeas tanto o más que en España, donde Téophile Gautier en su *Voyage* lo vuelve a encontrar en pleno País Vasco, nada más cruzar la frontera. La pintura se hace inmediatamente eco de esa belleza nueva, bravía y picante, y descubre a Goya a la vez que re-trata a Petra Cámara, por Chassériau, Adela Domínguez, por Courbet, y Lola de Valencia, «un bijou rose et noir» según Baudelaire, por Edouard Manet, autor de toda una serie de cuadros (su «época española»), de bailes andaluces, corridas de toros, guitarristas y bebedores, sin olvidar la señorita torera. En sus notas de viaje, reunidas en forma de diario, Eugène Delacroix, en su brevísimo viaje por Andalucía (Sevilla y Cádiz) no deja de anotar anécdotas sobre los toreros Romero y Pepillo (sic) y se extasía ante las bailadoras de las tertulias de Williams y la belleza de la señora Ford, vestida a la española. Muchos años más tarde, Marcel Proust, el amigo de «Cocó» de Madrazo, alude frecuentemente a la moda española (cf. J. G. *Proust y España*, R.I.E. n. 144, Madrid 1978), hasta en la vulgaridad del doctor Cottard que, al recetar un régimen lácteo, es decir «au Lait» añade: «Cela vous plaira, puisque l'Espagne est à la mode, ollé, ollé!» (*sic*).

Es en este ambiente donde se debe colocar el precioso cuadro de Raimundo de Madrazo, que no es un *Retato de Aline Masson* como a veces se lee, sino una cabeza de española para la que Aline sirvió de modelo. Mucho más convincente que la famosa *Carmencita* de Sargent.

(J. G.)

Mariano Fortuny

*Mariano Fortuny Marsal (él firmaba
Mariano y no Marià, como hoy se le cita
en textos catalanes) nació en Reus
(Tarragona) el 11 de junio de 1838, en el
n. 36, piso 2, del Arrabal Robuster (donde,
en el bajo, tenía su padre Mariano Fortuny
un taller de carpintería y talla artística), un
año después del matrimonio de su padre con
la joven Teresa Marsal. En 1840 nació su
hermana Adelaida. En 1849 murió la
madre y el padre dejó a su hijo al cuidado
del abuelo paterno del mismo nombre, pero
conocido en la región como «Marianet de les
Figures», porque abandonó su oficio de
tejedor para dedicarse a modelar figuritas de
Belén, en barro o en cera; y al contraer
matrimonio formó un museo ambulante, de
figuras vestidas por su mujer con trajes de
época y pelo natural, que exponía por las
ferias, mientras su hijo Mariano le servía de
ayudante, y su segundo hijo, Antonio,
acompañaba musicalmente, tañendo el violín,
el tambor y los platillos. Cuando el
primogénito emigró a Barcelona al quedar
viudo, para buscar mayor clientela, el abuelo,
Marianet, observando las dotes dibujísticas de
su nieto, lo confió a las enseñanzas de un
acuarelista reusense, don Domingo Soberano,
mientras aprendía las primeras letras en la
escuela regida por don Simón Fort. Más
tarde, el futuro pintor pasó al taller de arte
religioso del platero don Antonio Bassa, para
cuya clientela pintó, a los doce años escasos,
numerosas tablillas de exvotos para la ermita
de Nuestra Señora de la Misericordia.
No contento con esos avances, el abuelo
decide que el muchacho estudie la pintura en
una academia reputada, que puede ser la
Escuela de Bellas Artes de Barcelona.
Ambos emprenden a pie el viaje a la
Ciudad Condal, provistos de cartas de
presentación para el escultor Domingo*

*Talarn y los presbíteros Font y Vergès, que
conceden al joven una pensión mensual de
ciento sesenta reales, suficiente para subsistir,
ayudado por los trabajos de aprendiz en el
taller de Talarn y lo que saca iluminando
daguerrotipos. Gracias a su recomendación,
Mariano ingresa en la ansiada Escuela, con
matrícula gratuita, durante los recursos de
1853 a 1856, trabajando con los profesores
Pablo Milá y Fontanals (Estética y
Composición), Luis Rigalt (Paisaje) y el
«nazareno» Claudio Lorenzale (Arte
antiguo), bajo cuya dirección pinta su primer
cuadro de Historia,* El Cid Campeador.
*Milá y Fontanals aplicó a su discípulo la
frase atribuida a Haydn hablando del joven
Mozart: «Este chico nos asombrará a todos»,
comentario que causó tales envidias que Milá
tuvo que dimitir. Los domingos, Mariano
salía a dibujar al campo en compañía de su
condiscípulo José Tapiró. También se
ayudaba haciendo xilografías devotas y
litografías en las que se advierte la
influencia de Gavarny. En esa época ejecutó
varios cuadros de devoción (por ejemplo:* San
Pablo ante el Areópago *y de historia
(*Carlos de Anjou en la playa de
Nápoles*).
En 1857 la Diputación de Barcelona le
otorgó una beca para ampliar estudios en
Roma, al triunfar en un concurso sobre el
tema* El conde Ramón Berenguer izando
el estandarte de Barcelona en el castillo
de Foix *(Museo de Barcelona). Tras pasar
por Reus a despedirse de su familia, parte
el 14 de marzo de 1858 en compañía de
José Armet. Trata de ver a Overbeck, muy
admirado por su maestro Lorenzale, pero no
lo consigue. Visita en cambio iglesias,
museos y palacios, entre ellos el Doria,
donde el retrato de Inocencio X por
Velázquez le causa una gran impresión. En
el Vaticano le entusiasman las Estancias de
Rafael. Aparte sus apuntes de edificios y
paisajes, notas de cuadros, etc., asiste
asiduamente a la Academia Gigi, en Via
Marguta, donde se trabaja con modelo
natural. El 19 de marzo de 1959 muere en
Reus su abuelo «Marianet», a quien poco
antes había regalado un cuadrito de su santo
patrón. A Pedro Bover, también reusense, le
envía sus primeros cuadros.
En enero de 1860 la Diputación le escribe
proponiéndole un viaje a Marruecos para ser
«reportero» de la guerra, en que destacan los
voluntarios catalanes. Mariano llega a*

Mariano Fortuny, *Los hijos del pintor en el salón japonés*
Museo del Prado, Madrid

Mariano Fortuny, *Paisaje*
Museo del Prado, Madrid

Tetúan, donde le recibe el general Prim, el 12 de febrero. El 23 de marzo comienza la Batalla de Wad-Ras y pinta numerosas notas de paisajes y moros, trasladándose a Madrid tras dos meses y medio de estancia en África. En la Corte conoce a don Federico de Madrazo y frecuenta el Museo del Prado y la Academia de San Fernando, admirando las obras de Velázquez y de Goya. Vuelto a Barcelona, se le concede una beca para que estudie los cuadros históricos del Museo de Versalles, donde aprecia la famosa Smalah de Horace Vernet, y las obras de Delacroix y Fromentin. Vuelto a Roma, inicia la Batalla de Tetuán, pinta cuadritos y acuarelas y entra en relación con los «Macchiaioli». Tras un nuevo viaje a Marruecos en 1862, vuelve a Italia, viviendo en Roma con Agrasot y Moragas, y haciéndose en Nápoles amigo del famoso pintor Domenico Morelli. En 1864 va a Barcelona y al año siguiente vuelve a París, donde traba amistad con Martín Rico, Delaroche, Gerôme, etc. y firma un contrato con el célebre marchante internacional Adolphe Goupil. Nuevos viajes a Roma y a Madrid, donde conoce a la hija de Federico de Madrazo, Cecilia, de la que se enamora; sus visitas a la iglesia de San Ginés para preparar su casamiento, que se realiza en 1867, le inspirarán su famosa Vicaría (Museo de Barcelona). El viaje de novios a Granada le familiariza con esta ciudad, cuyas antigüedades le hechizan. Vuelto a Italia con su esposa y sus cuñados, Ricardo y Raimundo, en 1869 sufre su primer acceso de malaria. Allí le visitan numerosos artistas, como Henri Regnault y aficionados, como William Hood Stewart o el marchante Goupil, que le invita a un tercer viaje a París, donde la exposición de sus cuadros en 1870 causa sensación. Pasando por Madrid y Sevilla, los Fortuny se instalan en Granada. En mayo de 1871 nace en Granada Mariano Fortuny y Madrazo, más adelante insigne artista en varios campos, segundo de sus hijos (la primera es María Luisa). A comienzos del 72 el pintor viaja a Marruecos, con su amigo Tapiró. En mayo, vuelve a Roma, donde pasa un año para terminar sus encargos, con la intención de establecerse en Granada definitivamente; la Ciudad Eterna ya no le gusta, tras los últimos sucesos políticos. En 1874 termina allí sus cuadros

más admirados (con La Vicaría*):* La elección de la modelo *(o* La Modela, *Corcoran Gallery, Washington) por el que Stewart paga 60.000 francos, y* Ensayo en el jardín de los poetas Arcades *(destruido en la última guerra mundial), adquirido en 90.000 por el barón Heeren: son precios jamás alcanzados por un pintor moderno. Animado por el éxito, viaja a Londres en compañía de su amigo, colaborador y futuro biógrafo Charles Davillier; visitan colecciones y talleres, entre éstos los de Millais y Alma-Tadema.*

El 15 de junio vuelve a Roma y poco después se va a Nápoles. El 19 de julio alquila la Villa Arata en Pórtici, cuyo paisaje marino le encanta. Allí pinta varias versiones de La Playa *y* Los niños en el Salón Japonés *(Museo del Prado), donde se revela una nueva dirección, más luminosa e impresionista, casi precursora de los «Nabis» del fin de siglo.*

Regresan a Roma en octubre. El 14 de noviembre de ese mismo año, 1874, cae Fortuny gravemente enfermo (se discute si de un enfriamiento pulmonar, de una intoxicación debida a su costumbre de chupar los pinceles o del resultado de la malaria) y fallece el 21 del mismo mes. Sus restos yacen en el cementerio de Campo Verano, junto a San Lorenzo Extramuros, bajo una alta columna con su busto, en un sitio preferente cedido por el Ayuntamiento; pero su corazón fue enviado a Reus, en cuya iglesia parroquial de San Pedro se conserva. Su viuda e hijos se trasladan a París, donde entonces residen el padre y el hermano de Cecilia, Federico y Raimundo de Madrazo. Allí permanecen hasta 1889, en que madre e hijos van a Venecia, donde terminan instalándose en el Palacio Orfei, Campo San Benito, hoy Museo de los dos Fortuny.

(J. G.)

El tribunal de la Alhambra, 1871
Óleo, 75 × 59 cm
Figueras, Fundación Gala-Salvador Dalí, Teatro Museo Dalí

En ésta una de las mejores pinturas de tema musulmán de Fortuny. La escena tiene por escenario un patio morisco, inexistente en la realidad pero cuyos elementos responden a los materiales y estilos de la Alhambra de Granada. Es un recinto de dimensiones semejantes al Patio del Cuarto Dorado (otras veces conocido por patio del Mexuar o patio de entrada al cuarto de Comares), con fuente de pila baja y redonda en el centro (hoy existe una copia que reemplaza a la original, que forma parte de la fuente del Patio de Daraxa o jardín de Lindaraja) incrustada en el enlosado, y muros enjalbegados. Se ven dos de sus lados, uno sin adornos y otro, la fachada principal, con un gran arco muy sencillo abierto en el muro grueso, a través del cual se admira otro, muy fino, con columnillas y arranque de otro arco, del tipo de los del Patio de los Leones y detrás otro recinto, a modo de alcoba o diván (semejante al llamado Mirador de Daraxa), con postigos de maderas finas con taracea de marfil, dando a un jardín. Las paredes de esa entrada lucen alicatados estrellados, muy parecidos a los del zócalo del Salón de Comares. El contraste del patio, muy luminoso, con la penumbra de ese salón es exquisito y subraya la calidad de los personajes: los jueces reclinados en ese diván y los dos reos tendidos a plena luz, en el suelo, con los pies tocando el escalón que marca el pórtico. Los acusados van medio desnudos, con las manos alzadas sobre los codos sujetas con esposas en un caso, las cabezas posadas en el suelo y los pies en un cepo de madera. Los jueces apenas se adivinan en la sala (que no tiene relación alguna con la hoy llamada Sala de Justicia, al fondo del Patio de los Leones, vecina a la torre de la Rauda) y sin embargo se advierte la riqueza de sus atavíos. Este cuadro es hasta cierto punto semejante al titulado *Salón de los abencerrajes* o *Muerte de los Abencerrajes*, en un recinto parecido a éste, pero con la fuente del centro enmarcada por los cadáveres de los nobles rebeldes, cuya sangre, según una larga tradición, ha dejado manchas en el fondo de la pila. Pero, por tamaño y factura, parece superior al aquí expuesto.

La pincelada es suelta y primorosa, de la mejor manera del pintor, pequeña y sin embargo nada relamida, con una finura de tonos difícilmente superable en su género. Fortuny ha alcanzado en esa fecha, 1871, tres años antes de su muerte, la cúspide de su talento y de su fama internacional. Baste decir que el año precedente ha firmado su cuadro más célebre, *La Vicaría* (Museo de Barcelona), y que en el de *El Tribunal* ha pintado también *El Patio de los Arrrayanes* y *Torso de anciano al sol* (Prado), que por su pincelada y uso del negro puede recordar al Greco. En junio de 1870, Fortuny había dejado París para volver a España. Se quedó un mes en Madrid, y después de una parada en Sevilla (donde pintó un estudio de la *Escalera de la casa de Pilatos*), se detuvo en Granada, hospedándose en la Fonda de los Siete Suelos, junto a la Alhambra, donde le había precedido como huésped Henri Regnault, retratista famoso de *El general Prim* (Louvre y Prado), que se había sentido encantado, según afirma el barón Davillier en su inapreciable libro (*Fortuny, sa vie, son oeuvre, sa correspondence*, París, 1875) publicado a la muerte del reusense. «La tranquilidad del lugar…, la belleza del clima, la facilidad de la vida, la poesía de los monumentos moriscos, todo le gustaba en Granada y más de una vez me ha dicho que los dos años que allí pasó contaban entre los más felices de su vida». Además de pintar, se dedicaba a la búsqueda de antigüedades, armas, tejidos, bordados y sobre todo cerámicas hispano-moriscas. De esos descubrimientos (entre los que se halla el famoso *Vaso Fortuny*) daba cuenta a Davillier, autor de una historia de esas cerámicas (publicada en 1861) que fue motivo de esa amistad. Davillier era, él mismo, ceramista «explorador de España y de las Baleares, que reveló a los coleccionistas las admirables cerámicas hispano-árabes», según afirma un personaje de Guy de Maupassant (en *Le Rosier de Madame Husson*). También Fortuny cultivaba la cerámica y escribía a su cuñado Raimundo de Madrazo que hacía ensayos de loza de reflejos metálicos. No es, pues, de extrañar que haya elegido para el diván de su *Tribunal* el zócalo más hermoso de alicatados del Salón de Comares. «Davillier est venu ici… Le vase arabe lui a beaucoup plu», escribe a Martín Rico el 3 de mayo de 1872, desde Granada, donde todavía le dirige otra carta en agosto, en la que le habla de otro cuadro «de moros,

que no pienso terminar aquí, pero pinto las figuras, para aprovechar la luz de mi patio». Poco después vuelve a Roma, que ya no le resulta (según Davillier) «sa *chère Rome d'autrefois*».

Desde que su primera beca de la Diputación de Barcelona, en 1860, le permite trabar contacto con el mundo musulmán en la guerra de Marruecos, Fortuny se apasiona por los temas moriscos y cuenta entre los más distinguidos orientalista de la pintura europea del siglo XIX. Son casi innumerables los cuadros al óleo, acuarelas, dibujos y grabados de tema musulmán, tanto en lo que se refiere a las costumbres como a los escenarios y edificios. Para el riquísimo coleccionista W. Stewart (que tenía sus colecciones en París y Nueva York) había pintado varias acuarelas y óleos (*Encantadores de serpientes*, *Una calle de Marruecos*, *Árabe acostado*, *Frutería en Granada*, etc.), pero también ejecutó, poco después (1874) en Roma sus *Académicos de San Lucas eligiendo modelo*, que reúne otros dos temas favoritos del público del artista: la escena de casacón y el desnudo femenino (Corcoran Gallery, Washington). Este cuadro, uno de los más célebres y caros de Fortuny, no estaba expuesto en el momento de mi último viaje a Washington, y en el propio museo no me supieron dar razón de él.

Concretamente, sobre Granada y la Alhambra realizó numerosos cuadros. En el libro *Mariano Fortuny, su vida, su obra, su arte* publicado por Luis Gil Fillol en Barcelona, 1952, se reproduce, con el título de *Un tribunal árabe*, una acuarela, en paradero desconocido, muy semejante al óleo *El tribunal de la Alhambra*. La fotografía, en negro, no permite captar la diferencia de técnica entre acuarela y óleo. Dado que esta acuarela no figura en el catálogo cronológico de Davillier, es muy posible que no haya existido nunca y que se trate de un error del pie de la reproducción. El óleo figura reproducido en el libro *Mariano Fortuny y Marsal* de Carlos González López y Montserrat March Ayxelà, Barcelona, 1989.

(J. G.)

Aureliano de Beruete

Aureliano de Beruete nace en Madrid el 27 de septiembre de 1845, en el seno de una familia acomodada. Estudia Derecho por consejo familiar, doctorándose en 1867. Su afición a la pintura es temprana, figurando ya como copista en el Museo del Prado en 1864. Aunque alumno de pintura, inicialmente, de un modesto pintor, Carlos Múgica, de quien va a ser auténtico discípulo en la Real Academia de San Fernando es de Carlos de Haes, con quien viajará en 1874 a Alsasua, Aránzazu y Mallorca, iniciando así un constante hábito de recorrer España y Europa. En 1873 casa con su prima Teresa Moret y Remisa y en 1877 participa activamente con Giner de los Ríos en la fundación de la Institución Libre de Enseñanza. En 1878 pinta en París, donde conoce, se hace amigo y recibe el influjo de Martín Rico; también el de la pintura francesa, particularmente de la Escuela de Barbizon. Sigue pintando, pues, en todas las regiones españolas y en Inglaterra, Holanda, Alemania, Italia, Suiza. Tras una breve intervención en la política —es diputado a Cortes en 1870 y 1876— abandona la misma en 1873. Coleccionista inteligente, tiene obras, entre otros, de Goya, Greco y Miguel Ángel, demostrando su buen gusto.

Obtiene tercera medalla en las Exposiciones Nacionales de 1878 (por Orilla del Manzanares*), y 1884 (con* Orillas del Oria*) y segunda medalla en las de 1901, por el conjunto presentado, y 1904 por* Comentario viejo.

Wagneriano convencido, viaja repetidas veces a Bayreuth para asistir a los festivales sobre el músico alemán.

Colabora muy intensamente en el montaje de la Sala de Velázquez del Museo del Prado, en 1899, preparando el discurso leído en esa misma ocasión. Su amplia cultura y su admiración por el pintor le hace escribir un interesante libro sobre él, publicado en 1898 en París, de donde se traduce al inglés (en 1966) y al alemán.

Tuvo un hijo, de su mismo nombre, que llegó a ser Director del Museo del Prado (de 1918 a 1922).

Fallece, de repente, en Madrid, en 1912. Unos meses más tade se organiza una importante exposición suya en la casa de su compañero y amigo Joaquín Sorolla, donde se presentan 666 obras, calculándose que son un tercio de su producción.

(F. G. Ll.)

Cuenca

Óleo sobre lienzo, 68 × 120 cm
Firmado *A. de Beruete* en ángulo
inferior izquierdo
Madrid, Colección particular

Beruete es, sin ningún género de dudas, uno de los grandes pintores españoles de fin de siglo. No sólo por su técnica, de pintura directa y al aire libre, buscando el contacto inmediato con una naturaleza íntima y nada romántica, sino por su sólida formación, su rigor intelectual y su influjo en la «nueva» forma de hacer que tiene que abrirse paso entre la pintura oficial, anclada en fórmulas historicistas, y la pintura romántica, que utiliza la imaginación como forma de evadir la realidad cotidiana. Beruete está convencido de que sólo sirve la búsqueda de la verdad real, de su entorno más próximo, despojado incluso de asuntos o temas demasiados «realistas» o excesivamente pintorescos, que puedan alejarle de esa desnudez que pretende reflejar. Es una visión nueva, de profundo cambio, del paisaje español, que con una paleta cada vez más luminosa y más limpia, ha sabido partir de la visión a pleno aire de Carlos de Haes, del que Beruete aprende su experiencia y su aparato instrumental, para adentrarse con retina excepcional en un paisajismo desmitificador de los tópicos de nuestra historia. Esa decisión, nada intuitiva, sino consecuencia de su propia planteamiento de la vida misma, se entiende mejor si lo relacionamos con su directa participación en la puesta en marcha de la Institución Libre de Enseñanza, con su mentalidad positivista, que parte de la «ciencia geográfica» como uno de los ejes de la ciencia moderna. La progresiva desmitificación de los tópicos de nuestra historia y la huida de un folclorismo que con ribetes románticos va también a falsear la verídica y cotidiana visión de nuestro paisaje, son también elementos esenciales.

El influjo de Velázquez y Goya, a los que conoce perfecta y profundamente, se observa de manera evidente en la forma misma de aproximarse a la naturaleza, en la fluidez de su pincelada, que evita trucos, para conseguir una atmósfera real. Beurete no es sólo un hombre culto, intelectual —hasta erudito— que además pinta. Es un auténtico y vocacional pintor, con dotes nada frecuentes, que justamente completa con su profunda formación su rica personalidad de ar-

tista. Hace del arte la finalidad primordial de su vida y justamente por ello todas sus actuaciones no se desvían nunca de esa idea central. Su abundante producción —cercana a las dos mil obras— es buena prueba del rigor con que aborda su profesión de pintor.

Acostumbrados, tal vez, a pintores de su época que suplen con dotes geniales, con facilidad de pincel, con intuiciones brillantes, su escasez de preparación intelectual, Beruete se nos presenta como el mejor continuador de ese otro tipo de artista que necesita integrar su oficio creador en un profundo y coherente desarrollo intelectual, que lejos de impedirle su creación, la potencia.

Se ha dicho que fue el más puro de los impresionistas españoles. Si es posible aplicar el término con exactitud en nuestro país, es ciertamente Beruete quien más se aproxima a lo que pretendieron quienes así pintaban. Con técnica de factura directa y fragmentada, con acusada sensibilidad hacia la atmósfera, con un riguroso respeto a lo visible, es la luz natural —siempre contenida, pero siempre presente— la protagonista de sus obras. Su posible relación con el impresionismo francés no es por contacto con los pintores galos, a quienes sin embargo conoce, sino por coincidencia con sus fines y con su concepto pictórico. Es consciente, no obstante, de la exageraciones de aquéllos, y así incluso lo deja dicho en alguno de sus textos. Pueden distinguirse cuatro períodos en su obra; el primero, que abarcaría desde 1873 a 1878, es el que más reflejaría el influjo recibido de Carlos de Haes. El segundo, de 1878 a 1887, deja traslucir un cierto influjo francés, pero aparece ya marcada su propia personalidad.

El que transcurre desde 1887 a 1902, el tercero, sería el que mostrase su obra más vigorosa, con más ímpetu, derivando en sus últimos años, 1902-1912, hacia un período más colorista, con una mayor sensibilidad luminista, influjo, sin duda, de otros brillantes pintores de ese estilo, como Sorolla. Su actividad, desde el arranque en la Institución Libre de Enseñanza, no fue una postura meramente testimonial sino que coincidía con su deseo de planteamientos positivistas, valorando especialmente las ciencias de la naturaleza, haciendo excursiones, aprendiendo el paisaje de tal forma que su traslado al lienzo es como un «poema geográfico», con descripciones ajustadas a la realidad

más esencial, al margen por completo de veleidades folcloristas. Su «regionalismo», si pudiésemos utilizar ese término, sería, en todo caso, diferenciando, casi geológicamente, Castilla de Galicia, por ejemplo, o intentando describir con rigor el Guadarrama o las afueras de Madrid, paisajes que desde sus admirados Velázquez o Goya nadie había recogido con tan natural sensibilidad.

El cuadro que está presente en esta Exposición, pintado hacia 1909-1910, fechas en que son frecuentes en el artista encuadres de visión de «soto in su», es, en alguna manera, semejante al que también de Cuenca posee el Museo de Cádiz, o al de *La ribera del Júcar* de colección particular madrileña. Son sin duda los paisajes del centro de España —Ávila, Segovia, las Sierras, Cuenca— los que de un modo más preciso nos muestran su estilo propio. En éste nos enseña una Cuenca íntima, nada grandiosa, presidida, realmente, por una verde arboleda que está ordenando toda la composición. El cielo, de técnica depurada, casi puntillista, cierra en la parte superior un paisaje que cautiva por su auténtica naturalidad y por el protagonismo —más que del asunto, mínimo y puramente referencial— de la propia calidad plástica de toda la obra, de pincelada densa, aplicada con toque suelto y riguroso. Las inevitables referencias que en esta y en otras obras del período final pueden hacerse al impresionismo francés, lo son más, como se ha dicho, por una coincidencia con fines —y hasta con idearios— que por contacto directo. Sin duda es también la relación con otros amigos y pintores lo que influye en ese progresivo luminismo de su paleta.

(F. G. Ll.)

Joaquín Sorolla Bastida

*Nace en Valencia en 1863, el 27 de
febrero.*
*Un año después nace su única hermana,
Concha. En 1865 mueren sus padres con un
intervalo de 3 días, seguramente de cólera.
Sus tíos Isabel Bastida y José Piqueras
acogen a los dos hermanos. En 1874 asiste
a las clases de la Escuela Normal de
Valencia, cuyo director aconseja vaya a la
Escuela de Artesanos (1877), donde recibe
clases del escultor Cayetano Capuz.
En 1879 ingresa en la Escuela de Bellas
Artes de San Carlos, donde tiene por
profesores a pintores valencianos como
Gonzalo Salvá, Salustiano Asenjo y otros.
El mismo año, recibe una Medalla de Cobre
en la Exposición Regional Valenciana.
En 1881 conoce el Prado, que vuelve a
visitar en 1882; descubre y copia a
Velázquez y Ribera. En 1884 manda* El
dos de Mayo *a la Exposición Nacional
(segunda medalla) y obtiene, al tiempo, la
pensión en Roma por la Diputación
Provincial de Valencia. Viaja también a
París, donde conoce el realismo de Bastien
Lapage y el impresionismo, aunque no llega
a relacionarse con el grupo.
En 1888 casa con Clotilde García, hija del
que fuera su protector, Antonio García. En
1889 se instala en Madrid, donde nace su
hija María Clotilde al año siguiente. En
1892 nace su hijo Joaquín y en el 95
Elena. Entre ambas fechas realiza* La
vuelta de la pesca, *actualmente en el
Musée d'Orsay, de recio costumbrismo de
tema marinero.
Se acumulan los premios y honores
nacionales e internacionales. Merece destacarse
la primera Medalla Nacional en 1892 con*
Otra margarita.
*A partir de 1900, fecha en la que obtiene
Gran Premio en la Exposición Internacional*

*de París, y hasta 1911, transcurren los años
más plenos de su actividad. Viaja mucho, y
pinta en 1903 dos de sus obras más
importantes:* Sol de tarde *y* Pescadores
Valencianos. *Estos lienzos, brillantes y
luminosos, los alterna con retratos, que
alcanzan una gran calidad y cada vez
mayor reconocimiento social. Expone en
París (George Petit) en 1906 y con motivo
de su exposición en Londres, 1908, conoce a
Archer M. Huntington, que le invita a
exponer en Estados Unidos. Hace dos
circuitos: en 1909, Nueva York, Buffalo y
Boston. En 1911, Chicago y Sant Louis.
Esa amistad culminará con el encargo de la
decoración de las paredes de la Biblioteca de
la Hispanic Society of America, de Nueva
York: un amplio panorama de las distintas
regiones españolas, la* Visión de España, *en
catorce paneles, con una superficie total de
58 metros de longitud por 3,5 metros de
altura. Es sin duda una obra de empeño
que va a preparar Sorolla meticulosamente.
Ese ingente trabajo, que realiza entre 1911
y 1919, le absorbe casi todo su tiempo: en
1912 hace estudios en El Valle del Roncal.
Pasa todo el·año de 1913 en Castilla, y
1914-1915 entre San Sebastián, Galicia y
Cataluña. Más tarde Valencia, Extremadura.
1918 Elche, 1919 Ayamonte, en Huelva.
Un año después, 1920, en medio de un
trabajo desbordante y con un prestigio social
y crítico muy alto, sufre un ataque de
hemiplejía que le impide pintar, muriendo en
un pueblo de la sierra de Madrid,
Cercedilla, en 1923.*

(F. G. Ll.)

Paseo a orillas del mar

Óleo sobre lienzo, 205 × 200 cm
Firmado: *J. Sorolla B. 1909*, en negro,
margen inferior izq.
Madrid, Museo Sorolla, n. inventario 834

Surge Sorolla en un difícil contexto europeo, con una sociedad que, artísticamente
hablando, está pasando de una época con caracteres definidos a otra con multiplicidad
de caminos, variedad de soluciones, simultaneidad de esfuerzos individuales o de grupo, por afrontar esa situación de cambio.
En España, cuando Sorolla nace, se está fra-
guando la crisis de la monarquía isabelina,
que culmina cinco años más tarde. Es la época del naturalismo, ligada a la evolución social de la burguesía. Sus raíces filosóficas se
sustentan, como es sabido, en las tesis positivistas comptiana. Como punto inicial está
la pintura de historia, herencia del neoclasicismo en cuanto a la «forma» y del romanticismo en cuanto al «sentido» dado a esa
forma, género artístico oficial por excelencia, utilizado también para mensajes ideoló-
gicos, en el que incluso Sorolla, a su modo,
llega a participar. Junto a ello, los reflejos
del naturalismo citado, con un Carlos de
Haes redescubriendo una pintura directa del
paisaje, que de alguna manera preparan un
impresionismo «sui generis», un modernismo muy localizado y concreto y un regionalismo desigual y muchas veces mediocre.
En Valencia la situación es, en líneas generales parecida, con un fenómeno, «la Re-
naixença», basado inicialmente en un romanticismo de corte historicista y manteniendo
esos años su dinámica social con una burguesía que marca su estatus, pero con evidente debilidad ante el poder central. El fin
de siglo es, en términos económicos, una
época expansiva en Valencia, con auge demográfico y de la producción agraria, con
nuevas técnicas y mejoras en el transporte.
Culturalmente se funda lo Rat Penat en
1878, por Constantí Llombart, y se conso-
lidan ciertos hechos colectivos que reflejan
una vida social activa. Ello enlaza con el li-
derazgo indiscutible y controvertido de un
hombre, con nuevas y opuestas tesis del na-
cionalismo y de las relaciones sociales y con
unas características formales en lo literario
con puntos comunes a la estética de Sorolla, aunque recientemente algún historiador
haya planteado algunas reservas: Vicente

Blasco Ibáñez, cuya amistad con Sorolla va a ser profunda, como él mismo cuenta en el prólogo de su novela *Flor de Mayo*: «Muchas veces, al vagar por la playa preparando mentalmente mi novela, encontré a un pintor joven que laboraba a pleno sol, reproduciendo mágicamente sobre sus lienzos el oro de la luz, el color invisible del aire, el azul palpitante del Mediterráneo, la blancura transparente y sólida al mismo tiempo de las velas, la mole rubia y carnal de los grandes bueyes cortando la ola majestuosamente al tirar de las barcas. Convertido al realismo en el arte, tenía como maestro al mar valenciano, admirando fervorosamente su luminoso esplendor. Trabajamos juntos, él en sus lienzos, yo en mi novela, teniendo enfrente el mismo modelo. Así se reanudó nuestra amistad, y fuimos hermanos, hasta que hace poco nos separó la muerte. Era Joaquín Sorolla».

Sorolla es de formación académica ortodoxa. Entre sus maestros, Francisco Domingo Marqués —«el farol que iluminó la juventud de mi tiempo, no sólo en Valencia sino en España»—, Pinazo, catorce años mayor que él y del que capta el toque fresco de pincel y la alegría de color. Estuvo más atento de lo que se piensa a las tendencias que configuraron las vanguardias figurativas de su época, conociendo el modo de hacer de Bastien-Lapage, Menzel y sobre todo Zorn, sin olvidar el posible influjo de Sargent en los retratos, aunque la efervescencia creativa que le caracterizó y la comercialización temprana de un arte, muy pronto con éxito garantizado, condicionaron muy seriamente su reflexión: «La ansiedad es lo que más me consume la vida; me falta la flema de un Velázquez». No cabe mejor autodescripción para un hombre que hizo de su existencia una epopeya de trabajo y creatividad. Con 2.175 obras catalogadas, sin contar pequeños apuntes o dibujos, con más de 200 metros cuadrados de lienzos pintados en la Hispanic Society de Nueva York (la *Visión de España* en contrato fabuloso de 150.000 dólares con Archer Huntington), con exposiciones individuales en París, Alemania, Londres, Estados Unidos —6—, etc..., se comprende que esa ansiedad le consuma.

Él no pretende ser un gran iniciador pictórico. Su impaciencia creadora y su falta de refinamiento —«pintura bárbara» la llamará Valle Inclán— pueden explicarnos que para él el arte no es un resultado cultural, sino un hecho natural. De ahí que su enlace con las corrientes de su tiempo sea a través de una idea básica y muchas veces intuitiva: suprimir cualquier mediación que condicionara y orientara el reflejo de lo real. En Sorolla no puede hablarse de esa técnica impresionista que, paralela a los descubrimiento físicos en el estudio de los colores y en el funcionamiento de la visión, elabora una pintura comedida y pensada. Es un realista, un impresionista heterodoxo, en el que la luz, el movimiento, lo fugaz, pasan al lienzo por el camino más corto, aprovechando su innata habilidad natural para el plenairismo, convirtiendo el contraste lumínico en su medio expresivo propio.

Por eso su modo peculiar de entender el arte y la naturaleza son en cierta medida irrepetibles, viscerales, que consiguen conectar directamente con el público por el sacrificio que hace de lo excesivamente intelectual, y desde luego, agosta desde el principio una posible herencia sorollista que si la hubo, fue para propio detrimento de nuestro artista, pura caricatura vacía de tensión.

Dirá en alguna ocasión: «Me sería imposible pintar al aire libre despacio aunque quisiera... El movimiento del sol cambia constantemente el color de las cosas... ¡¡¡Hay que pintar deprisa!!!». Qué lejos de la flema velazqueña...

En 1912 define su propia evolución: «Sólido en mi base, empecé a crearme, ya sin temor alguno, mi modo de hacer, bueno o malo, no lo sé, pero sincero, real; reflejo de lo visto por mis ojos y sentido por mi corazón». Esos «ojos normales» de los que hablaría Ramiro de Maextu en una crítica que le dedicó en 1908, y que vuelve a enlazar con el naturalismo, que hemos citado tanto. «De mirar al sol, ayer llegué a sentir los mareos de Madrid; quedé algo quebrantado».

En conclusión, Sorolla, con todas sus imperfecciones, con todas sus limitaciones, juega un papel importante en el arranque de la modernidad valenciana, y aún española, pues partiendo de la tradición, y no renunciando a ella, rompe con las limitaciones de su entorno; es pionero del luminismo español moderno, con Beruete y Regoyos y él y Blasco Ibáñez fueron, en feliz frase de J. F. Yvars, «tránsfugas de sí mismos, metáforas de un mundo culturalmente ciego y abocados al éxito como única verdad palpable de su singularidad creativa».

Paseo a orillas del mar es un gran lienzo de 1909, uno de sus mejores años. Utiliza como modelos a su esposa, Clotilde, que con amplia pamela de paja, porta una sombrilla abierta y caída, en su mano izquierda, y también a su hija mayor, María, que sostiene un sombrero en la derecha. Ambas inundadas de sol, de un cálido sol de poniente, que alarga las sombras hacia el mar. Sorolla, con habilísima pincelada de toque largo y suelto, contrasta con matices los vestidos blancos de ambas, con la arena de la playa, el mar azul del fondo, ayudado por valientes manchas moradas en los adornos de las pamelas. Procede de la colección de Joaquín, hijo del pintor.

(F. G. Ll.)

José Gutiérrez Solana

Pintor realista, cuya personalidad y obra, por su anacrónica posición estética, resulta un tanto fuera de lugar respecto a las corrientes artísticas de su tiempo. Sin embargo, por la calidad pictórica de sus cuadros y grabados y por el realismo a ultranza de sus temas, José Gutiérrez Solana (Madrid, 1886 - Madrid, 1945) es una figura fundamental del arte español contemporáneo.

Autor de varios libros de temas parelelos a los de su pintura, como escritor ocupa un lugar muy destacado dentro de la literatura. Su prosa, rica y enjundiosa, es también de gran plasticidad. Personaje un tanto estrambótico y singular, con ribetes de misántropo, fue una estrella solitaria, un cometa un tanto raro en la constelación artística del Madrid del primer tercio del siglo XX. Sin embargo no permaneció al margen de la vida intelectual de su época. Asiduo contertulio primero de Valle-Inclán en el Café Nuevo Levante y despúes de Ramón Gómez de la Serna en el célebre café de Pombo, frecuentó a los escritores y artistas más importantes de entonces. Madrileño y castizo en su forma de ser, su obra mereció la admiración de Picasso en París. Heredero de la tradicional «veta brava» de la pintura española —de Valdés-Leal a Goya—, Solana es artista imprescindible si se quiere comprender el legado de un arte en el que ante todo lo que cuenta es la expresión plástica de todo lo que rodea al hombre y es elemental en su existencia. A tal punto su arte representa una forma de mirar la realidad que al igual que existe el adjetivo «goyesco», a una escena de un mundo desgarrada y miserable se le puede calificar de «solanesca».

Como si fuese una premonición de su pintura, en la que uno de los temas fundamentales son las mascaradas, Solana

nació en Madrid el domingo de Carnaval del año 1886. Su padre, de ascendencia santanderina, nació en San Luis Potosí, en México. Hombre acaudalado era coleccionista de minerales, libros raros, ídolos mexicanos, figuras de cera y otros objetos extraordinarios. El ambiente de la casa no era muy normal. Con la familia de nueve hermanos vivía el tío Florencio, que era mudo. Solana lo retrató más tarde y escribió sobre él una novela. Su madre, que acabó loca, al igual que uno de sus hijos, hermano del pintor, vivía como recluida dentro del hogar. No es extraño que Solana fuese pesimista y que su arte reflejase un mundo un tanto siniestro.

Poco inclinado al estudio, Solana ingresó en 1900 en la Escuela de Bellas Artes de San Fernando, en la que, a pesar de permanecer en ella cuatro años, acabó no sacando, por negligencia, el título que concedía la institución. Aficionado a dar paseos por los suburbios y barrios populares, frecuentar las tabernas y mesones y a viajar por los pueblos castellanos, muy pronto se interesó por los temas de carácter vulgar y plebeyo. Su pintura, de pastosa materia y tonalidades oscuras, de una factura expresionista, retrata desde un principio las escenas más triviales y los paisajes más desolados de las afueras de Madrid y los destartalados pueblos de la meseta.

En 1904 expone en la Exposición Nacional de Bellas Artes. Sus cuadros son exhibidos en la llamada «Sala del Crimen», en la cual se reunían las obras de los artistas que se consideraban menos importantes y que hoy, como es el caso de Juan Gris, son nombres fundamentales del arte español contemporáneo. Solana, que nunca se separaba de su hermano Manuel, el cual le acompañó siempre como si fuese su sombra o hermano siamés, por aquellos años acudía a la tertulia del café Nuevo Levante, encontraba además de Valle-Inclán a Romero de Torres, Ricardo Baroja y otros artistas y literatos modernistas. En 1907 expuso en el Círculo de Bellas Artes, produciendo escándalo sus obras por lo esperpéntico de sus temas. En esta exposición conoció al escritor Ramón Gómez de la Serna, al que desde entonces le unió una amistad y mutua admiración. A causa de la salud mental de su madre, la familia se traslada a vivir a Santander, en el norte de España. Desde allí hace varias escapadas a

Madrid y Castilla. En una de ellas le vemos formar parte de la cuadrilla del torero Bombé, en varias corridas en pueblos de la andaluza provincia de Córdoba.

En 1912 publica su primer libro, Madrid. Escenas y Costumbres, en el que recoge sus visiones de la ciudad que tan a fondo conocía. Aburrido de Santander, en 1917 regresa a Madrid, instalándose con su colección de muñecas, autómatas, esqueletos, minerales, muebles, relojes, grabados y pliegos de aleluyas en un caserón de la calle de Santa Feliciana, en el castizo barrio de Chamberí. Solamente unos años más tarde, cuando el edificio amenazaba ruina, Solana se deshizo de parte de sus tesoros al tener que irse a vivir a un piso menos espacioso en el paseo de María Cristina, entre la estación del mediodía y el barrio de Vallecas. De la que nunca se separó fue de su muñeca mecánica, de tamaño natural. También de un espejo «de la muerte». Ambos objetos estuvieron muy ligados a su vida.

Desde los años veinte hasta la Guerra Civil del 1936 se desarrolló el período más fecundo y pleno de su arte. Las obras maestras las creó entonces. En la «Sagrada cripta» del café Pombo se colocó, en 1920, el retrato colectivo que Solana pintó de los contertulios. Entre ellos figuran Ramón Gómez de la Serna, pontífice máximo del grupo, el escritor José Bergamín, o el crítico de arte Manuel Albil y el propio pintor autorretratado. Fue también por aquellos años cuando publicó sus libros España Negra (1920), Madrid callejero (1923), Dos pueblos de Castilla (1924) y la novela Florencio cornejo (1926). Al filo de los años treinta comienza a ser conocido en el extranjero, exponiéndose cuadros suyos en Venecia, Oslo, Pittsburg y Chicago, en Estados Unidos.

En 1928 tuvo lugar en París una exposición suya en la Galería Bernheim-Jeanne. El catálogo lo presentaba el escritor, hispanista y crítico de arte Jean Cassou. Solana, que hizo el viaje a París acompañado de su hermano, conoció así el Louvre y el Museo Grevin, de figuras de cera. La capital de Francia no le fue entonces favorable. La exposición fue un fracaso. Únicamente Picasso admiró la obra de su compatriota. Al estallar la Guerra Civil de 1936 contribuirá a la propaganda republicana con grabados y pintará el cuadro patético

José Gutiérrez Solana, *La tertulia de Pombo*, 1920
Museo de Arte Moderno, Madrid

Recogiendo a los muertos. Entre el montón de cadáveres apilados en medio de la calle después de un bombardeo hay el del tío Florencio, tema recurrente tanto pintórica como literariamente para Solana. En el Pabellón Español de la Exposición Internacional de París en 1937 se expusieron quince óleos de Solana. Su presencia después de la de Picasso fue la más importante entre los demás pintores españoles. En la exposición del Jeu de Paume, paralela a la Exposición Internacional, Solana presentó su Bibliófilo. Refugiado primero en la capital francesa en la Gazette de Beaux-Arts en 1938, está vez con éxito. Acabada la Guerra Civil, Eugenio D'Ors convenció a los dos hermanos para que regresaran a España. De nuevo en su casa madrileña, comienza para Solana una etapa de celebridad. Gana premios en exposiciones. Pero no llega a alcanzar hasta después de muerto la ansiada medalla de Honor de la Exposición Nacional de Bellas Artes. José Gutiérrez Solana, que murió de un ataque de uremia el 24 de junio de 1945, día de San Juan, fue enterrado en el cementerio de la Almudena de Madrid.

(A. B. C.)

El bibliófilo
212 × 163 cm
Santander, Banco de Santander

El bibliófilo es uno de los cuadros más gratos de la obra de Gutiérrez Solana. Pintor de carnavales, corridas de toros, procesiones, escenas de suburbios y prostíbulos, de seres marginales y miserables, de mendigos y pordioseros, de arrieros y mozos de cuadra, buhoneros y quincalleros, este retrato de un erudito lector resulta un descanso entre tanta visión negra de la existencia. Solana, continuador de la «veta brava» hispánica de Valdés Leal y Goya, pinta en este lienzo un tema amable. En vez de los tonos agrios y sombríos o los estridentes chafarrinones de su demás producción pictórica, aquí emplea una entonación de suaves modulaciones en pardos, verdes-azules y amarillos hueso.

El cuadro de grandes dimensiones, con un formato vertical, representa a un caballero canoso, alto y delgado, de edad media. Vestido de negro, con una corbata de nudo de lazo y gruesas gafas de carey, lee atentamente un viejo libro que apoya sobre una pila de volúmenes colocados sobre el escritorio abierto de un antiguo armario con sus estanterías repletas de gruesos tomos *infolio*. En el primer plano de esta habitación de biblioteca hay una butaca en medio de rollos de grabados románticos, un álbum y libros abiertos con ilustraciones de toreros, escenas de diligencia, ejercicios de equitación y un esqueleto reclinado sobre un fúnebre monumento. Las encuadernaciones en pergamino y cuero de los volúmenes de los anaqueles y los herrajes de los cajones del armario decorados con labores de marquetería, muestran el conocimiento y el amor de Solana por todo lo que es antiguo. Su cuadro es un homenaje a la erudición y el solitario placer de la lectura.

Óleo pintado en 1933, figuró en la Exposición del Jeu de Paume de París en 1937. El modelo del bibliófilo se cree que fue su hermano Manuel. La atmósfera íntima de este lienzo parece confirmarlo. Solana, al cual no le gustaba hacer retratos de encargo o de personas concretas, sí era, en cambio, partidario de retratos prototipos o más bien, arquetipos definidos en sus rasgos y manera de ser esencial. Sus lienzos *El Capitán mercante* y *El viejo armador* participan del mismo concepto general de retrato-moral o imagen iconográfica de *El bibliófilo*. Todos ellos, además de los rasgos fisionómicos que definen su carácter, están pintados dentro de un marco personal, en su casa, rodeados de los objetos preferidos, de los muebles y el ambiente propio de sus moradas. Son sus atributos intransferibles. Galería de personajes imaginarios, no pueden ser más reales. A ellos hay que unir los tres retratos que, en 1936, hizo del poeta, escritor y pensador Miguel de Unamuno. Verídica imagen del rector de Salamanca, da perennidad a la idea del filósofo que quería ser inmortal, pero que muy pronto iba a morir al ver a su patria dividida y en guerra civil. En *El bibliófilo*, Solana perpetúa la imagen del lector que lejos del ruido de la calle, en el silencio de su gabinete, satisface su curiosidad y se deleita con las historias escritas que encierran en sus páginas los libros.

(A. B. C.)

Pablo Ruiz Picasso

El nombre de Picasso (Málaga, 1881 - Mougins, 1973) es universalmente conocido. Pintor fundamental en el arte del siglo XX, Picasso, con su obra proteica e inventiva, con su originalidad y genial dominio de los recursos expresivos, pocas veces igualado en la historia del arte, fue a la vez un pintor internacional y muy español, tanto en sus planteamientos estéticos como en su radical forma de entender la existencia. Con El Greco, Velázquez y Goya constituye la brillante constelación de grandes pintores españoles. Su obra marca la continuidad que la pintura no ha cesado de tener en la península ibérica desde las cuevas prehistóricas de Altamira, en Santander, hasta nuestros días.

Nacido en una familia burguesa, en la ciudad andaluza de Málaga, era hijo del pintor José Ruiz Blasco y María Picasso López. Desde muy niño mostró gran precocidad artística. Su padre, profesor de la Escuela de Artes y Oficios de Málaga, fue su primer maestro. En 1891, nombrado su padre profesor en el Instituto Da Guarda en La Coruña, toda su familia se instaló en esta ciudad del noroeste de España. El clima lluvioso de Galicia y la muerte de una hermana hizo que el padre de Picasso pidiese su traslado a Barcelona, ciudad en la que desde 1895 será profesor de la Escuela de Bellas Artes de La Lonja. Picasso, que en La Coruña había comenzado a pintar al óleo y había expuesto sus cuadros en el escaparate de una paragüería, en Barcelona vivió el efervescente ambiente de las vanguardias artísticas e intelectuales de los «modernistas», industrial y cosmopolita metrópoli catalana. Su taller en la calle Conde de Asalto estará cercano a un edificio de Antoni Gaudí y frecuentará el Café-cervecería Els Quatre Gats, en donde se

reunían los artistas que renovarían el arte catalán. En los años 1895, 1897 y 1901, intermitentemente, pasará en Madrid, capital política de la nación, algunos meses con la intención primero de estudiar en la Academia de Bellas Artes, conocer el Museo del Prado, y de entrar después en contacto con el medio intelectual madrileño. Durante su estancia en 1901, publicará con su propio dinero la revista Arte Joven, de la que salieron únicamente dos números, de los cuales el primero estaba enteramente ilustrado por él. Un año antes, en 1900, hizo su primer viaje a París, de octubre a diciembre. Tras otras dos cortas estancias en París, en 1901 y en 1902, Picasso, que ya había expuesto en la galería de Ambroise Vollard en compañía del pintor español Francisco Iturrino, se instaló en 1904 de forma definitiva en la capital francesa. A partir de ahí, Picasso, que había asimilado entre otros el arte de un Toulouse-Lautrec, y que personalmente se encontraba en el «período azul» (1901-1905), de estilizadas figuras que retratan el mundo miserable de los barrios bajos y marginales de las grandes ciudades, será un pintor afincado en Francia. Desde 1906, Picasso que pasa por el «período rosa», de suaves entonaciones y delicado sentido sentimental y decorativo, evolucionará rápidamente hacia un arte más brutal y moderno. Primero es la influencia de Cezanne, la escultura negra y el arte ibérico, después su ruptura total con la tradición pictórica para iniciar su «período cubista». Instalado en el famoso Batteau Lavoir en Montmartre, amigo de los poetas Max Jacob, André Salmon y Guillaume Apollinaire y la escritora norteamericana Gertrude Stein, Picasso trabajará al unísono con su amigo el pintor francés Georges Braque. Ambos serán los dos cubistas que marcarán el punto de partida de una nueva concepción de la plástica. Picasso, que en la primavera de 1907 había acabado su cuadro Les demoiselles d'Avignon, especie de manifiesto de la modernidad, en 1909, durante una estancia en Horta de Ebro, en Aragón, pintará dos paisajes que anuncian el cubismo, verdadero golpe de estado que revolucionará el arte del siglo XX. Durante el período de su «cubismo analítico», de hermética lectura a causa de la fragmentación de las figuras u objetos representados, Picasso pintará verdaderas obras maestras. En 1913 abandona los tonos

sordos y vuelve al color brillante. Sus formas, siempre geométricas, tendrán mayor tamaño. Es el «cubismo sintético». En 1917, poco antes de que finalizase la Gran Guerra del 14, Picasso retornó a un sentido figurativo más realista y clásico. Fue la vuelta al orden. Amigo del escritor Jean Cocteau y casado con la bailarina rusa Olga Koklova, pintará decorados para los ballets rusos de Serge Diaghilev: Parade (1917), Le Tricorne (1919) y Pulcinella (1920). El segundo, Le Tricorne, de tema español, era de música del gaditano Manuel de Falla. En 1925 se produjo una nueva ruptura en su arte. En contacto con los surrealistas creará obras de formas más exageradas y fantásticas, dentro de una atmósfera convulsiva, inmersas en un clima de irrealidad onírica. Sus personajes serán uniformes y monstruosos y hasta los objetos agresivos. Picasso, a partir de 1931, consagró gran parte de su actividad a la escultura. De las esculturas abstractas, creadas con alambres y piezas metálicas de desecho, en las que el vacío es un elemento esencial, pasará a la escultura figurativa realizada con la plenitud del bulto redondo. En 1933 viaja a Barcelona y en 1934 desde San Sebastián hasta Madrid y Toledo, y de allí a Barcelona. El tema taurino, siempre recurrente en su obra, reaparece con gran vigor. En 1935 grabó las Minotauromachie, con la que cerró su período surrealista. Picasso, que llevaba mucho tiempo sin exponer en España, por fin lo hace. En enero de 1936 se inaguró en Barcelona, organizada por A.D.L.A.N. (Amigos De Las Artes Nuevas o Amics De Les Arts Nous), una antología que luego se repitió en Madrid y Bilbao. Al estallar la Guerra Civil española, Picasso, que se mantuvo fiel a la República, fue nombrado director del Museo del Prado, cargo que nunca llegó a ocupar. En 1937 estampó la serie Sueños y Mentiras de Franco, grabados de sarcástica rabia. Para el Pabellón Español de la Exposición Internacional de 1937 en París, pintó el Guernica, gran composición pictórica y tremenda diatriba contra la destrucción bélica, una de las imágenes de mayor fuerza expresiva e histórica del arte del siglo XX. En 1939, poco antes de que estallase la Guerra Mundial, pintó el cuadro premonitorio Pesca nocturna en Antibes. Picasso, que permaneció en París durante la ocupación

Pablo Picasso, *Cartel para «Els Quatre Gats»*

alemana, reflejó en sus obras el rechazo y el horror de la opresión nazi. En sus cuadros los personajes son gesticulantes y los animales feroces y amenazadores. Los rostros resultan terribles y los desnudos trágicos. Los bodegones, de verdadera cuaresma, son de un pesimismo atroz. La luz y la sombra de una vela en una palmatoria resultan mortuorias. Por último, cuando se aproximaba la liberación de Francia, Picasso esculpió el Hombre del cordero. El clásico moscóforo se convirtió en el anuncio de la paz, en el portador de la esperanza. La posguerra hizo que Picasso, conocido universalmente, se convirtiese en un mito viviente. Artista comprometido, participó entonces en las acciones del partido comunista francés, pintó las Palomas de la Paz y asistió a mítines y congresos. Pero muy pronto abandonó la política activa e instalado en el sur de Francia, en Vallauris, a orillas del Mediterráneo, inició una nueva etapa pictórica más rica de color y alegre. Además del grabado al linóleum hará cerámicas. Platos, fuentes y jarros decorados con temas y motivos picassianos. Proteico y fecundo, Picasso, instalado después en Cannes y después en el Castillo de Vauvernargues, no deja de crear una obra que sorprende por su vigor y frescura.

En 1954 conoció a Jacqueline Roque, inseparable compañera, que le inspiró gran número de retratos y con la que se casará en 1958.

En los últimos años, Picasso, que vuelve a las tauromaquias, pinta las llamadas series culturales, en las que reinterpreta obras de grandes artistas del pasado como Curbet, Delacroix o Manet. Muy célebre es la serie inspirada en Las Meninas de Velázquez. El tema español le sirve para lograr unas variantes de genial interpretación picassiana. Al Museo Picasso, en Barcelona, al que en 1970 dona todos los cuadros suyos en posesión de su familia, también regala cincuenta y ocho cuadros de Las Meninas. Picasso, el día 8 de abril de 1973, a la edad de noventa y dos años, falleció en Mougins, siendo enterrado en el jardín de su castillo de Vauvernargues.

(A. B. C.)

Pesca nocturna en Antibes, 1939

205 × 345 cm

Nueva York, The Museum of Modern Art

Mrs. Simon Guggenheim Fund, 1952

Zervos IX, 316

El año 1939, en el que se acabó la Guerra Civil española y comenzó la Segunda Guerra Mundial, fue un año repleto de emociones para Picasso. La caída de Barcelona y el fallecimiento en esta ciudad de su madre afectó profundamente al artista, que no pudo asistir a su entierro. A principios del verano murió, víctima de un accidente de automóvil, su viejo amigo y marchante Ambroise de Vollard. Picasso, que para pasar el estío había alquilado una casa frente al mar en Antibes que le había buscado el pintor y fotógrafo norteamericano Man Ray, tuvo que regresar antes de lo que esperaba a París. Hitler invadió Polonia y Francia comenzó a movilizar sus hombres para la guerra. Precipitadamente, las vacaciones se acabaron y no era posible ser indiferente a los problemas que afectaban a Europa. Picasso tardaría en volver al Mediterráneo seis años.

En julio de 1939, tan pronto Picasso llegó a Antibes, con la ayuda de su secretaria y amigo Sabartés se dedicó a retirar los muebles y los bibelots que invadían la estancia principal de la casa. Cuando ya estaba despejada, arrancó de sus muros los papeles de flores que la cubrían por entero. Sobre una de las paredes clavó un gran lienzo que compró en Niza. Como siempre le sucedía a Picasso, la inspiración llegó muy pronto y con ansiedad empezó a pintar una vasta composición, la *Pesca nocturna en Antibes*, traspasando a la tela la realidad de su entorno. Picasso, después del baño en el mar por la mañana se encerraba todo el día para pintar. Por la noche salía a tomar café, pasear por los muelles y contemplar la costa. Acompañado de Dora Maar, su compañera de entonces, descubrió un pequeño puerto de pescadores que faenaban en las rocas cercanas de la orilla con lámparas de acetileno, atrayendo con su potente luz a los peces, que atrapaban con fisgas y arpones. La escena sedujo a Picasso hasta tal punto que pasó a ser el tema o motivo de la composición de la *Pesca nocturna en Antibes*. Lo que podría ser un cuadro del género costumbrista, en Picasso se transforma en una escena monumental y con aliento casi épico.

Es el cuadro de la lucha por la existencia. Picasso, desde que, en 1937, había pintado el *Guernica* no había vuelto a enfrentarse con un lienzo tan grande. Con la descripción concreta y real de la pesca y del paisaje marítimo de Antibes logró una obra de gran fuerza expresiva y dramática poesía.

En la noche dos pescadores ganan su sustento diario utilizando para la faena las lámparas-señuelo que iluminan la superficie del mar. El pescador de camiseta a rayas tiene en su mano un tridente. Absorto se esfuerza para apoderarse de un gran pez. El otro pescador se inclina hasta casi tocar el agua escrutando el fondo marítimo en busca de una presa. Su cara hace una mueca tremenda que acentúa la luz resplandeciente que ciega a los peces. Su inquieta mirada intenta penetrar en las aguas transparentes y las simas profundas, pobladas de crustáceos y maravillosos seres de extrañas formas y colores. En el halo de luz de las linternas, surgiendo de la oscuridad, revolotean insectos con apariencia de escarabajos, de cangrejos y enormes mariposas nocturnas. Sobre el malecón, mitad en sombra, hay dos jóvenes ataviadas con alegres y ligeros vestidos. Una de ellas, que recuerda a Dora Maar, tiene una bicicleta y con fruición lame con su lengua azul un helado de doble bola. En el fondo de la bahía se ven las dos torres medievales del imponente castillo de los Grimaldi, coronando el viejo Antibes.

El colorido de *Pesca nocturna en Antibes*, de azules prusia, verdes, púrpuras, violetas, marrones y negros, raro en Picasso, confiere a este cuadro un aire fosforescente y fantasmagórico. Una espiral dorada en el centro, sustituta del sol, desempeña en su composición el mismo papel que la lámpara oscilante del *Guernica*. La escena veraniega de la pesca, que podría ser la imagen idílica de un mundo feliz, está, sin embargo, impregnada de una atmósfera inquietante y aterradora. Los pescadores luchan en las tinieblas atados a su miserable destino. En la *Pesca nocturna en Antibes* late el presagio de la guerra que se avecina. Sobre el lienzo, Picasso dejó sus peores presentimientos de la catástrofe bélica. Precipitadamente acabó el cuadro, que enrollado fue trasladado a París en automóvil. Picasso, una vez más en su vida, dejaba en su obra reflejado el transfondo histórico de su época. El testimonio autobiográfico de Picasso resulta así trascendente.

(A. B. C.)

Juan Gris

Juan Gris, *Guitare et compotier sur une table*, 1918
Basel, Kunstmuseum

*José Victoriano González Pérez, para la
historia de la pintura Juan Gris (Madrid,
1887 - Boulogne-sur-Seine, 1927). Como
muy acertadamente ha dicho el historiador
del Arte Juan Antonio Gaya Nuño, en la
pintura contemporánea española Picasso-Gris
forman un binomio comparable al de
Velázquez-Zurbarán en la del pasado. Por
el rigor plástico y la gravedad de sus
naturalezas muertas y la sobriedad de sus
figuras, sus obras se han comparado a los
bodegones de Sánchez-Cotán y los frailes de
Zurbarán. En tanto que cubista, ha sido el
pintor más ortodoxo y consecuente con los
presupuestos conceptuales del movimiento más
trascendental del arte moderno. Gris, que
murió joven, a los cuarenta años de edad,
pese a su vida de privaciones y sus últimos
años de enfermedad, nos ha legado una obra
densa de valores pictóricos y concentrada de
espiritualidad. Auténtico clásico dentro de la
vanguardia, por su obra elaborada con tesón
y reflexión se diría que es un maestro del
pasado.*

*Hijo de un comerciante acomodado, dueño de
una papelería y tienda de objetos de
escritorio, Gris nació muy cerca de la Puerta
del Sol, en la calle del Carmen. Arruinada
su familia, inició sus estudios, en 1902, en
la Escuela de Artes e Industrias. Pronto
abandonó esta formación técnica para
aprender pintura con Moreno Carbonero, que
fue también maestro de Picasso y más tarde
de Dalí. Por entonces colabora como
ilustrador en las revistas* Blanco y Negro *y*
Madrid cómico. *Sus dibujos humorísticos
mostraban la influencia del Jugendstil,
conocido a través de la revista alemana
Simplicissimus. En 1906 alquiló, con un
amigo, luego el conocido dibujante Echea,
un estudio en la calle Martín de los Heros.
Ilustrador del libro del parnasiano poeta*

peruano *José Santos-Chocano* Alma
América. Poemas Indoespañoles *y de los
libros de Manuel Machado* Alma, Museo *y*
Cantares, *los dibujos, viñetas y portadas de
Juan Gris son de estilo modernista.*
*En 1906, a los 19 años, para escapar del
estrecho ambiente de Madrid y no hacer el
servicio militar, marcha a París. Instalado en
la rue Ravignan, en el famoso Batteau
Lavoir, vecino a Picasso, para ganarse el
sustento cotidiano dibuja para las revistas*
Assiette au Beurre, Charivari *y* Le Cri
de Paris. *Amigo del crítico de arte Maurice
Raynal, en 1908 Picasso lo pone en
contacto con Henri Kahnweiler, el cual será
su marchante y biógrafo. En 1909 nace su
hijo Georges González-Gris que para criarlo
Gris lo envía, en 1911, con su familia en
España. Fue en 1910 cuando, abandonando
la pintura naturalista, Gris que estaba muy
influido por Cezànne, inicia su etapa de
cubismo analítico. Pintor reflexivo, sus obras
cubistas muestran una tendencia a la
simplificación y el rigor compositivo. En
1912, además de exponer en el parisino
Salón de los Independientes, conoce a
Fernande Harpin, conocida como Josette
Gris, la que desde entonces hasta el final de
su existencia será su fiel compañera.*
*La estancia en 1913 en Céret, pequeña
población del Rosellón en los Pirineos, cerca
de la frontera española, junto con Picasso y
el escultor catalán Manolo Hugué, y al año
siguiente en Colliure, en la misma región,
en donde encuentra a los pintores franceses
Matisse y Marquet, coinciden con un
momento creativo importante de sus obras
cubistas. Pero el momento más pleno, la
gran época en que produce sus obras
maestras, es entre 1914 y 1918, mientras
dura la Gran Guerra europea. Una parte de
la contienda, cuando arreciaban los
bombardeos aéreos en París, lo pasa con
Josette en Beaulieu, cerca de Loches. Allí se
encuentran también sus amigos, el escultor
Lipchitz, el pintor Metzinger y una pintora
española, la santanderina Maria Blanchard.
Gris pintaba entonces paisajes de la Turena.
Acabada la guerra, cuando su obra
comienza a ser conocida fuera de Francia,
Gris enferma de pleuresía y tiene que
ingresar en un hospital. Convaleciente en
Beaulieu, se repone muy bien. En 1921,
Diaghielev le encarga un proyecto de
decorado para* Cuadro Flamenco. *Para
realizarlo se traslada a Montecarlo, pero el
ballet fracasa. En ese mismo año sufre una
gran decepción al venderse sus obras en una
subasta a muy bajo precio. En 1922,
instalado en Boulogne-sur-Seine, sufre una
operación y pasa una semana en el hospital.
De nuevo Diaghielev le encarga decorados
para fiestas y óperas que realiza en
Versailles, París y Montecarlo. En 1923,
Gris se inicia en la logia masónica de
Boulogne, permaneciendo en ella hasta su
muerte. Propenso a la meditación y reflexión
teórica, en mayo de 1924 pronuncia en la
Sorbona una conferencia sobre «Las
posibilidades de la pintura», cuyo texto,
junto con otros escritos suyos como
«Respuesta a una encuesta entre los
cubistas», constituyen una aportación a la
literatura artística de nuestro siglo.*
*Los cinco últimos años de su vida, pese a
crisis constantes de asma y a una bronquitis
en 1926, son, sin embargo, de continuado
trabajo. Ilustra libros de Reverdy, Tzara,
Radiguet y Gertrude Stein. En 1926, para
la malagueña revista* Litoral *hará la portada
del número de homenaje a Góngora, al lado
de los jóvenes poetas españoles de la llamada
«Generación del 27». Su obra pictórica de
estos años no refleja la precaria salud de
Gris, que rompiendo con el cubismo crea
una obra de vivo colorido y renovado
clasicismo y mayor interés por la figura
humana. Al final, vencido por un ataque de
uremia, muere el 11 de mayo de 1927. A
su entierro en el cementerio de Boulogne-
sur-Seine le acompañarán hasta la tumba su
hijo Georges, que había llegado de España
un año antes, y sus amigos Picasso, Raynal
y Kanhweiler, además de otros. Una gran
corona que llevaba la inscripción «A Juan
Gris, sus compañeros de lucha» había sido
enviada por la Gran Oriente de Francia.
Las notas necrológicas fueron muy parcas en
los periódicos. Pero la posteridad con la
buena fortuna de su arte se ha encargado de
hacernos saber que entonces desaparecía
prematuramente uno de los pintores más
puros y acendrados de nuestro siglo.*

(A. B. C.)

Guitarra y clarinete, 1920
73 × 92 cm
Basilea, Öffentliche Kunstsammlung Basel, Kunstmuseum, inv. 2297

El año 1920 marcó un punto de inflexión en la biografía y el arte de Juan Gris. A partir de esta fecha se inició la última etapa de su carrera artística que se cierra con su temprana muerte en 1927. Pintor esencialmente de «naturalezas muertas» o bodegones, Gris pasó entonces de pintar formas recortadas con una estricta geometría, características de un período de cubismo sintético, a las más flexibles y de ondulantes perfiles, propias de un artista preocupado ante todo por la percepción y representación de lo concreto. En sus cuadros de entonces todo es dúctil y de líneas temblorosas. A la par, la materia pictórica, antes más densa, se aligera y los colores adquieren tonalidades más claras. También en este postrero período de su arte la figura humana cobró mayor protagonismo, aunque Gris nunca abandonó el género del bodegón, en el cual ha legado a la posteridad verdaderas obras maestras. De formato horizontal, tan frecuente en las naturalezas muertas de Juan Gris, llama la atención por la simplificación de sus elementos y la facilidad de lectura. El pintor, partiendo de las formas abstractas, de acuerdo con la disposición armónica de los elementos reales, nos proporciona una imagen de gran belleza compositiva y conformidad con el tema o motivo del cuadro. Sobre la superficie de una pequeña mesa cuadrangular se apilan varios objetos de uso familiar para el artista: una guitarra, un clarinete, unas partituras musicales, una botella, una copa y un frutero.

De colores planos y gama apagada la composición está ordenada en planos coloreados en grises-acero, ocres y blancos-marfil que contrastan con los fondos marrones y negros, creando un contraste o claroscuro muy convincente, creador del espacio virtual de una cámara o habitación de ambiente quieto y silente. La severa hermosura del cuadro procede de la suave modulación lineal, la deliberada articulación de los distintos elementos y la tenue y sutil concordancia del color. Los objetos reconocibles en sus formas esenciales constituyen un todo continuo y coherente. Enlazados por líneas ondulantes que portan el imperceptible latido de la mano que corrige la rigidez geométrica, son la expresión de un mundo hogareño a la vez íntimo y sereno. Frente a la yuxtaposición de formas, característica de sus anteriores períodos de cubismo analítico y sintético, Juan Gris logra en esta obra fundir el conjunto en un ritmo que, musicalmente, sería calificado de melodioso por su acordada cadencia. Pictóricamente, su armonía es grata y efectiva.

Los bodegones de Juan Gris han sido comparados a pequeñas «rimas». Verdaderos poemas plásticos, son un canto a los objetos más humildes y sencillos. Sus imágenes pictóricas son el resultado de una operación mental a la vez que sensible. En uno de sus escritos teóricos Juan Gris afirmaba que «los artistas han creído llegar a la poética de los bellos modelos. Nosotros hemos alcanzado más bien bellos elementos, pues los del espíritu son ciertamente los más hermosos». Por el sentido ascético —por no decir místico— de su pintura, sus bodegones encierran un enigma. El historiador del arte, Juan Antonio Gaya Nuño, ha comparado los bodegones de Juan Gris con los de Zurbarán.

Entre el moderno pintor cubista y el parco pintor extremeño del Siglo de Oro existen afinidades indiscutibles. Ambos amaban los seres y las cosas por muy parcas o insignificantes que fuesen sus personas, categoría o utilidad. En sus imágenes no hay nada inerte. En todo late la vida y lo trascendental. Los bodegones de Gris, como los de Zurbarán, son verdaderos emblemas morales. *Ut pictura poesis*. Juan Gris, auténtico clásico, con su arte grave y reflexivo renueva el viejo adagio de que la pintura es poesía muda.

(A. B. C.)

Pablo Gargallo

Pablo Gargallo, *Busto de Picasso*, 1913

Escultor formado en el modernismo catalán de Barcelona, que más tarde participó en las vanguardias históricas de París, Gargallo (Maella, prov. de Zaragoza, 1881, Reus, prov. de Tarragona, 1934) fue uno de los renovadores de la plástica de nuestro tiempo. Amigo de Picasso y de los cubistas, su obra discurre paralela a la invención de un nuevo lenguaje escultórico sin abandonar la figuración y la relación con lo concreto. Habilísimo en el manejo y tratamiento de los materiales pétreos —mármol, piedra, yeso y arcilla—, Gargallo fue ante todo un virtuoso del metal. Sus obras en hierro forjado, estaño batido, cobre patinado, plata y bronce lo convierten en el más experto metalurgista de su tiempo. Innovador en lo formal, con su sabia utilización del vacío, de las concavidades y perforaciones, Gargallo es un auténtico explorador en lo referente a la creación de un nuevo concepto del volumen. Su empleo de plantillas de cartón para ensayar lo que luego recortará en láminas de metal y el aprovechamiento de los huecos para sugerir la masa escultórica le confieren un puesto indiscutible en la vanguardia, de la misma manera que por simultanear con estas innovaciones la escultura de bulto redondo tradicional, Gargallo, que tampoco rehusaba los adornos y primores de los detalles, se inscribe en un concepto aún clásico de la escultura. Artista que dubitativamente realiza una obra vanguardista y a la vez tradicional, no es extraño que su personalidad sea un tanto la del que anuncia la llegada de una nueva era plástica.
Nacido en un pequeño pueblo de Aragón, su padre era conductor de diligencias, y no herrero como se dijo. Desde 1888, a la edad de siete años, residió en Barcelona. En 1895 entró de aprendiz, sin sueldo, en la alfarería

del escultor Eusebi Arnau, de reconocido prestigio en los medios artísticos catalanes. Al mismo tiempo Gargallo asistía a clases nocturnas de dibujo. En 1898 participó por primera vez en una exposición colectiva con una obra en escayola. Al filo del siglo frecuentó las tertulias artística del café-cervecería Els Quatre Gats, en donde conoció a Picasso y a otros artistas de la vanguardia barcelonesa. Discípulo del decimonónico escultor Agapit Vallmitjana, estudió Bellas Artes en la Escuela de la Lonja. Gracias a una beca viaja a París, en donde se apasiona por la obra de Rodin y conoce al poeta Max Jacob. De regreso a Barcelona, comienza una serie de trabajos de encargo, primero, en 1905, para el Hospital de Santa Cruz y San Pablo, y después, de 1909 a 1910, para el Palacio de la Música Catalana, ambas edificaciones del arquitecto modernista Lluís Domenech i Montaner. En un breve viaje a París, en 1907, Gargallo se aloja en el Bateau Lavoir, donde ve las últimas obras de Picasso. Fuertemente impresionado, Gargallo realiza en la capital francesa su primera máscara en chapa metálica, conocida como Pequeña máscara con mechón, *obra que es el antecedente del futuro desarrollo internacional de la escultura en metales. Gargallo, deseoso de trabajar en París, ciudad a la que viaja de nuevo en 1909, se instala por fin en la capital francesa en 1912. Juan Gris le presenta a la modista Magali Tartason, que será su mujer y ejemplar compañera. La Gran Guerra de 1914 hace que Gargallo vuelve a establecerse en Barcelona, ciudad en la que además de exponer sus obras ganará, mediante concurso en 1921, el puesto de profesor de escultura y maestro de repujado en la Escuela Técnica de Oficios de Arte de la Mancomunidad de Cataluña. En el mismo año es nombrado también profesor de escultura de la escuela Superior de Bellos Oficios, en la cual daba clases el ceramista Josep Llorens Artigas. En 1924, durante la Dictadura de Primo de Rivera, a causa de haber firmado un escrito de solidaridad con un profesor expulsado de la escuela por motivos extra académicos, Gargallo es destituido de sus funciones docentes. Inmediatamente regresa a Francia y se instala definitivamente en París.*
A partir de 1924 Gargallo participó en los Salones de París y en la vida artística de vanguardia. No obstante, continuó recibiendo encargos en Barcelona. Esculpió tres estatuas para la Plaza de Cataluña y cuatro para el Estadio Olímpico de Montjuïc, construido para la Exposición Internacional de Barcelona en 1929. Tras exponer, con éxito, en Nueva York en el año 1934, Gargallo, de delicada salud, murió en la habitación de un hotel. Una bronconeumonía acababa así con la vida del escultor, el cual, tras una exposición de su obra en Barcelona, había viajado a Reus para inaugurar la misma en esta ciudad de la provincia de Tarragona. Su biografía corta y laboriosa, muestra de su obra, fue un ejemplo de trabajo fecundo e innovador.

(A. B. C.)

El gran profeta, 1933

Bronce, pátina de hierro, 238 × 76 × 48 cm

Zaragoza, Diputación de Zaragoza, en depósito en el Museo Pablo Gargallo

El gran profeta es la culminación del arte de escultor de Pablo Gargallo. Creada al final de su vida, un año antes de su temprana muerte, es su testamento artístico, el resumen de su quehacer plástico. La figura bíblica y emblemática del profeta que predice los hechos ineludibles y terribles que sufrirá en el futuro la humanidad es, tanto por su significado como por su factura, una obra maestra. Realizada en bronce hundido, y no en hierro forjado o en chapa metálica soldada como era lo habitual en Gargallo, esta estatua resulta excepcional entre las obras de Gargallo por su tamaño. Obra monumental, en la que las oquedades acentúan la fuerza expresiva del cuerpo y del gesto del portador del oráculo y vaticinador de catástrofes, nos da la medida de lo que hubiese sido su obra vanguardista de no haber muerto tan joven.

Según el poeta Pierre Reverdy, su amigo Pablo Gargallo era un escultor nato. Para la crítica de arte Margit Rowel, era un escultor vocacional. No cabe duda que tanto cuando utilizaba el bulto redondo como cuando creaba virtualmente los volúmenes por medio del vacío-activo, Gargallo siempre logró dar la sensación de vida a las criaturas salidas de sus manos. Igual cuando modelaba o esculpía los monumentales pegasos del Palacio de la Música de Barcelona o la sólida cabeza de Picasso que cuando en pequeños formatos representaba arlequines, bailarinas y otras frágiles figuras en movimiento, consigue atrapar el latido, el vigor y la desenvoltura de lo que bulle y existe. La precisión y perfección de su oficio de escultor fue admirable.

El tema del profeta preocupaba a Gargallo. En 1926 había realizado en chapa de cobre una cabeza titulada *El profeta*. El rostro sobrecogedor y apocalíptico, cargado de sentido místico, del augur y adivino, casa muy bien con el color, la textura y la dureza metálica del cobre. La densidad de líneas que penetran su recia estructura, al igual que la elocuencia imprecatoria de la faz de *El profeta* de 1926, nos anticipa la fuerza dramática de la figura de cuerpo entero de *El gran profeta* de 1933. El hombre que clama en el desierto, que poseído de su verdad, que convencido de los errores humanos y conocedor del trágico tiempo aún por llegar avanza hacia nosotros, resulta imponente. Con su cuerpo de vacíos y desnudas partes es como una aparición. Alzando su brazo derecho nos anuncia nuestro destino. Con su mano izquierda empuña un báculo que más que prestarle apoyo le confiere autoridad. Su rostro barbudo y noble testa, hecho de oquedades, emana energía y tiene la tensión de quien es clarividente. Por su boca el verbo se hace forma. Con esta obra maestra, Gargallo crea uno de los emblemas que resume la primera mitad de nuestro siglo, preñado de guerras y violencias, del dolor de una humanidad desvalida.

(A. B. C.)

Julio González Pellicer

Julio González (Barcelona, 1876 - Arcueil, 1942) fue uno de los escultores que en la primera mitad de nuestro siglo han cambiado el péndulo de la historia. Nacido en Barcelona, en el seno de una familia artesana, vocacionalmente vaciló entre ser pintor o escultor, decidiéndose finalmente por dedicarse a la escultura, arte del cual revolucionó sus presupuestos plásticos. A ello le ayudó en sobremanera su dominio de la técnica, aprendida desde niño en el ejercicio del oficio familiar. Su padre, Concordio González, tenía en la Rambla de Cataluña de Barcelona un taller de orfebrería y forja artística. Entre otros encargos este taller realizó una serie de delicadas labores en hierro para el templo de la Sagrada Familia de Barcelona, el gran santuario comenzado en 1882 por el genial arquitecto Antoni Gaudí. Julio González, con su hermano Joan, además de trabajar desde 1891 en el taller familiar, asistía a las clases de pintura y dibujo de la Escuela de Bellas Artes de la Lonja en Barcelona. Ambos, también desde fecha muy temprana, frecuentaron las tertulias del café-cervecería Els Quatre Gats, lugar en donde conocieron a los artistas e intelectuales más avanzados de la época. Entre otros Julio González entabla amistad con Picasso, con el cual quedará unido estrechamente. En el año 1896 muere Concordio González. Vendido en 1900 el taller de forja, toda la familia se traslada a vivir a París. En contacto con Picasso, que en 1902 dibuja su retrato, Julio González conocerá a Max Jacob, Maurice Raynal y otros poetas e intelectuales ligados a los artistas de vanguardia. También hace amistad con Pablo Gargallo, que de 1903 a 1904 le prestará mientras él está ausente durante unos meses en Barcelona su estudio en la calle Vercingétorix, 3.

Julio González, *Cabeza de Montserrat gritando*, 1941-1942

180

En 1904 o 1905 conoce al escultor rumano Constantín Brancusi y al compositor Edgard Varèse, músico de vanguardia, nieto de un herrero. Muerto su hermano Joan en 1908, la familia González regresa a Barcelona, quedándose Julio triste y solo en la capital de Francia. En 1909 nacerá su hija Roberta, que más tarde también será artista y esposa del pintor alemán abstracto Hans Hartung. Durante los años veinte expone regularmente sus obras, en especial pinturas, en los parisinos Salones de Otoño y de los Independientes.

En 1918 en La Soudure Autogène Francaise en Boulogne-sur-Seine aprende la técnica de la soldadura autógena con oxicetileno y adquiere en la calle de Odesa en París un taller de herrero. A partir de 1927, tras abandonar los trabajos de carácter decorativo, entra de lleno en el mundo de la escultura. En 1928 inició su colaboración con Picasso, realizando entre ambos piezas metálicas en las que rompe con los viejos conceptos escultóricos. En 1930 se adhiere a los movimientos Cercle et Carré y Abstraction-Creation, aunque no expone con los artistas que componen estos grupos. Dejando atrás sus años de pintor y escultor-orfebre, Julio González da un cambio radical en su manera de utilizar el metal. Con varillas y fragmentos de piezas de deshecho, trozos de láminas y recortes de hierro crea esculturas que dibujan siluetas en el espacio, desmaterializando lo que antes eran masas inertes. En 1936 expone en la Galería de los Cahiers d'Art de París junto con Picasso, Miró y Luis Fernández. En ese año, cuando estalla la Guerra Civil española, al ofrecerle el gobierno de la República a Picasso el puesto de director del Museo del Prado, Sabartes propone que Julio González sea el secretario de la gran pinacoteca madrileña.

El año 1937 fue un momento culminante en la carrera de Julio González. En el Pabellón Español de la Exposición Internacional de París de 1937 expuso su escultura emblemática realista y obra maestra La Montserrat y en el Museo del Jeu de Paume la Mujer con espejo, una de sus esculturas desmaterializadas y esquemáticas. Julio González pasaba entonces por un período de arte expresionista. Durante la Segunda Guerra Mundial se traslada a la región de Lot. Ante la imposibilidad de hacer esculturas dibuja incansablemente.

Deseoso de reemprender su obra en tres dimensiones regresa a su casa de Arcueil. Para poder realizar una versión grande de su escultura La petita Monserrat esglaiada, es decir La pequeña Monserrat asustada, comienza a utilizar yeso. En plena actividad creadora, el 27 de marzo de 1942 fallece víctima de un ataque de corazón. Al recibir la noticia de su muerte, Picasso pintó el patético cuadro Bodegón con cráneo de buey, auténtico cuadro de Vanidades a lo español. Era su homenaje, cargado de patetismo, al amigo y artista, al cual en compañía de Luis Fernández acompañó hasta su tumba el día de su entierro en una Europa desgarrada por la guerra.

(A. B. C.)

181

Mujer mirándose al espejo, hacia 1936-1937

Hierro forjado y soldado

Valencia, IVAM, Centro Julio González, Generalitat Valenciana

En los años 1936 - 1937 Julio González se encontraba en la cúspide de su carrera artística. Dedicado por entero a la escultura, de sus manos surgían entonces las obras más audaces y de más extremado lirismo. Aunque todas sus esculturas tenían referencias a la figura humana, sin embargo pueden considerarse abstractas. Una obra maestra de este período es *Mujer mirándose al espejo*. De carácter más bien hermético, sobre todo para aquellos que no están iniciados en el difícil lenguaje de la escultura moderna, es obra de igual categoría que su famosa *Monserrat*, estatua realista realizada en láminas de hierro forjado, con un concepto plástico de los planos totalmente opuestos al de esta fémina metafórica contemplándose en el espejo. Obras polares que por su disparidad supusieron un dilema a su autor al tener éste que escoger entre una y otra a la hora de participar en el Pabellón de la Exposición Internacional de París de 1937. Julio González pensaba, al igual que Picasso, que la *Mujer mirándose al espejo* era muy representativa al ser formalmente una obra de vanguardia, es decir revolucionaria artísticamente. Ahora bien, el comisario del gobierno español, el filósofo José Gaos, opinaba que la *Monserrat*, de concepto tradicional en la escultura, pero de un expresivo realismo con mayor capacidad de comunicación popular, representaba mejor la rebeldía del pueblo español ante la barbarie del militarismo y los desastres de la guerra. Por fin acabó venciendo éste último criterio y la *Monserrat* fue colocada en el Pabellón Español, en un lugar preferente y destacadísimo de la entrada. La *Mujer mirándose al espejo*, a su vez, fue presentada en la muestra que, paralela a la Exposición Internacional, se organizó en el Jeu de Paume dedicada a los «Orígenes y Desarrollo del Arte Internacional Independiente», en el que participaron los artistas más avanzados de entonces. La *Mujer mirándose al espejo*, colocado en la sala de los «no-figurativos», estaba junto con una pequeña antología de obras de Kandinsky.

Valiéndose de varillas y pequeñas piezas metálicas soldadas, Julio González creó una serie de esculturas que con sus desnudas estructuras sugieren las formas de cuerpos en reposo o movimiento contenido. Son criaturas nuevas e inéditas, seres casi angélicos que pertenecen a un universo de signos y metáforas poéticas. Con elementos simples y delgados, con el mínimo de materia, González dibuja en el aire el perfil de cuerpos casi invisibles y armónicos, en los que materia, espacio y formas imaginadas o sugeridas se funden indivisiblemente. Nadie hasta entonces, ni el propio Gargallo, había osado llegar tan lejos. A no ser Picasso y el Giacometti del surrealismo, ningún artista exploró un campo tan inaccesible. Julio González, renunciando al bulto redondo de las estatuas figurativas, a las apariencias sensibles de lo antropomórfico, e incluso a la volumetría cubista, que en cambio utilizó en sus obras de piedra, logró en sus armazones de metal desmaterializar la plástica escultórica. La espiritualidad de su obra es evidente. Su arte, afín a la música y la poesía, fue el orto de una nueva sensibilidad de lo escultórico. A partir de su obra se abrió para los escultores un nuevo territorio, que fue explotado en la posguerra, años después de su muerte.

Su figura erguida de la *Mujer mirándose en el espejo* es un verdadero alarde de precisión escultórica. Bacante negra, con su contorsionada postura de su tronco y el brazo en alto para sostener el espejo en el que contempla su rostro, su cuerpo está descrito de manera abreviada pero puntualmente exacta. De porte monumental, en reposo dentro de su movimiento, nos devuelve la imagen cotidiana del eterno femenina siempre al cuidado de su aseo y compostura.

A su propósito se han mencionado las mujeres pintadas y esculpidas por Degas. Julio González le concedió a esta hembra una gallardía de diosa, de ídolo. Su silueta, con un «serpentinato» manierista, está dotada de un virtual dinamismo que se añade al diferente tratamiento de las partes del cuerpo. Los miembros inferiores, más densos y pesados, son fitiformes. Gruesos y henchidos, tienen apariencia de vegetales. Son las piernas de una figura en la que lo biológico está sugerido pese a la materia metálica que lo conforma. En el tronco, el vástago vertical que lo soporta, nos recuerda que todo cuerpo tiene una estructura, una arquitectura ineludible. De ella forman parte los órganos que como los sexuales en el pubis está com-puesto por un cono de erizados filamentos cilíndricos o erizadas varillas. La imagen del cactus, planta entonces muy apreciada en la jardinería de interiores, es recurrente en la obra de Julio González. Según se avanza hacia lo alto, la *Mujer mirándose al espejo* se hace más aérea y estilizada. Con la cabeza inclinada hacia atrás, la cabellera caída y el brazo alzado en curva sosteniendo el vacío círculo de espejo, la figura cobra todo su sentido iconográfico. Lo etéreo es su reino. La coquetería y la feminidad en estado puro, sin aditamentos decorativos y accesorios innecesarios, se alza a nosotros. La expresividad escultórica alcanza así su estado límite, de misterioso aura y poética significación.

(A. B. C.)

Joan Miró

Joan Miró, *El carnabal de Arlequín*, 1924-1925
Albright Art Gállery, Buffalo

*Entre los pintores del siglo XX, Miró
(Barcelona, 1893 - Palma de Mallorca,
1983) ocupa un puesto destacadísimo.
Surrealista y conocido internacionalmente,
intervino de una manera directa en todos los
acontecimientos artísticos de su tiempo. Con
Picasso y Dalí forma la trilogía de los tres
grandes pintores españoles modernos. Dotado
de una facultad imaginativa, inventiva
extraordinaria y un sentido del color pocas
veces igualado, Miró nos ha dejado una obra
fresca y plena de vida y humor. Su
aportación es una inagotable fuente de placer
para el aficionado al arte. Sus obras, más
que las de ningún otro artista moderno, han
contribuido a conformar la nueva sensibilidad
artística de nuestro tiempo.
Nacido en Barcelona a fines del siglo
pasado, su padre era un orfebre y relojero de
acomodada posición. Educado en un ambiente
artesanal, desde niño sintió inclinación por el
dibujo. En 1907, al tiempo en que se
matriculó en la Escuela de Comercio, se
inscribió en la Escuela de Bellas Artes de la
Lonja, simultaneando las clases de ambas
instituciones. Acabados los estudios y
empleado como escribiente en una droguería,
a consecuencia del desagrado que le producía
su profesión sufrió una fuerte depresión
nerviosa. Sus padres, para no contrariarle,
accedieron a que su hijo siguiese su vocación
artística. Con el fin de curarlo lo envían a
pasar una temporada al campo en una
masía que acababan de comprar en
Montroig, en la provincia de Tarragona.
Esta estancia en contacto con la naturaleza
sería decisiva para Miró, el cual durante
toda su vida se sentirá ligado al mundo
rústico y agreste de Montroig.
Repuesto de su enfermedad, en 1912 se
inscribe en Barcelona en la Escuela de Arte
del pintor Francesc Gali. En ella encuentra*

como compañero a Josep Llorens Artigas, con el cual treinta años después se iniciará en el arte de la cerámica. Miró, que recibía en Barcelona las revistas de vanguardia francesas y que en la Galería Dalmau de Barcelona pudo ver cuadros de pintores impresionistas, fauves y cubistas, y la gran exposición de pintura francesa organizada en 1916 por Ambroise Vollard, decidió seguir su formación solo, sin influencias locales ajenas a su vocación vanguardista. Amigo del sombrerero Joan Prats, que sería su futuro coleccionista e íntimo corresponsal, Miró pintó una serie de obras de fuerte colorido y enérgica factura. Fue el llamado «período fauve». Los paisajes y retratos que hace entonces tienen la solidez de Cezánne y la violencia de Van Gogh. Influido por el cubismo y la pintura románica catalana, pintará una serie de paisajes rurales, de dibujo preciso e ingenua y detallada descripción de la realidad, que traspuesto al cuadro se convierte en signos. Su trasposición de lo concreto tiene un aire metafísico, un tanto onírico o surreal.

Miró, que en 1918 conoció en Barcelona al pintor de origen español Francis Picabia y al crítico de arte francés Maurice Raynal, estaba deseoso de dejar su ciudad. Tras exponer en la Galería Dalmau, hizo su primer viaje a París, en donde inicia su amistad con Picasso. Instalado a partir de 1920 en París, volverá todos los veranos a Montroig. Su primer estudio en la capital francesa estaba vecino al del surrealista André Masson, amigo de Max Jacob, Tristan Tzara y Pierre Reverdy, Miró frecuentó los ambientes de vanguardia. Su primera exposición en La Licorne fue un éxito. En contacto con André Bretón y Louis Aragon entró a formar parte de los surrealistas. Su cuadro Carnaval de Arlequín, en 1924, de pequeños motivos proliferantes, unidos por arabescos, con su intenso colorido, la viva movilidad de sus formas y sus oníricos símbolos sexuales, es una muestra de su personalísima imaginación plástica. En su Perro ladrando a la luna, de 1926, con la peculiar poética de sus obras se une su penetrante sentido humorístico. Instalado en Montmartre desde 1927 en la Cité des Fusains, en donde viven Arp, Eluard, Ernst y Magritte, desarrolla su arte alegre y radiante. En 1928 realizó un viaje por Holanda. A su regreso pinta sus tres Interiores holandeses,

réplicas en su moderno lenguaje de los cuadros del pintor holandés del siglo XVII Jean Steen. Recuerdo también de otros pintores clásicos son sus Retratos imaginarios, que como el de la Fornarina se inspira en Rafael, el ideal máximo de la belleza italiana del Renacimiento. También realizó entonces una serie de collages-objetos, entre los cuales destaca la Bailarina española. El carácter provocativo y radical de estas obras lleva a la formulación del «asesinato de la pintura». Pintor conocido ya internacionalmente, expuso por primera vez en Norteamérica en 1930. De su estudio salen pinturas, dibujos y grabados. Durante el llamado período «salvaje», hacia 1934, el tema constante es el de la mujer metamorfoseada. Sus pinturas, de fondos claros y delicados, están atravesadas por violentas líneas y manchas de colores puros y vivos. Ningún pintor de su tiempo logra transmitir tal sensación de frescor y primigenia naturalidad. En sus cartones para tapices con caracolas, flores y estrellas se explaya igual poética.

Al estallar la Guerra Civil española del año 1936, Miró, que antes no se había ocupado de la política, sufre el golpe moral que afectó a tantos compatriotas suyos. Para el Pabellón Español de la Exposición Internacional de 1937, en donde se expusieron el Guernica de Picasso y la Montserrat de Julio González, la contribución de Miró fue el gran mural, hoy desaparecido, titulado El payés catalán en rebeldía o El segador. También inspirado por la guerra es su cartel Aidez l'Espagne, de contundente fuerza plástica y vivo color, en el que un miliciano de recio aspecto y retadora actitud airada levanta el puño. Instalado en Varengiville-sur-Marne (Normandía), en 1939 comienza su serie Constelaciones que continuará en Palma de Mallorca al dejar París ocupado por los alemanes. En 1941 el Museo de Arte Moderno de Nueva York organiza su primer gran retrospectiva. Miró, que vive entre Mallorca y Barcelona, aislado de los medios oficiales, se convierte entonces en faro para los jóvenes pintores catalanes ansiosos de romper con el academicismo y el tradicionalismo entonces imperante en España. Con la colaboración de su antiguo amigo y compañero Llorens i Artigas hace sus primeras cerámicas, que en 1945 son expuestas en la Pierre Matisse Gallery de

Nueva York, ciudad que visitó por primera vez en 1947. Importantes encargos en Norteamérica, como un mural para la Universidad de Harvard, numerosas exposiciones en todos los mejores museos de Europa, su mural en cerámica con Llorens-Artigas para la sede central de la UNESCO en París, lo mismo que su Laberinto en la Fundación Maeght en Saint-Paul-de-Vence y su gran cerámica del Museo Guggenheim de Nueva York, por no citar más que obras universalmente conocidas, hacen que Miró sea respetado y considerado como un gran artista civil. En Barcelona, su ciudad natal, además del mural del aereopuerto del Prat, en 1970, se inaguró en 1975 la Fundación Miró, a la vez que museo y archivo de su obra y sede del legado Joan Prats, se destinó a ser un activo centro de estudios de arte contemporáneo. El edificio fue diseñado por el arquitecto catalán Josep-Lluis Sert, que ya en 1956 había trazado el estudio de Miró en Palma de Mallorca.

Difícil resulta resumir la actividad artística desarrollada por Miró en los últimos años de su larga y fecunda existencia. A las pinturas, dibujos, grabados, demás obras gráficas y cerámicas, hay que añadir sus esculturas. Muchas han sido pensadas para lugares públicos al aire libre, ya en Palma de Mallorca o en Barcelona. Tras otorgársele oficialmente todos los honores oficiales, como la medalla de oro de Bellas Artes recibida en 1980 de manos del rey de España y el homenaje del Ayuntamiento de su ciudad natal en 1982, Miró, que cumplió sus noventa años en 1983, falleció el día 25 de septiembre de ese año en su casa de Son Albines de Palma de Mallorca.

(A. B. C.)

Personaje y pájaro en la noche, 1945
146 × 114 cm
Madrid, Museo Nacional Reina Sofía

Este cuadro, de formato relativamente pequeño, tanto por su tema como por la forma de tratarlo es muy mironiano. Realizado en un momento crucial de la biografía de Miró, cuando en su exilio interior, durante la Guerra Mundial, vive en Cataluña aislado en el ambiente hostil a la vanguardia que entonces imperaba en España, es una obra que puede considerarse una manera de evasión, un utilizar la pintura como tubo de escape del espíritu para recobrar la tranquilidad y la serenidad necesarias para soportar la vida. En el fondo, la pintura de Miró fue siempre una fuga de la dura realidad, una pirueta y una huida de la realidad más desagradable para habitar y deleitarse con el humor y lo poético.

Obra de composición muy sencilla y de factura muy libre, tiene un gran parecido con los dibujos que realizan los niños. Con la frescura e ingenuidad que caracteriza toda la obra de Miró, apenas tiene anécdota y en nada recuerda la pintura tradicional. Es una imagen simple y elemental. Un personaje, un poco ridículo, entre chocante y burlesco, pero tierno y casi entrañable, se encuentra solo en la noche, bajo la insondable bóveda celeste. No se sabe si oye volar un pájaro que vuela. El rostro del hombrecito está dotado de una gran nariz y pequeños ojos. Su cabezota está dibujada con un trazo finísimo. El pájaro, símbolo recurrente de lo femenino, desarrolla en el espacio vacío una trayectoria similar a la de los cuerpos celestes que suspendidos en lo largo y alto de la tela parecen flotar en el aire.

Una única y solitaria estrella marca la exorbitante distancia del espacio sideral. La candidez del personaje y lo inescrutable del cosmos se condensan en esta escena, en sí misma vanal y casi carente de argumento.

El cuadro, de fondo unido y claro, aunque represente la noche, está compuesto a base de trazos oscuros y manchas negras. Sólo una nota de rojo, vivo y puro, y dos puntos, uno en azul y otro en amarillo, introducen la policromía en este lienzo un tanto monocromo. Pero bastan estas notas de color, de fuerte timbre, para dar dinamismo a toda la composición. Miró, que pocos años antes había pintado su serie de *Constelacio-*
nes, realiza aquí una obra menos densa, más aireada y suelta. Pintor que siempre estuvo interesado por los cuerpos dislocados y sin aparente cohesión entre sí y los que le avecinan, alcanza en esta obra un estado límite de la eliminación de los nexos aparentes de la narración pictórica.

Desde el punto de vista del contenido, es obra que ofrece una lectura bastante evidente. Miró, que siempre ha sentido desazón ante la vida, no es extraño que en los años en que pinta este *Personaje y pájaro en la noche* estuviese embargado por un cierto desaliento, por el desasosiego de no ver fin a un estado de cosas absurdo. La incoherencia de su representación es la del mundo que nos rodea. Pero pese a su pesimismo, este cuadro es por otro lado un mensaje metafórico, pleno de efusión lírica y emoción personal. Miró, burlonamente, nos da la imagen de un hombre que solo en la noche bajo las estrellas, mientras un pájaro vuela, escucha el rumor de la naturaleza.

(A. B. C.)

Salvador Dalí

Salvador Dalí (Figueras, 1904 - Torre Galatea, 1989)
Ningún artista del siglo XX ha sido más discutido y ha dado más que hablar que Salvador Dalí. El mismo ha sido quien más ha contribuido a ello. Personaje extravagante, narcisista, dandi, exhibicionista, provocativo y loco cuando le convenía, con un sentido de la propaganda increíble, fue odiado por unos y adorado por otros. Guste o no su arte a nadie ha dejado indiferente. Dalí, que de sí mismo dijo: «El surrealismo soy yo» y que con todas sus voces se autoproclamaba un genio, sin duda alguna fue con Picasso el artista contemporáneo más conocido universalmente. Su arte, divulgado masivamente, ha influido en la sensibilidad incluso de aquellas gentes que no se interesan por la evolución de las formas artísticas. Tanto su pintura como su producción literaria han penetrado en la mentalidad de muchos. Su exhibicionismo de su complejo mundo interior y sobre todo la exposición de su pensamiento paranoico-crítico, de destructor de lo que racionalmente había construido la modernidad, lo convierten en una figura fundamental de nuestro tiempo. Dalí, con sus exageraciones, exaltaciones —como la mística de finales de su vida— sus exabruptos, imágenes oníricas y lúbricas, sus delirios de grandeza, su histrionismo, cinismo y ampulosa retórica, fue un fenómeno inimitable e irrepetible. Virtuoso como artista, figurativo antiacadémico y antimoderno, sin su arte no se entendería nuestra época.
En su autobiografía, Vida Secreta de Salvador Dalí, *publicada en Nueva York, en 1942, el artista ha narrado, con falsos recuerdos y recuerdos reales su infancia de niño burgués y mimado. Incluso nos ha relatado sus recuerdos intrauterinos.*

Autobiografía ambigua, cierta en lo que tiene de compleja su personalidad. Hijo de un notario, Dalí nació en la pequeña ciudad catalana de Figueras en 1904. Desde muy niño dio pruebas precoces de poseer un excepcional talento pictórico. A los catorce años expone en su ciudad y publica varios artículos sobre pintores célebres en revistas locales. También escribe poemas. En 1921 se traslada a Madrid para estudiar en la Escuela de Bellas Artes de la Academia de San Fernando. Alojado en la Residencia de Estudiantes del Pinar será compañero y amigo de Federico García Lorca y de Luis Buñuel. Por su rebeldía contra los profesores será expulsado de la Escuela en 1923 y encarcelado en Gerona por motivos políticos. En 1925 expone en la Galería Dalmau. Sus cuadros son entonces de tipo postcubista y postfuturista. García Lorca en ese mismo año publica su Oda a Salvador Dalí. *Un año después, en 1926, hace un viaje a París y a los Países Bajos, descubriendo entonces la pintura del holandés del siglo XVII Veermer de Delft. De nuevo en París, en 1929, realiza con Luis Buñuel la película* Un perro andaluz. *En contacto con los surrealistas, a través de su amigo y paisano Joan Miró, en el verano de ese año pasa las vacaciones en Cadaqués en compañía de Paul Eluard y su mujer Gala. Enamorados Dalí y Gala, se unen para vivir juntos. El padre de Dalí rompe con su hijo escandalizado del hecho. Sólo más tarde se reconciliarán. Dalí acabó casándose religiosamente con Gala en 1958.*
Desde 1930 en París, participó de pleno en el movimiento surrealista. Fascinado por el pansexualismo de Freud se propuso establecer la iconografía de la libido. Para ello exploró la «terra ignota» de los trasfondos de la conciencia humana. Fue entonces también cuando comenzó a desarrollar su método paranoico-crítico. En el mismo año de 1930 compró en Cadaqués una cabaña de pescadores, punto de partida de su futura casa hecha de múltiples agregaciones de arquitectura popular. En 1934 expone en Nueva York con un éxito triunfal. Durante la guerra civil española (1936-1939) permanece al margen de la contienda. Viaja sobre todo a Italia, y en 1938 visita en Londres a Freud, al cual causa una profunda impresión.
En 1939, tras varias discusiones de índole ideológica, el papa del surrealismo André

Salvador Dalí, *El espectro de sex-appeal*, 1937

Breton rompe con Dalí, al cual acusa de espíritu comercial, motejándole de «Avida Dollars». Dalí que desde 1940 hasta 1948 vivirá en Estados Unidos expone, hace escaparates, diseña joyas y objetos de lujo y colabora con Walt Disney en una película no realizada y hace los decorados, en 1946, para la película Recuerda *de Alfred Hitchcock.*

La explosión de la bomba atómica de Hiroshima impresiona a Dalí. La transformación de su arte y de su pensamiento le lleva al período «atómico» o «nuclear». Dalí, que desde 1936 había retornado al clasicismo, rompiendo con el surrealismo histórico, además de escenografías para Peter Brook y Visconti o Don Juan Tenorio *(1950, Madrid), se muda en un personaje mundano. Convertido de nuevo al catolicismo, en 1951 publica su* Manifiesto místico. *Antes ha pintado su* Madona de Port Lligat *y el* Cristo de San Juan de la Cruz, *inspirado en un dibujo del místico poeta español del siglo* XVI.

Convencido de que el artista debe penetrar en el corazón de la realidad por medio de la intuición y la comunicación con el todo, defiende la religiosidad de Santa Teresa de Ávila. Al deseo de alcanzar la gracia y la verdad, une el éxtasis y la levitación. Su afán es actualizar el misticismo español. Admirador de la pintura del renacimiento italiano, estudia los antiguos tratados sobre la belleza y las proporciones como el Número de Oro *de Luca Paccioli, o el* Tratado sobre el cubo *del arquitecto español Juan de Herrera. Desde su casa de Port Lligat, Dalí, que hace viajes con triunfales visitas a las grandes capitales, pronuncia conferencias y happenings espectaculares, se convierte en una estrella mundial del arte. Escribe libros, como el* Diario de un genio, *y, pintor muy virtuoso, hace cuadros de historia y mitología.*

Condecorado por varios países, con retrospectivas importantes como la del Centro Pompidou de París y Tate Gallery de Londres en 1978, y más tarde en 1983, en Madrid y Barcelona, Dalí es un pintor glorificado en vida. En 1974 se inagura en Figueras el Teatro-Museo Dalí. Antes en Cleveland se había dibujado el Museo Dalí, de la Colección Morse, desde 1982 trasladado a San Petersburgo (Florida).

En 1982 muere Gala en el castillo de Pubol. Solo y enfermo Dalí, que fue nombrado marqués por el rey de España, sufrió unas graves quemaduras al arder su habitación de dormitorio en 1984.

Consumido y con un aspecto fantasmagórico fallece en 1989 en Torre Galatea. Su cuerpo fue enterrado en la cripta del Museo-Teatro de Figueras. El pintor había dejado un testamento legando todos sus bienes y obras al Estado español.

(A. B. C.)

Crucifixión o Corpus Hypercubus
194 × 124 cm
Nueva York, The Metropolitan Museum of Art, Gift of the Chester Dale Collection, 1955

Este lienzo de tema religioso pertenece al período místico de Salvador Dalí. De significación metafísica, encierra un sentido hermético. Obra de carácter monumental, como si se tratase de un cuadro de altar, vemos a Cristo suspendido en el aire sobre una cruz formada por una serie de cubos, componiendo una figura geométrica tridimensional. A los pies de la composición, contemplando el cuerpo ya crucificado, se encuentra la figura erguida y patética de Gala, que cubierta con un gran manto recuerda por su posición y gesto a San Juan Evangelista. Los pliegues de la túnica son de un gran virtuosismo pictórico que evoca la pintura claroscurista y dura de un Zurbarán. Gala está de pie sobre un pequeño pedestal, a su vez sobre un pavimento ajedrezado. Al fondo se ve la bahía de Port Lligat en tinieblas. El Cristo levitando, con su cuerpo pálido y blando, está visto en una perspectiva que avanza en el aire, comunicando a su presencia toda la traza de una aparición, la atmósfera dramática del supremo sacrificio humano por parte de un ser divino.

La cruz compuesta de cubos está inspirada en las teorías sobre Dios y el universo de Juan de Herrera, el arquitecto de El Escorial, autor de un manuscrito titulado *Discurso sobre la figura cúbica*. También sobre su aplicación por el pintor italiano Luca Cambiaso en la bóveda del coro de la iglesia del monasterio-palacio-panteón real mandado construir por Felipe II. A Dalí El Escorial, lo mismo que su arquitecto Juan de Herrera, siempre le interesaron. Fue un tema recurrente a lo largo de toda su vida, incluso desde su infancia. Según confesión propia, el sentido inquisitorial de la austera arquitectura herreriana le influye poderosamente siendo niño.

Al edificio de El Escorial lo representó, por entero o fragmentariamente, en varios lienzos a partir de los años cuarenta. Dalí, que tras su redescubrimiento del renacimiento italiano se interesó por la literatura artística que trata de la *Divina Proporción* o *Número de Oro*, en especial las especulaciones de fray Luca Pacioli en el siglo XV y las del príncipe rumano Matila Ghyka en el siglo XX, se sintió atraído por las ideas de Juan de Herrera, que en su libro sobre la figura cúbica seguía las ideas combinatorias del fraile mallorquín del siglo XIII Raimundo Lulio. El cubo, además de simbolizar la divinidad y el universo para Dalí tenía también el significado de lo duro. Apasionado el pintor surrealista por las parejas de contrastes —blando/duro, terreste/acuático, visible/invisible—, no podía menos que interesarse por una figura geométrica, unitaria y con aristas, que por sus cualidades es lo opuesto, polarmente, a lo amorfo y fofo de lo fláccido. Dalí, que siempre sintió atracción y a la vez asco ante todo lo que era mórbido, esponjoso, pastoso, dúctil, elástico y blanduzco, pensaba que la vida, es decir lo biológico, pertenecen al mundo de lo mollar y perecedero. Por el contrario, lo duro y sólido, lo recio y lo compacto, lo tieso y lo yerto corresponden a un orden moral en el cual domina lo inflexible y rígido. De un lado se encuentra lo putrefacto y de otro lo inerte y eterno. En *Corpus Hipercubus* Salvador Dalí, con nombre premonitorio, se identifica con el «Salvador» de la Humanidad. Su musa y compañera Gala, con el discípulo amado, autor del Apocalipsis. Iconológicamente el fláccido y pálido cuerpo del crucificado, en su máximo sacrificio, es la emanación luminosa que emana de la energía condensada en los cubos rompiendo las tinieblas en que está sumido el universo.

(A. B. C.)

Índice de artistas y sus obras

Exposición

Comisarios científicos
Joan Ainaud de Lasarte
Antonio Bonet Correa
Julián Gállego
Felipe V. Garín Llombart
Alfonso E. Pérez Sánchez
José Manuel Pita Andrade

Comisario técnico
Javier Aiguabella

Supervisión y conservación
José Antonio Buces

Asistente
John T. Suau

Secretaría
Esther Marcos
Isabel Cortés
Sergio Valero

Diseño y dirección del montaje
Roberto Luna

Montaje
Amado Miguel, S. A.

Transportes
S.I.T., Transportes Internacionales, S. A.
Coordinación: Juan Cortina

Seguros
Plus Ultra
Cia. Anónima de Seguros y Reaseguros

Catálogo

Producción al cuidado de Gabriele Miccichè
Diseño y maquetación de Marcello Francone
(director de arte) y Gabriele Nason
Fotocomposición: Víctor Igual, S. L., Barcelona
Fotomecánica: Bassoli + Olivieri Prestampa, Milano
Impresión: Artes Gráficas Toledo
Impreso sobre papel Gardamatt Brillante
de gr 135 de **Cartiere del Garda**

Impreso en marzo de 1992
por Artes Gráficas Toledo
por cuenta de Electa España
Elemond Editori Associati
D.L.TO:474-1992